COLLECTION BLÉRIOT

ERREURS

ET

MENSONGES HISTORIQUES

BREF DE SA SAINTETÉ, LE PAPE PIE IX

A NOTRE CHER FILS,
CHARLES BARTHÉLEMY,
A VERSAILLES.

Pie IX, pape.

Cher fils, Salut et Bénédiction Apostolique.

Depuis longtemps la peste du mensonge a envahi non-seulement les journaux mais encore l'histoire elle-même, de telle sorte qu'un des plus illustres écrivains de ces derniers temps a pu proclamer que l'histoire des trois derniers siècles n'est autre chose qu'une perpétuelle conjuration contre la vérité.

Jamais certes la vérité n'a manqué de champions qui s'attachassent à déchirer les voiles tissus par la calomnie, à réfuter les erreurs, à écrire de nouveaux livres conformes à la vérité ; et toujours cependant les mêmes calomnies ont repris une nouvelle vie ; on a vu se produire au jour et dans le monde les mêmes erreurs qui, le visage couvert de nouveaux masques, se sont appuyées sur de nouveaux sophismes, pour tromper ceux qui ne sont pas sur leurs gardes.

Il est donc de la plus haute importance de battre en brèche cette opiniâtre impudence par de nouvelles réfutations, — surtout par ces réfutations que leur brièveté engage à les lire et dont le modique prix d'achat peut les mettre facilement à la portée de tous.

C'est pourquoi, bien que — chargé de tant d'affaires très-graves, — Nous n'ayons pas encore pu lire l'ouvrage que vous Nous avez offert et que vous avez intitulé : *Erreurs et mensonges historiques*, cependant Nous approuvons pleinement votre but.

Tandis que vous travaillez à un plus grand ouvrage destiné à la gloire de l'Église et à l'utilité des fidèles, vous avez consacré quelques heures de plus à ce livre.

En vous exprimant Notre gratitude, Nous vous exhortons à poursuivre sans relâche le grand travail que vous avez entrepris, et comme gage de Notre très-affable bienveillance envers vous, Nous vous donnons, cher fils, très-affectueusement la Bénédiction Apostolique.

Donné à Rome, près Saint-Pierre, le seizième jour de septembre 1863, la dix-huitième année de Notre Pontificat.

PIE IX, PAPE.

ERREURS
ET
MENSONGES HISTORIQUES

PAR

M. CH. BARTHÉLEMY

MEMBRE DE L'ACADÉMIE DE LA RELIGION CATHOLIQUE DE ROME

La première série de cette publication a été honorée d'un Bref de Sa Sainteté le pape
Pie IX

> Ce n'est pas le mensonge qui passe par l'esprit,
> qui fait le mal, c'est celui qui y entre et qui s'y fixe.
> (BACON, *Politique*, IIe partie, p. 48, 1742.)
> L'erreur qui précède la vérité n'en est que
> l'ignorance, l'erreur qui la suit en est la haine.
> (VALÉRY, *Études morales, politiques*, etc.
> 2e édition, p. 80, 1824.)

DIXIÈME SÉRIE

Le roman de Christophe Colomb. — La mort du Corrège. — Dante fut-il un hérétique et un révolutionnaire? — La sainte Hermandad. — Etienne Marcel. — Le caractère de Charles V, dit le Sage.

PARIS
BLÉRIOT FRÈRES, LIBRAIRES-ÉDITEURS
55, QUAI DES GRANDS-AUGUSTINS, 55

—

1879

ERREURS
ET
MENSONGES HISTORIQUES

LE ROMAN DE CHRISTOPHE COLOMB

Jusqu'à ce jour la biographie de l'illustre navigateur n'avait été écrite que par des érudits protestants ; de là, par suite des préjugés, je n'ose dire, du parti pris de l'erreur, voire du mensonge, de là, des données inexactes, des contradictions, des non-sens : la grande figure de Christophe Colomb se trouvait ainsi voilée, même obscurcie après plus de trois siècles depuis sa mort. Enfin a sonné l'heure d'une grande réhabilitation, et elle est due à un catholique français, M. Roselly de Lorgues (1), qui sera notre guide dans l'examen de ce qu'à si juste titre on peut appeler *le roman de Christophe Colomb*.

(1) *Christophe Colomb, histoire de sa vie et de ses voyages, d'après des documents authentiques tirés d'Espagne et d'Italie.* (3ᵉ édit., 1869) 2 vol. in-8°.

D'ailleurs, ce qui agrandit et élève singulièrement ici la question, pour nous catholiques, c'est qu'il ne s'agit pas seulement d'un homme illustre selon le monde, mais encore et par-dessus tout, d'un héros du Catholicisme, d'un martyr de la foi, d'un personnage qui sera peut-être bientôt proposé à notre vénération.

Mais avant d'aborder le rapide et cependant complet exposé de la vie de Christophe Colomb, nous nous demanderons, avec M. R de Lorgues, se faisant l'interprète de maint esprit sérieux : « D'où vient que la vie du héros, à qui l'humanité doit la possession de l'autre hémisphère, n'a jamais été racontée par un catholique ? Pourquoi seuls, les écrivains protestants, rendus maîtres de cette éminente biographie, s'arrogeant le privilége de nous montrer, exclusivement à leur point de vue, l'image de Christophe Colomb, sont-ils parvenus à imposer leurs préventions comme l'inflexible jugement de l'histoire ? »

L'excès même de l'aberration dans laquelle on est tombé au sujet de Colomb implique la nécessité absolue et pressante d'une relation sincère et complète de sa vie.

Et d'abord, autant les contemporains de ce grand homme furent indifférents à l'égard de sa gloire, autant le Saint-Siége se montra toujours sympathique pour son œuvre magnifique. Successivement trois papes avaient honoré de leur confiance ce navigateur apôtre, et le sacré collége resta toujours fidèle à sa noble mémoire. Déjà pendant sa vie, — alors que sa gloire rencontrait tant de détracteurs, — à Rome, le Pape et les cardinaux honoraient ses travaux immortels.

Le premier personnage de la Ville éternelle, qui reçut et propagea les détails historiques de la découverte du Nouveau Monde, fut le cardinal Ascanio Sforza. Le cardinal

Bernardin Carvajal correspondait, au sujet de Colomb, avec le célèbre littérateur Pierre Martyr d'Anghierra. Le cardinal Luiz d'Aragon envoyait un de ses secrétaires recueillir, sous la dictée de Pierre Martyr, ce que ce littérateur apprenait de Colomb lui-même, et le cardinal Bembo intercalait, dans son *Histoire de Venise*, un livre entier sur la découverte de Christophe Colomb.

Le Pape Léon X se faisait lire pendant les soirées d'hiver, au milieu de la cour pontificale, toutes les découvertes de Colomb, dont P. Martyr avait écrit l'histoire sous le titre de *Décades Océaniques*.

Le cardinalat romain invita Giulio Cesare Stella à écrire en vers latins l'épopée du Nouveau Monde. Le cardinal Alexandre Farnèse donna particulièrement une grande célébrité à cette œuvre, par la lecture qu'il fit faire du manuscrit, à sa villa, en présence de ses collègues, et il engagea le jésuite F. Benci à en écrire la préface. Le cardinal Sforza Pallavicino célébra lui-même l'œuvre de Colomb, dans ses *Fasti sacri*. Le cardinal Valerio, dans son livre *De consolatione Ecclesiæ*, signala magnifiquement l'œuvre de la découverte, son importance au point de vue religieux, et glorifia Colomb, en appliquant à sa mission des textes remarquables des prophéties d'Isaïe. Ce fut sous les auspices du Pape Innocent XI que le savant oratorien Th. Bozius publia la partie de son ouvrage *De signis Ecclesiæ Dei*, dans laquelle il applique aussi à Christophe Colomb divers passages des prophéties.

Le premier cardinal qui engagea un poète à célébrer dans la langue italienne la navigation de Colomb fut un français, le fameux politique Granvelle ; L. Gambara remplit dignement ses intentions.

Grâce à l'influence romaine, l'Italie ne perdit pas entièrement le souvenir de Colomb ; la voix des poètes, suscités par le cardinalat, réveilla le patriotisme (1).

Dans le reste de l'Europe, « la seule circonstance qui empêcha d'oublier entièrement Colomb fut peut-être ce stupide conte de l'œuf qui, nonobstant son énorme invraisemblance, réussit à s'accréditer. Colomb avait découvert le Nouveau Monde, et, pour expliquer sa découverte, écrasé le bout d'un œuf sur une table ! L'opinion résumait ainsi les deux points principaux de sa vie... Le conte de l'œuf récréant l'enfance, la première histoire qu'on ait écrit de Colomb en Allemagne fut destinée à l'amusement de la jeunesse (2). »

Au dix-huitième siècle, le Protestantisme et la Philosophie, ou plutôt le Philosophisme, se liguèrent pour amoindrir et même nier l'importance des découvertes du navigateur catholique. L'anglais Robertson alla jusqu'à dire : « Si la sagacité de Colomb ne nous avait fait connaître l'Amérique, quelques années plus tard un heureux hasard nous y aurait conduits (3). » Avec un pareil parti pris on va déjà bien loin, mais on peut mener encore plus avant des esprits que nul paradoxe ou sophisme n'arrête ; aussi, dès 1786, Otto essayait-il de prouver que Colomb n'avait point fait de découverte, puisque l'Amérique était connue antérieurement à son entreprise.

Somme toute, au commencement de ce siècle — qui se dit le siècle des lumières, — une coterie composée de quatre écrivains s'est emparée de la biographie de Chris-

---

(1) Christophe Colomb est né à Gênes.
(2) R. de Lorgues, *Christophe Colomb*, etc., tome I, p. 13 et 14.
(3) *Histoire de l'Amérique*, tome I, livre II, p. 198 (édit. de 1828).

tophe Colomb, dont elle a fait sa chose, et dont elle s'est servie pour propager et accréditer l'erreur et le mensonge sur cet illustre catholique. Ces quatre hommes sont le génois G. Spotorno, l'Américain Washington Irving, l'espagnol F. de Navarrete et le Prussien A. de Humboldt.

Spotorno et Navarrete n'ont fait que disserter et réunir laborieusement des matériaux, avec lesquels A. de Humboldt et W. Irving ont composé : celui-ci, son *Histoire de la vie et des voyages de Christophe Colomb ;* celui-là, ses commentaires sous le titre d'*Examen critique de l'Histoire de la Géographie du Nouveau Continent.* Ces quatre écrivains se sont trompés et ils ont imposé leurs erreurs à leurs contemporains.

« Chose singulière, jamais aucun Européen n'a raconté la vie de Colomb. Chose non moins étrange, aucun écrivain catholique n'a donné la biographie complète du messager de la Croix dans ces nouvelles régions. Comme l'a si justement remarqué le célèbre père Ventura, tandis que l'histoire de Bossi compte à peine 43 pages, celle de W. Irving se compose de quatre volumes in-8° ; les commentaires de A. Humboldt comprennent cinq volumes in-8° ; or, W. Irving et de Humboldt, les seuls écrivains qui aient traité avec développement cette histoire, sont l'un et l'autre protestants. On conçoit aisément qu'à travers les préventions de secte ils n'aient pu juger sainement de l'esprit et des actes de l'homme qui personnifiait en lui le plus ardent catholicisme (1). »

Depuis plus de trente ans, les académiciens, les sociétés savantes, les biographies, les revues, les encyclopédies se sont mis à la suite de W. Irving et d'A. de Humboldt.

(1) R. de Lorgues, *Christophe Colomb*, t. I, p. 29 et 30.

Il est grandement temps de sortir de cette voie pleine de périls; c'est ce qu'a compris M. R. de Lorgues, et le succès a pleinement récompensé ses vaillants efforts. Donc, analyser un tel livre, c'est s'associer à une bonne action, en la propageant.

Né à Gênes en 1435, Colomb était le fils aîné d'un petit marchand de cette ville qui, issu de noble race, avait été réduit par des revers de fortune à embrasser le métier de cardeur de laines qui, dit-on, ne faisait point déroger ceux qui l'exerçaient. Quoi qu'il en soit, les Colomb avaient pour armes : d'azur à trois colombes d'argent, au chef, le cimier surmonté de l'emblème de la justice, et pour devise ces mots: *Fides, spes, charitas*. Le père de Colomb se souvint toujours de ses ancêtres dans sa conduite et dans l'éducation de sa famille. Quoiqu'il vit ses fils destinés au travail des mains, l'honnête cardeur voulut s'efforcer de leur donner toute l'éducation que lui permettraient ses ressources plus que modestes. Frappé de l'intelligence de son fils aîné, il l'envoya à l'Université de Pavie ; Christophe n'avait alors que dix ans. L'enfant ne resta pas longtemps sur les bancs, car à quatorze ans il était déjà embarqué.

La première fois qu'un document historique permet de saisir sa trace sur mer, il navigue sous le pavillon français, mais déjà il est homme de mer et l'un des officiers du fameux Colomb, son grand-oncle, qui commandait une flotte pour le compte du roi René contre le royaume de Naples, en 1459. Vers cette époque, Christophe, à son tour, était devenu maître. Le roi René lui donnait un commandement personnel pour une expédition, qui exigeait une audace et une habileté peu communes, et dont il vint à bout avec autant d'intrépidité que de prudence. Après une série d'événements dont le récit importe peu ici, Christophe Colomb fut poussé par un naufrage vers Lisbonne, où il trouva son second frère, Barthélemy. Pendant son séjour dans cette ville, il se maria avec la noble fille d'un navigateur et fit divers voyages aux Canaries, aux Açores et à la côte d'Afrique. Déjà, depuis près d'un demi-siècle, le Portugal, trop à l'étroit dans ses limites territoriales, cherchait un accroissement par mer.

Un philosophe français a remarqué avec justesse que tous les grands navigateurs furent chrétiens ; le prince qui donna le premier essor à la navigation sur l'Océan, lui aussi était véritablement catholique. Colomb dut être sympathique à ce prince, lui dont la personne, les manières et la conduite offraient le type du vrai et du parfait gentilhomme. Son seul visage trahissait sa noblesse d'esprit et certain air d'autorité (1) qui frappait les yeux intelligents. Il paraissait « homme noble et d'autorité, ce que son pourfil et contenance montrait fort bien (2). »

En 1476, ayant atteint l'âge de quarante ans, Colomb — que ses études, ses observations et des rapports de divers pilotes mettaient sur la voie d'un monde nouveau à découvrir, — résolut de tenter la réalisation de son plan, celui même de sa vie dès ses plus tendres années. Car bien que l'idée de son plan ne se soit manifestée d'une manière complète que durant la quatrième année de son séjour en Portugal, on peut affirmer qu'il avait déjà conçu le projet d'examiner la totalité de cet Univers, car cet hom-

---

(1) *El rostro luengo y autorizado.* — Antonio de Herrera.
(2) Oviedo y Valdez, *Histoire naturelle et générale des Indes*, etc., livre II, ch. III. Traduction de Jean Poleur.

me ne se démentit jamais. En pénétrant dans le secret de sa vie on le trouve toujours le même. Ce qu'il fut dans un âge plus avancé, il l'était dans sa jeunesse. On ne connaît l'époque de sa naissance que par celle de sa mort; on ne connaît les mouvements de sa jeunesse que par les révélations de son âge mûr, et l'on n'a pleinement connu les idées de sa maturité que par les pensées de ses derniers ans. Il a écrit que celui qui s'adonne à la navigation se sent pris du désir de pénétrer les secrets de ce monde (1). Cet aveu de sa vieillesse nous dit les préoccupations du milieu de sa vie comme de son adolescence (2).

Colomb communiqua son projet au savant florentin Paul Toscanelli; puis, tournant ses yeux vers son pays natal, il fit ses propositions de découverte d'abord à Gênes, qui les refusa, ensuite à Venise, enfin au Portugal, où il ne fut pas mieux accueilli. A Lisbonne même on essaya de lui voler son plan et de le faire réaliser par un étranger, mais cette manœuvre déloyale échoua complétement, à la honte de ceux qui l'avaient tramée. Justement indigné d'une telle félonie, Colomb résolut de se présenter de nouveau devant le sénat de Gênes, mais cette seconde proposition n'eut pas plus de succès que la première. Alors il songea à l'Espagne qui, par son zèle à défendre la foi, son intrépidité à repousser les Maures, par son caractère chevaleresque, ses ressources maritimes, surtout la grande renommée de ses deux souverains, alors

---

(1) El mismo arte inclina à quien le prosigue a desear de saber los secretos de este mundo. Chr. Colomb, *Carta del Almirante al Rey y à la Reina*, fol. 4 *del libro de las profecias*.

(2) R. de Lorgues, t. I, p. 96 et 97.

régnant ensemble, Ferdinand d'Aragon et Isabelle de Castille, lui parut mériter sa préférence.

Il arriva au couvent des Franciscains, à *Santa Maria de la Rabida;* c'était en juillet 1485. Le père gardien de cette maison religieuse, Juan Perez de Marchena, était un saint religieux et un savant cosmographe, que la reine Isabelle avait apprécié et qu'elle choisit pour directeur de sa conscience. Le franciscain, dans ses heures de méditations silencieuses, s'était demandé plus d'une fois si au delà des mers connues il n'y avait pas d'autres terres et d'autres mers. Ce fut en s'égarant de la grande route que Colomb arriva à la porte de ce monastère perdu dans une forêt. « Quand il arrive sans protection, sans recommandation aucune, destitué de tout appui, dans un pays dont il ne sait pas même encore la langue, la bonté divine l'adresse à l'homme le mieux préparé à ses idées, le plus digne de le comprendre et de le confirmer dans sa mission (1). »

L'hospitalité la plus cordiale accueillit Colomb, et la plus étroite amitié unit bientôt le Génois et le religieux de St-François, deux hommes faits pour se comprendre par le cœur comme par l'intelligence. « Ainsi, dans ce paisible couvent, la conception la plus large de l'humanité fut développée par le génie, accueillie par l'enthousiasme. Dans ce couvent l'on crut d'une foi implicite et soudaine à la sphéricité de la terre, à l'existence d'îles et de continents ignorés et à la possibilité d'y parvenir, alors que dans toutes les Académies, les Colléges, les Universités on eût regardé ces idées comme le songe d'un malade (2). »

En attendant l'heure de se présenter devant les souverains

(1) R. de Lorgues, tome I, p. 161.
(2) Id., p. 162 et 163.

1.

qui gouvernaient l'Espagne, l'hôte des Franciscains vécut de leur vie, associé à leurs études et à leurs méditations. Aux offices et aux repas de la communauté, il connut l'esprit de saint François; il en affectionna l'ordre, la règle et l'habit. A son tour le père gardien distingua dans Colomb la marque d'une élection providentielle ; il s'intéressa à sa destinée et s'y attacha d'un dévouement qui ne finit qu'avec lui-même.

Au moment où son hôte le quittait pour se rendre à la cour d'Espagne, le supérieur lui donna quelque argent avec une lettre de recommandation pour un haut personnage. Il fit plus, il voulut se charger de l'éducation du jeune fils de son ami, pour lequel il allait devenir un second père.

A son arrivée à Cordoue, Colomb ne trouva d'abord que déceptions ; son plan parut insensé à l'homme haut placé à qui il était recommandé. Perdu et isolé au milieu de la ville bruyante, il avait besoin de trouver un appui, une consolation. L'un et l'autre s'offrirent à lui sous les traits d'une noble demoiselle, dont il devint l'époux. Il avait alors quarante-neuf ans. A force de chercher et d'agir, il obtint enfin par l'appui du clergé une audience royale. Ce fut l'ancien nonce apostolique, A. Geraldini, qui, devenu précepteur de l'infante, fille aînée de la reine Isabelle, valut au Génois cette insigne faveur, à laquelle ne fut pas étranger le cardinal don Pedro Gonzalez de Mendoza, grand-chancelier de Castille. Ce personnage éminent, après avoir conversé avec l'étranger, conçut une si haute opinion de sa personne, qu'il crut devoir parler de lui au roi (1) ; Colomb touchait donc au but de ses désirs.

(1) El cardenal que lo mandaba todo negoció audiencia con los reyes. — P. de Salazar, *Crónica de el gran cardenal,* etc., liv. I, §. 1, p. 214.

Il se présenta comme le légat de la Providence, *envoyé en ambassade* (1), suivant son expression, vers les plus puissants d'entre les princes chrétiens, et surtout les plus zélés à l'égard de la foi, pour leur proposer une entreprise qui immortaliserait leur règne, en « *faisant service à Notre-Seigneur, répandant son saint nom et la foi parmi tant de peuples.* »

« Le premier objet de la découverte, dégagé de tout intérêt humain, était donc la glorification du Rédempteur, l'extension de l'Eglise de Jésus-Christ. Voilà ce que les historiens avaient jusqu'à présent passé sous silence ou laissé dans une vague confusion (2). »

La cour se montrait irrésolue, on parla d'envoyer Colomb devant la junte scientifique de Salamanque. Les Commissions datent de loin, on le voit. Comme toujours, il s'en suivit de nouvelles lenteurs. En vain le Génois sollicitait une solution définitive : rien ne se décidait. Découragé ou plutôt impatienté par tant de retards, il résolut à venir en France offrir son plan ; mais auparavant il passa par le monastère de la Rabida, où il avait laissé son jeune fils. Le Père Pérez, affligé de la détermination du Génois, le réconforta et lui promit d'aller lui-même trouver la reine Isabelle. Un plein succès couronna cette démarche et Isabelle manda sans retard Colomb auprès d'elle. On était au commencement de l'année 1492 ; le projet du Génois fut

---

(1) Por su infinita bondad me hizo à mi mensagero de ello, al cual vine con la embajada a su real persona, movido como à los mas altos principes de Cristianos y que tan se ejercitaban en la fé. Christophe Colomb, *Relation du troisième voyage adressée de l'île espagnole aux rois catholiques.*

(2) R. de Lorgues, p. 178.

accepté par l'intelligente souveraine ; mais elle ne put triompher de l'opinion de ses conseillers, unanimes à la dissuader d'une entreprise dont ils ne voyaient que les difficultés et les dangers insurmontables. Colomb tourna de nouveau ses yeux vers la France, et il s'y acheminait, quand un courrier de la reine le ramena : on souscrivait enfin à toutes ses conditions et des ordres étaient donnés au port de Palos pour l'expédition. Mais, immense fut l'épouvante des marins à l'idée d'un voyage si lointain, dans ce qu'ils appelaient la *mer ténébreuse*. Ici encore et toujours le zèle du Père Jean Perez vint puissamment en aide à l'œuvre de son ami.

« Le Franciscain est naturellement sympathique au peuple, à cause de la pauvreté de sa vie et de l'humilité de son costume. Il en est aimé parce que visiblement il l'aime. Sa modeste familiarité l'attire, comme son dévouement l'attache. Le gardien de la Rabida jouissait, en outre, d'une considération personnelle parmi les gens de mer. Il se mêlait aux matelots, plaisantait sur leur terreur, rassurait leurs familles et allait faire de l'enrôlement par ses paroles, ses démonstrations, jusque dans les ports voisins. Le zélé franciscain attendait de cette expédition l'extension du royaume de Jésus-Christ, une grande gloire pour l'Eglise, qui la première avait encouragé cette découverte et un bienfait pour toute la civilisation (1).... Aussi le Père Juan Perez travaillait-il de cœur et d'âme à convertir les poltrons, à décider les irrésolus. Il préparait le recrute-

---

(1) Disponiendo los animos de los marineros, y los demás à emprender la jornada de que siempre se prometió felicisimos successos. — Fr. P. Simon, *Noticias historicas de las conquistas de tierra firme*, not. 3, cap. xiv.

ment des équipages par ses persuasions et l'autorité de sa science.

« Il allait tantôt seul, tantôt accompagné de son ami ; mais partout où l'on voyait Colomb, on était sûr d'apercevoir aussi le gardien de la Rabida. Il se multipliait d'une façon prodigieuse. L'activité de son ardeur fit sensation dans la contrée. Plus de vingt ans après, les témoins de son zèle en gardaient le souvenir (1). »

Le Père franciscain fit plus encore ; il réunit à Colomb les trois frères Pinzon, marins riches et expérimentés, dont il lui assura le précieux concours. On ne saurait assez y insister, l'armement de cette expédition eut un caractère tout particulièrement religieux. Vers la fin de juillet 1492, les trois navires de l'expédition étaient en état de prendre la mer....

Le vendredi, 3 août 1492, après avoir commandé *au nom de Jésus-Christ* de déployer les voiles (2), Colomb entra dans sa cabine et commença son journal de bord, également au nom de Notre-Seigneur Jésus-Christ. Ce prologue expose dès le début le caractère spécialement chrétien de l'entreprise. Le désir de pénétrer l'espace, le vœu d'évangéliser les peuples supposés dans cet inconnu géographique attestent, par leur connexité de but, que cette expédition fut, avant tout, un grand acte de foi catholique.

Vers le 6 septembre, après une première avarie préparée sur une des caravelles par la mauvaise volonté des pro-

(1) R. de Lorgues, p. 222 et 223.
(2) Y en el nombre de Jesus mando desplegar las velas. Oviedo y Valdez, *la Historia natural y general de las Indias*, lib. II, cap. V, fol. 6.

priétaires de ce navire, Colomb se vit poursuivi par trois vaisseaux portugais qui croisaient pour l'enlever. Un événement qui tenait du miracle le sauva de ce premier danger. Ce ne fut pas le dernier, car le secours de Dieu ne l'abandonna jamais, dans cette étonnante navigation, où mille dangers surgissaient presque à chaque pas sur la route inconnue et si longue qu'il avait à parcourir avant d'atteindre le but de son expédition.

Cependant, les marins s'effrayaient de plus en plus des nouveaux aspects de l'Océan, une conspiration s'ourdit à la fois sur les trois navires, et la révolte s'alluma au sein de l'équipage. Mais, la fermeté de Colomb fut plus grande que ces folles terreurs, et finit par en avoir raison, lorsqu'on vit s'accomplir sa prédiction de la découverte de la terre pour la nuit du Vendredi, 12 octobre 1492.

Il était temps, car Colomb se trouvait dans le plus violent danger qu'ait jamais couru, sur son bord, chef d'escadre.

Plusieurs écrivains ont répété qu'en ce moment Colomb, menacé par son équipage d'être jeté à la mer, s'était trouvé contraint de lui promettre de retourner sur ses pas, si dans trois jours l'on n'avait pas aperçu la terre. Nous devons affirmer que ces diverses assertions sont dépourvues de fondement.

« Le trop modeste laconisme de Colomb en ce qui touche sa personne, la supériorité de ses aspirations, son dédain des offenses, sa pitié pour la faiblesse humaine, lui ont fait omettre tout détail sur cette révolte. Ce grand homme, que son esprit d'exactitude portait à inscrire sur son journal les moindres événements du bord, ne daigna pas mentionner les menaces, la fureur, le fer levé sur sa tête. Il indique à peine incidemment les sommations des rebelles ; et c'est par les révoltés eux-mêmes qu'on a su leur révolte.

« Qu'il y ait eu attentat contre l'autorité et la vie de Colomb, cela n'est pas douteux ; mais que le commandant composant avec les équipages les ait suppliés de naviguer pendant trois jours encore, ceci ne paraît pas croyable. D'abord, pour qui a étudié le caractère de Colomb, ce fait est impossible. Ensuite, aucune preuve n'existe de cette prétendue transaction entre le commandant et les équipages rebelles. Ni le fils de Colomb, Las Casas, Pierre Martyr, le curé de los Palacios, Ramusio, ni aucun des historiens contemporains ne la rapportent. Oviédo seul parle de l'assurance donnée par Colomb qu'avant trois jours il aurait découvert la terre ; mais ce fait n'est point présenté avec le caractère précis d'une capitulation. Oviédo, bien qu'il ait été trop souvent l'écho des détracteurs de Colomb, sachant la fermeté de cet homme inébranlable, convaincu des merveilles opérées par la Providence en sa faveur, est le premier à douter de la version qu'il donne. Ses paroles l'indiquent assez clairement (1). »

Donc, le vendredi, 12 octobre 1492, dès que les ancres eurent mordu la grève, Colomb, tout pénétré de recueillement, revêtu du costume de ses dignités, un manteau écarlate flottant sur ses épaules et tenant déployée l'image de Jésus-Christ sur l'étendard royal de l'expédition, descendit dans la chaloupe suivi de son état-major. A peine touchait-il cette Terre Nouvelle, qu'il y planta significativement l'étendard de la Croix. Ne pouvant contenir sa reconnaissance, il se prosterna avec adoration devant l'Au-

---

(1) Oviedo y Valdez, lib. II, chap. v, fol. 14. R. de Lorgues, p. 270 et 271.

teur suprême de la découverte. Par trois fois inclinant son front, il baisa, en l'arrosant de larmes de joie (1), ce sol inconnu où l'avait conduit la bonté divine. Tous ceux qui l'accompagnaient, gagnés par son émotion, s'agenouillant, suivirent son exemple ; ils élevèrent en l'air un crucifix (2). Tendant au ciel ses mains reconnaissantes et remerciant du fond de son cœur le Seigneur, Colomb trouva dans l'effusion de son âme une admirable prière dont l'histoire a recueilli les premiers accents : « Seigneur!
» Dieu éternel et tout puissant qui par ton Verbe sacré as
» créé le firmament et la terre et la mer! Que ton nom
» soit béni et glorifié partout, qu'elle soit exaltée la Majesté
» qui a daigné permettre que, par ton humble serviteur,
» ton nom sacré soit connu et prêché dans cette autre
» partie du monde !... (3) » Puis il imposa à cette île le nom de *Saint-Sauveur* (4) et il déclara en prendre possession, au nom de Notre-Seigneur Jésus-Christ, pour la couronne de Castille. Immédiatement tous les assistants le reconnurent pour amiral de l'Océan et vice-roi des Indes, et en cette qualité ils lui prêtèrent serment d'obéissance et lui promirent un dévouement égal à leur soumission.

(1) Inginocchiati baciorono la terra tre volte piangendo di allegrezza. — Ramusio, *Delle navigationi e viaggi raccolte*, vol. III, fol. 1.

(2) Robertson, *Histoire de l'Amérique*, tome I, livre II, p. 120.

(3) P. Claudio Clemente, *Tablas chronológicas de los descubrimientos*, decad. prim.

(4) Le llamó gloria de Dios que se le habia monstrado, librando lo de muchos peligros, San Salvador. — F. Colon, *Vida del Almirante*, cap. xxv.

Puis, l'amiral commanda aux charpentiers, munis de leur hache, de couper deux tiges d'arbres et d'en former une croix. Peu à peu les habitants de cette île, qui s'étaient d'abord cachés dans les bois, osèrent se montrer et reçurent l'accueil le plus cordial des Espagnols.

Colomb ne fit point dresser cette croix en ce lieu, simplement pour y laisser sa marque de premier occupant, mais afin de consacrer, par ce signe, le but de sa découverte et d'indiquer déjà sur cette frontière avancée du Nouveau Monde, qu'il en prenait possession au nom du Rédempteur des hommes, Notre-Seigneur Jésus-Christ (1). A l'exemple de W. Irving, l'École protestante s'est bien gardée de dire un mot de cette érection de croix.

Il n'entre pas dans notre plan de suivre Colomb sur ces lointaines plages, où il marchait toujours de découverte en découverte de tout genre ; son admiration pour les merveilles de cette splendide nature était surpassée par la pensée profondément religieuse qui ne l'abandonna jamais de l'apostolat à poursuivre dans la conversion des sauvages idolâtres à la foi de Jésus-Christ ; c'était l'accroissement du royaume du ciel sur la terre que Colomb avait, avant tout, en vue ; tous ses efforts ne tendaient qu'à ce but suprême et sublime ; aussi écrivait-il aux souverains d'Espagne : « Je dis que Vos Altesses ne doivent permet-
» tre à aucun étranger de mettre le pied dans ce pays et
» d'y commercer, s'il n'est chrétien catholique ; à
» aucun Espagnol d'y aborder, s'il n'est pas véritablement
» chrétien, puisque le projet et l'exécution de cette entre-

---

(1) Ma per lasciare un segno d'haver preso la possessione in nome di Nostro-Signore Jesu-Christo. — Ramusio, *Delle navigationi e viaggi raccolti*, vol. III, fol. 2.

» prise n'ont eu d'autre but que l'accroissement et la
» gloire de la religion chrétienne (1). »

Dans ce premier voyage, après avoir découvert des régions inconnues, il avait moins pour but d'observer la nature que d'acquérir de l'or et d'en composer une masse considérable. Il cherchait l'or afin d'intéresser l'Espagne à la continuation des découvertes, en montrant la preuve palpable de leur importance. Il cherchait l'or surtout, pour commencer le fonds de l'immense trésor qu'il voulait amasser. La délivrance des lieux saints, le rachat du tombeau de Jésus-Christ étaient toujours devant ses yeux, comme l'objet de sa suprême ambition (2).

Cependant Colomb dut bientôt songer à reprendre la route de l'Europe. De ses trois caravelles, une avait péri et les deux autres étaient très-avariées. La navigation fut difficile et l'on courut de sérieux dangers ; l'équipage fit des vœux nombreux dont le tirage au sort chargea le chef de cette lointaine expédition qui les accepta avec bonheur, persuadé que la Providence les protégerait tous au retour comme à l'aller (3). On atteignit enfin les Açores ; là un nouveau et terrible danger attendait l'amiral : le gouverneur portugais voulut s'emparer de lui et lui enleva traîtreusement la moitié de son équipage. Après bien des péri-

---

(1) Y digo que Vuestras Altezas no deben consentir que aqui trate ni haga pié ninguno extrangero, salvo católicos cristianos, pues este fué el fin y el comienzo del propósito que fuese por acrecentamiento y gloria de la religion cristiana, etc.

(2) R. de Lorgues, p. 288 et suiv.

(3) Pero no obstante la mucha agua que las carabelas hacian, confia en Nuestro-Señor que le trajo, le tornara por su piedad y misericordia.

péties, Colomb recouvra ses hommes et continua sa route, mais une terrible tempête le força d'aborder sur cette terre inhospitalière. Entré dans le Tage, sous le coup des vexations de l'amiral portugais, Colomb, sans perdre contenance, écrivit immédiatement en Espagne à l'homme qui l'avait le plus protégé auprès d'Isabelle, à Luiz de Santangel, et à cette lettre il en joignit une autre pour don Raphaël Sanchez, qui peu après fut publiée à Rome. Il la terminait par un élan plein d'expansion :

« Quoique tout ce que je viens de rapporter (dit-il)
» semble extraordinaire et inouï, il y aurait encore des
» choses plus grandes si j'eusse eu à ma disposition des
» navires suffisants, comme cela était convenable. Ce n'est
» pas à mon mérite qu'est due cette grande et vaste entre-
» prise; elle est due à la sainte foi catholique, à la piété et
» à la religion de nos monarques', car le Seigneur a ac-
» cordé aux hommes ce que l'intelligence humaine ne
» pouvait ni concevoir ni atteindre; parce que Dieu écoute
» quelquefois les prières de ses serviteurs qui suivent ses
» préceptes, même dans les choses qui paraissent impos-
» sibles. C'est ce qui m'est arrivé à moi, qui ai réussi dans
» une entreprise que jusqu'à présent aucun mortel n'a-
» vait osé former; car, quoiqu'on eût déjà écrit et parlé
» de l'existence de ces îles, tous en parlaient et en écri-
» vaient par conjectures, et sous la forme du doute; mais
» personne n'assurait les avoir vues, en sorte qu'on les
» réputait fabuleuses. En conséquence, que le roi, la
» reine, les princes et leurs royaumes très-heureux, de con-
» cert avec la chrétienté, rendent grâces à Notre-Seigneur
» Jésus-Christ, qui nous a accordé une semblable victoire
» et de si grands succès. Qu'on fasse des processions, qu'on
» célèbre des fêtes solennelles; que les temples se parent

» de rameaux et de fleurs; que Jésus-Christ tressaille de
» joie sur la terre comme il se réjouit dans les cieux, au
» prochain salut de tant de peuples, jusqu'à présent dé-
» voués à la perdition. Réjouissons-nous également, tant
» à cause de l'exaltation de notre foi, qu'à cause de l'ac-
» croissement des biens temporels dont non-seulement
» l'Espagne mais toute la chrétienté recueillera les
» fruits (1). »

Le bruit de la découverte d'un Nouveau Monde par un navire qui était ancré dans le Tage courut rapidement à Lisbonne ; l'admiration n'était pas moins vive que la curiosité : on rendait grâces à Dieu de cet événement, qu'un pressentiment secret disait être immense. Après le peuple, ce fut le tour des Grands. Enfin, un message du roi de Portugal vint sanctionner les témoignages spontanément rendus à l'homme de la Providence. Le chef de la nation suivait l'élan de son peuple; il invitait Colomb à sa cour, où il le reçut comme un prince du sang; il lui montra une haute considération, lui parla avec la plus grande affabilité et témoigna sa satisfaction du succès de cette entreprise. Dans un second entretien, le dimanche matin, à l'issue de la messe, le roi reprit son entretien avec Colomb et lui demanda des particularités sur son voyage. Il multipliait ses questions beaucoup plus que la veille, et comme, en satisfaisant sa curiosité, il reconnaissait la grandeur de l'entreprise, il éprouvait un secret dépit d'avoir laissé

---

(1) Epistola Cristoferi Colomb (cui ætas nostra multum debet : de insulis in mari Indico nuper inventis, etc.) ad magnificum dom Raphaelem Sanxis, etc., quam nobilis ac litteratus vir Aliander de Cosco, ab Hispano idiomate in latinum convertit. — Romæ, 1493.

échapper ces régions merveilleuses que lui avait offertes Colomb, avant de les proposer à la Castille. Il eut des doutes relativement aux distances et à la route suivie. Il lui semblait qu'on avait empiété sur les droits du Portugal. Immédiatement après l'entretien, il réunit son Conseil pour lui exposer le cas.

Tandis qu'à son habitude, Colomb passait recueilli les heures du dimanche, entre la méditation et la prière, à quelques pas de lui, dans la salle du Conseil, la question s'agitait d'anéantir le fruit de ses labeurs, de dérober à la nation ses découvertes, en le mettant à mort. L'assassinat de Colomb fut proposé au roi.

« Quelque révoltante que soit une telle proposition, quelque impossible qu'elle nous semble, dans l'état de nos mœurs, elle fut cependant faite, en séance, par des courtisans envieux de la gloire étrangère et jaloux de montrer au souverain leur dévouement aux rancunes qu'ils lui supposaient. On voudrait pouvoir douter d'une telle infamie. Mais si Colomb eut la générosité de la passer sous silence, si son fils Fernando l'a tue avec charité, — les plus grands historiens du Portugal eux-mêmes l'ont constatée, toutefois sans la flétrir de leur jugement (1). »

Un chroniqueur espagnol, Vasconcelos, biographe du roi Jean II, résume naïvement cette séance du conseil royal : « Dans ces doutes, le roi voulut entendre ceux du Conseil, pour arrêter le parti à prendre. Quelques discoureurs ignorants en géographie, confondant la position des terres, affirmaient que les pays découverts par Colomb appartenaient au Portugal et opinaient pour que Colomb fût

---

(1) R. de Lorgues, p. 363.

tué avant de retourner en Castille (1), sans quoi il résulterait de graves inconvénients de l'exécution de son entreprise. Ils jugeaient qu'en pareille occurrence, l'utile l'emportait sur l'honnête; d'ailleurs, tout bien considéré, ne méritait-il pas le dernier châtiment, cet homme qui avait osé se jouer d'un si grand prince?

Mais le roi craignait Dieu : il repoussa ces offres, dit Barros, *comme prince catholique;* d'ailleurs l'esprit élevé de Jean II, son estime de la science de la navigation, lui faisaient mieux subir qu'à une intelligence moins haute l'ascendant qu'exerçait l'aspect de Colomb. Il défendit sévèrement toute tentative contre son hôte et commanda de le traiter avec les plus grands égards.

La reine de Portugal fit aussi appeler Colomb et voulut entendre ses récits ; puis, Colomb reprit le chemin de l'Espagne, où il avait hâte d'arriver pour rendre compte de sa mission à ses royaux protecteurs.

La réception faite, à Palos, à Colomb et à son équipage, fut pleine d'enthousiasme. On les avait crus perdus sans retour, engouffrés dans les abîmes de la *Mer Ténébreuse :* une immense joie succéda donc à la plus morne des appréhensions. Par un mouvement spontané, toutes les boutiques se fermèrent; on se portait en foule au rivage. Les cloches sonnèrent à grande volée ; on tira le canon ; les fenêtres furent parées de fleurs ; les rues tendues de draps et

---

(1) Que muriese Colon antes que passasse à Castilla... — Vasconcelos, *Vida y acciones del rey don Juan el* II, lib. VI, fol. 293 et 294. Cf. Garcia de Resende, *Vida e feitos del rey dom Joam segundo*, cap. CLXIII. — João de Barros, *Da Asia*, decada I, livre III, cap. XI. p. 246. — Ruy de Pina, ch. LXVI de sa Chronique manuscrite du roi Jean II.

de tapis. « Colomb en débarquant fut reçu avec les mêmes honneurs qu'on aurait rendus au roi. Tout le peuple, en procession solennelle l'accompagna, lui et sa troupe, à l'église, où ils allèrent remercier Dieu d'avoir couronné, d'un si heureux succès, le voyage le plus long et le plus important qui eût jamais été entrepris (1). »

Colomb se hâta d'accomplir les vœux dont il était chargé et il se rendit tout d'abord à Notre-Dame de la Rabida, où il allait retrouver son saint ami, Jean Perez de la Marchena. Ainsi le généreux franciscain, qui avait célébré la messe solennelle pour l'embarquement, célébra la messe d'actions de grâces pour le retour. Puis, Colomb rentra dans son humble cellule du couvent de la Rabida.

« Si jamais en aucun congrès diplomatique projet ne se débattit plus important que celui dont, sept ans auparavant, Colomb et le docte franciscain avaient examiné les bases dans cet humble monastère, on peut le certifier, jamais ne fut conçue combinaison plus hardie que celle dont, le lendemain de son arrivée, Colomb dressait le plan au profit de la Castille. Pour l'intérêt de la monarchie espagnole, le travail qu'il traçait ainsi, à la hâte, dans le silence de son étroite cellule, était peut-être encore plus immense et plus immédiatement avantageux que sa découverte....

« De cette cellule, il conseilla aux deux rois de faire hommage au Saint-Siége (2) des terres nouvellement découvertes et d'appeler sa bénédiction sur cette entreprise, par une Bulle qui protégerait ses conquêtes.

« De cette cellule encore, il indiqua comment, pour éviter des conflits ultérieurs, devrait s'opérer la répartition

---

(1) Robertson, *Histoire de l'Amérique*, tome I, livre II, p. 143.
(2) F. Colomb, *Histoire de l'Amiral*, chap. XLII.

des terres à découvrir entre les deux puissances maritimes qui tentaient, à cette époque, des recherches dans l'Océan.

« A cet effet, Colomb imagine de faire attribuer par le Souverain-Pontife, pour les découvertes des Castillans dans l'Ouest, un espace égal à celui qu'auraient les Portugais dans l'Est. Et afin de déterminer les frontières des deux royaumes sur les plaines illimitées de l'Océan, il propose un moyen d'une simplicité divine.

« Aussi plein d'assurance que s'il tenait étendu sous ses yeux l'espace entier du globe, dont plus des deux tiers étaient encore ignorés, il fait, avec une sublime audace, ou plutôt un calme angélique, la section de l'Equateur que nul n'avait franchi ; trace à travers l'immensité une démarcation gigantesque ; tire d'un pôle à l'autre une ligne idéale, qui partagera la terre, en passant à une moyenne distance de cent lieues prise entre les îles du Cap-Vert et celle des Açores. Pour opérer cette étonnante séparation géographique, il choisit précisément le seul point de notre planète que la science choisirait de nos jours : la curieuse région de la ligne.... (1) »

Ce qu'offre d'ingénieux, de nouveau, d'important au point de vue de la physique, de la géographie et de la cosmographie cette Ligne, *raya*, qu'indiquait Colomb, est relevé avec admiration par Humboldt (2).

Colomb partit ensuite pour la cour ; son voyage fut vraiment une marche triomphale, les populations s'empressaient sur son passage, et son entrée à Barcelone fut

---

(1) R. de Lorgues, p. 371 et 372.
(2) Notamment dans son *Histoire de la géographie du Nouveau Continent* et dans son *Cosmos, Essai d'une description physique du monde*.

splendide. En apercevant le révélateur du Nouveau Monde, par un élan subit les deux rois, se dressant sur leur séant (1), firent un mouvement en avant comme pour aller vers lui et lui tendirent gracieusement les mains. La reine le fit asseoir près d'elle. « Don Christophe Colomb, — dit Isabelle, — couvrez-vous devant vos rois ; asseyez-vous près d'eux. Asseyez-vous, amiral de l'Océan et vice-roi du Nouveau Monde (2). » La reine ne s'assit qu'après que, sur son ordre, Colomb se fût couvert comme un Grand d'Espagne et se fut assis le premier dans un fauteuil, qu'on avait placé exprès devant le trône (3). » Les rois l'invitèrent alors à leur faire le récit de sa découverte. L'amiral obéit et fit suivre ses paroles de l'exposé de toutes les productions de ce sol lointain, dont il avait rapporté de nombreux et précieux échantillons.

La découverte nouvelle eut un immense retentissement sur tout le littoral de l'Europe ; elle arriva bientôt parmi les peuples du Milieu et ne tarda pas à pénétrer dans l'Orient. L'annonce de ce prodige parcourut en peu de temps les Etats chrétiens, et, de l'Adriatique à la Grande-Bretagne, causa chez tous les marins une sensation difficile à rendre. Le célèbre Sébastien Cabot, qui se trouvait alors à la cour d'Angleterre, avoue que cette découverte y fut considérée comme une œuvre plutôt divine qu'humaine (4) ; et le grand navigateur la comprenait ainsi.

(1) A su llegada sé levantan los benignos reyes. — Munóz, *Historia del Nuevo mundo*, tome I, livre IV, § 18.
(2) A. de Pastoret, *Histoire des découvertes*, Ms, p. 96.
(3) Le Père Ventura, *La femme catholique*, tome II, p, 323.
(4) A thing more divine than human. — *Memoir on S. Cabot, illustrated*, etc., p. 10. — Hackluy, *Collection de voyages*, p. 7.

Mais ce fut surtout dans la capitale du monde chrétien que cette nouvelle excita la plus profonde sensation. La cour de Rome en fut enivrée de joie. Le Souverain-Pontife manifesta publiquement son allégresse. Dès le 25 avril, dix jours après le triomphe de Colomb à Barcelone, déjà une copie de sa lettre à Raphaël Sanchez, parvenue à Rome, y était traduite en latin par Aliander de Cosco et avec l'autorisation pontificale imprimée chez Eucharius Argentinus. Neuf jours plus tard, le St-Père attestait, de sa main, la sublimité du mandat confié par la Providence à *son fils bien aimé* Colomb.

Pendant qu'au loin, dans tous les Etats chrétiens, le nom de l'amiral excitait l'admiration et la louange, sa personne recevait en Espagne des hommages inusités. Après les rois, le premier Espagnol qui rendit de grands honneurs à Colomb fut un prince de l'Eglise, le grand cardinal d'Espagne, Mendozza. A son intention il donna un magnifique banquet et lui assigna la place d'honneur, le fit servir sous un dais comme un Souverain, à plats couverts ; chaque mets qu'on lui présentait étant d'abord goûté devant lui, suivant l'étiquette royale, et le traitant en tout d'après son titre de vice-roi. Ce banquet ouvrit la série des fêtes et des invitations que lui firent les plus grands personnages d'Espagne, et devint la règle de l'étiquette, qui dès lors fut respectueusement observée à son égard.

C'est pourtant à ce banquet solennel qu'on a voulu rattacher l'anecdote de l'œuf, ce conte insipide auquel toutefois la mémoire de Colomb a dû, peut-être, sa plus grande popularité en Europe. Lamartine, dans sa biographie passablement fantaisiste de Colomb (1), fait exécuter à la table

---

(1) Le *Civilisateur*, Histoire de l'humanité par les grands hommes, 1re année, 1852, p. 355 et 356.

même du roi Ferdinand cette farce que W. Irving n'a pas craint d'accréditer.

« Un jour (dit-il), que Colomb avait été invité à la table de Ferdinand et d'Isabelle, un des convives envieux de ces honneurs décernés au fils d'un cardeur de laine, lui demanda astucieusement s'il pensait que nul autre que lui n'aurait découvert cet autre hémisphère dans le cas où il ne serait pas né. Colomb ne répondit point à la question, dans la crainte de dire trop ou trop peu de lui-même. Mais, prenant un œuf entre ses doigts, il s'adressa à tous les convives et les invita à le faire tenir sur un bout. Nul n'y put parvenir. Colomb alors écrasa l'œuf par une des extrémités, et le posant sur son ovale brisé, montra à ses rivaux qu'il n'y avait aucun mérite dans une idée simple, mais que nul cependant ne pouvait la soupçonner avant qu'un premier inventeur en eût donné l'exemple aux autres, renvoyant ainsi, à l'Inspirateur suprême, le mérite de son entreprise, mais revendiquant en même temps pour lui seul l'honneur de la primauté. Cet apologue devint depuis la réponse de tout homme élu de la Providence pour montrer une route à ses semblables et pour y marcher le premier, sans être toutefois plus grand, mais plus favorisé de l'inspiration que ses frères. »

« Aucun des historiens espagnols n'a raconté pareille chose. Le seul qui rapporte ce piètre conte, le milanais G. Benzoni, sans doute, aura mal démêlé ses vieux souvenirs. Très-positivement l'anecdote de l'œuf est d'origine italienne ; nous le reconnaissons... Avec quelque vraisemblance on l'attribue au célèbre architecte Brunellesco, par qui Ste Marie del Fiore éleva sa coupole. Ici le fait ne paraît pas impossible, tel inepte qu'il soit. Autour d'une joyeuse table de taverne, des artistes florentins rivaux et envieux, purent en venir à ces questions narquoises, à ces métaphores d'escamotage, où la farce tient lieu de raison et dont peuvent se payer des rapins plus grivois que logiques. A la table d'un franc goguenard, ce tour goguenard se comprend, mais non pas ailleurs. Avant nous, Voltaire disait que ce conte de l'œuf était rapporté du Brunellesco (1).

» Nous sommes à ce sujet entièrement de son avis (2).»

Cependant Colomb se préparait pour une seconde expédition. Le Saint-Siège y adjoignit un vicaire apostolique accompagné de douze missionnaires, et le père J. P. de la Marchena, nommé spontanément, par la reine, astronome de l'expédition, s'embarqua avec son ami sur le navire amiral. On partit du port de Cadix avec dix-sept voiles. Outre des munitions de bouche, des graines, des plants d'arbres, du blé, du seigle, de l'avoine, des légumes pour l'ensemencement des terres, l'amiral avait fait embarquer des bestiaux, des chevaux destinés à la reproduction ; des instruments aratoires, de la chaux, de la brique, du fer, etc. Sans compter l'état-major, les religieux, les gens de guerre, les laboureurs, jardiniers, forgerons, maçons, charpentiers, domestiques formant un effectif de cinq cents hommes soldés par la couronne (3), nombre d'individus de tout âge et de tout rang, enthousiasmés pour les régions des épices et de l'or, avaient

---

(1) Voltaire, *Essai sur les mœurs,* chap. CXLV. De Colombo (sic) et de l'Amérique, tome XVII de ses OEuvres, édit. Benchot, p. 391. « La plupart des bons mots sont des redites, » conclut Voltaire, (Ibid).

(2) R. de Lorgues, p. 408.

(3) Oviedo y Valdez, *la Historia gen y nat. de las Indias,* lib. II, cap. VIII.

sollicité la faveur d'y aller à leurs propres frais. On n'en put admettre que sept cents.

L'amiral fit de nombreuses découvertes ; mais des ennuis de tous genres, au premier rang desquels la maladie, vinrent bientôt paralyser ses efforts, et puis les privations de la vie de mer désenchantèrent avant peu les poursuivants de fortune. Une conspiration se trama contre le chef de l'expédition ; au moment où elle allait éclater, l'amiral en fut informé et en fit saisir le principal auteur, sur lequel on surprit, écrites de sa main, les preuves de son crime avec les noms de ses complices. Colomb pouvait, à l'instant, le faire juger suivant la rigueur des lois, il se borna à s'assurer de sa personne et à l'envoyer en Espagne avec les pièces de la procédure, pour que les rois fissent eux-mêmes justice. Sa clémence est admirée des historiens. W. Irving ne peut s'empêcher de dire : « L'amiral se conduisit avec beaucoup de modération. Plusieurs des complices furent punis suivant le degré de leur culpabilité, mais non pas avec la rigueur que méritait leur faute (1). »

A tant de soucis et d'ennuis, il faut ajouter le mécontentement des hidalgos, forcés de travailler pour vivre, et les diverses et inquiétantes défaillances de la santé de Colomb, qui plusieurs fois firent craindre pour sa vie. Enfin, à bout de dégoûts, en butte à la haine aveugle d'hommes pervers, aux excès desquels il s'opposait avec la plus grande fermeté, l'amiral fut heureux de pouvoir regagner l'Espagne, où il espérait trouver quelque repos, après tant de labeurs et d'épreuves. Dégoûté du monde

(1) W. Irving, *Histoire de la vie et des voyages de Christ. Colomb*, livre VI, chap. VIII.

il revêtit publiquement l'habit des Franciscains et voulait suivre dans le cloître de la Rabida son vénérable ami, le père J. P. de Marchena.

« Des écrivains, qui ne sauraient comprendre le caractère éminemment chrétien de Colomb', n'ont pu expliquer l'habit religieux dont s'était revêtu l'amiral, au retour de son second voyage. W. Irving suppose qu'il se montra sous cet accoutrement pour accomplir quelque vœu fait dans le danger (1). Mais d'abord il n'éprouva aucune tempête à son retour.... Cette supposition est contraire aux faits ; le récit d'Oviedo ne permet aucun doute sur la cause du costume qu'il prit ; il dit que ce fut par dégoût du monde (2), par la peine qu'il ressentit de l'injustice commise envers lui. »

« Las Cases, dans son *Histoire des Indes*, dit avoir vu à Séville l'amiral vêtu à peu près comme un moine franciscain (3). Le curé de los Palacios rapporte avoir reçu chez lui, à cette époque, l'amiral ayant le cordon de saint François et un vêtement dont la coupe et la nuance rappelaient l'habit des religieux de l'Observance, comme c'était son habitude (4). M. A. de Humboldt reconnaît que c'était *par dévotion* qu'il se montra *dans les rues de Séville en habit de moine de Saint François* (5). C'est donc

(1) Irving, *Hist. de la vie... de Christophe Colomb*, livre IX, chap. II.
(2) Oviedo y Valdez, *la Hist. nat... de las Indias*, lib. II, chap. XIII.
(3) Las Casas, *la Historia de las Indias*, lib. I, cap. CII. Ms.
(4) Andres Bernaldez, *Historia de los reyes católicos*, cap. VII. Ms.
(5) Humboldt, *Histoire de la géographie du Nouveau Continent*, tome I, p. 22.

fort gratuitement que W. Irving suppose un vœu qu'aucune circonstance ne motivait, et dont aucune relation ne parle (1). »

Cependant, sur l'invitation des rois, Colomb se rendit à la cour, où il reçut de la reine l'accueil le plus sympathique ; son seul aspect était la réfutation de ses ennemis. Il exposa dans sa réalité la situation de la colonie. Isabelle sut alors sous quelle dure loi il avait été contraint à ces mesures de salut que l'égoïsme et la vanité taxaient de rigueur cruelle. L'amiral raconta aux souverains ses découvertes de l'archipel des Caraïbes, de Cuba, de la Jamaïque; montra de l'or des mines de Cibao et d'Hayna. Ferdinand et Isabelle remercièrent Colomb, le comblèrent de paroles gracieuses et le traitèrent publiquement avec tout l'honneur possible, au grand désappointement de ses ennemis.

L'amiral songeait dès lors à un troisième voyage de découvertes, mais il lui fallait, comme à l'époque de sa première expédition, attendre silencieusement et contenir de nouveau sa légitime impatience. Enfin, il put partir, après avoir essuyé toutes les avanies que lui suscitèrent ses nombreux ennemis. Rien cependant ne put ébranler le courage et la grandeur d'âme de l'amiral, que des épreuves cruelles attendaient et poursuivirent jusqu'au bout de sa carrière de martyr de la foi et du salut du Nouveau Monde, qui fut la pensée de toute sa vie et qui — après l'avoir inspiré, à son entrée dans la vie, — le soutint à travers mille périls et mille ennuis, sous le poids desquels un cœur moins vaillant eût faibli et enfin succombé.

(1) R. de Lorgues, p. 558 et 559.

Colomb partit le 30 mai 1498, sous l'invocation de la très-sainte Trinité (1), et ayant fait le vœu d'en donner le nom à la première terre qu'il pourrait découvrir (2) ; il passa par les Canaries, les îles du Cap-Vert et descendit sous le parallèle de Sierra Leone, où il éprouva les calmes plats de la zone torride, dans leur plus extrême intensité. La chaleur corrompait les vivres, faisait éclater les tonneaux, couler le goudron, etc. L'amiral, en danger de mourir de soif — il ne restait plus qu'un baril d'eau, — fut contraint de changer de route. La détresse des équipages était affreuse. Au milieu des plus sombres appréhensions, le 31 juillet à midi, un marin, domestique de Colomb, vit poindre à l'occident la terre tant souhaitée; c'était l'île qui allait prendre le nom de *la Trinité*. Puis, successivement furent découvertes les îles : les Témoins, la Marguerite, Cubaga, etc. L'amiral était décidé à pousser plus loin ses importantes découvertes, malheureusement l'avarie des vivres, des bâtiments et son état de cécité le forcèrent à partir pour Hispaniola.

Dans aucune de ses explorations, Colomb n'avait encore rencontré des aspects aussi étranges que ceux dont son esprit s'efforçait aujourd'hui de pénétrer les causes. Surmontant ses souffrances, tant des yeux que de la goutte, — à certains traits de physionomie cosmique, insaisissables pour tout autre observateur, il avait reconnu la face de l'une des grandes divisions géographiques du globe et il était sur la voie d'une grande découverte : le renfle-

(1) Parti en nombre de la *Santisima Trinidad*. — Colomb, *Relation du troisième voyage adressée aux rois catholiques*.

(2) Oviedo y Valdez, *Hist. nat. de la Indias*, lib. III, cap. III.

ment équatorial. De cette découverte, Colomb, poussant plus avant encore dans la science, s'efforça de reconnaître le caractère historique de cette contrée. Ce pays étant le plus rapproché des cieux, par conséquent ayant reçu le premier les rayons du soleil, l'amiral se demanda si cette sublime élévation, cette douceur de température, n'indiquaient pas l'ancien séjour du premier homme : le paradis terrestre ? Il ne dit point avoir trouvé l'emplacement de ce lieu de délices ; mais il suppose qu'au point culminant du renflement équatorial doit se trouver ce lieu qu'aucun homme ne saurait atteindre — dit-il, — sans la permission divine (1).

« Deux membres de l'Académie des sciences, à Paris et à Berlin, ont tristement plaisanté sur la croyance de Colomb au paradis terrestre. Nous ne trouvons pas, nous, qu'il y ait matière à déprécier ce grand homme pour cette conjecture, alors très-rationnelle et motivée. A une époque où près des deux tiers du globe étaient à découvrir, rien n'indiquait qu'on ne trouverait pas le paradis terrestre (2). » Après Colomb un voyageur célèbre, Amerigo Vespucci, pensait aussi que le paradis terrestre était placé dans cette région ; il dit qu'il doit se trouver en ces parages, s'il existe quelque part dans ce monde (3). Aucun des historiens espagnols n'a trouvé sujet de plaisanterie dans la docte conjecture de Colomb, et W. Irving (4) s'est montré ici plus juste que Humboldt : « Des savants (dit-il), dans le

(1) Adonde no puede llegar nadie, salvo por voluntad divina. — *Tercer viage de Colon*.
(2) R. de Lorgues, tome, II, p. 27.
(3) Se nel mondo e alcun paradiso terrestre.
(4) *Hist. de la vie de Colomb*, livre X, chap. IV.

silence et la tranquillité du cabinet, surtout maintenant où la science ne hasarde rien et s'appuie sur des faits positifs, peuvent sourire de ces rêveries; mais elles étaient confirmées par les conjectures des philosophes les plus érudits du temps. »

Par ses inductions l'amiral arriva à la certitude d'avoir trouvé un Continent nouveau ; il venait de signaler le Nouveau Monde. Ainsi donc, comme il le pensait avant son départ, ce voyage entrepris au nom de la Très-Sainte-Trinité n'était pas moins important que sa première expédition. Il revenait ayant fait la paisible conquête de trois grandes vérités, de trois faits cosmographiques à jamais utiles aux sciences : l'existence du nouveau continent, le renflement équatorial, le grand courant océanique. La moindre de ces trois découvertes eût assuré l'immortalité d'un homme.

Telle était l'importance de ce troisième voyage, qu'il ne restait plus de grande découverte possible. Colomb ne laissait que bien peu à faire pour les générations suivantes; grâce à lui, le monde entier était désormais ouvert à l'investigation de l'homme. Depuis trois siècles, personne n'a découvert dans les lois de la nature rien de si large, de si profond, de si fondamental pour la science. Depuis trois siècles nul n'a rapporté d'aucun voyage autant d'acquisitions intellectuelles.

De grandes tribulations attendaient l'amiral à Hispaniola; le récit en serait trop long et, du reste, ne rentre pas absolument dans le cadre forcément restreint de cette étude sur le navigateur chrétien : les aventuriers, venus en ces régions lointaines pour chercher de l'or, s'indignaient du travail auquel ils étaient soumis et s'en prenaient à l'amiral, se révoltant contre lui à tout propos. Pour couper court aussi promptement que possible à ce mauvais esprit qui menaçait l'existence et l'avenir même de la colonie, la permission de retourner en Espagne fut accordée aux mécontents. Mais, ils se refusèrent à partir et s'insurgèrent de nouveau contre l'amiral, resté à peu près seul à leur merci. Déjà même il songeait à fuir, sur mer, la rage de ses ennemis lorsque, le jour de Noël (1499), le ciel lui donna une assistance miraculeuse, au moment le plus critique. Les choses changèrent aussitôt de face, sans effort et sans initiative de sa part. A la fin du jour il apprit la découverte de mines d'or immenses; les révoltés se soumirent et leur chef revint sincèrement à Colomb. Mais, ce calme ne devait pas durer longtemps. En butte aux plus noires calomnies, l'amiral allait subir des outrages sanglants. Un commissaire envoyé d'Espagne s'empara, dès son arrivée, de la maison, du mobilier, des effets et papiers de Colomb. et annonça qu'il allait le faire retourner chargé de fers avec ses deux frères (1). Ils furent enfermés et mis au secret dans des prisons séparées. L'amiral n'avait que le léger habit qu'il portait dans la chaleur du jour, au moment de son arrestation ; on s'était emparé de tous ses vêtements, même de son pardessus (*sayo*) (2). Sur la pierre de son cachot, avec ses douleurs de rhumatisme, ses ressentiments de goutte, il eut à souffrir cruellement du froid pendant la nuit, car il était quasi nu (*desnudo en cuerpo*). Sa chétive nourriture se composait d'aliments de rebut. Pour

---

(1) Y publicó que á mí me había de enviar en hierros, y á mis hermanos. — Chr. Colomb. *Carta del amirante al ama del principe D. Juan.*

(2) Chr. Colomb, *Lettre aux rois catholiques, écrite de la Jamaïque, le 7 juillet* 1503.

qu'un vieux marin habitué aux privations se plaignît de sa ration de prisonnier, elle devait être bien nauséabonde.

Pendant qu'il subissait de *très-mauvais traitements* (1), sans savoir encore de quels crimes on l'accusait, le commissaire finit par où il aurait dû commencer, en mettant le pied à Hispaniola. Il ouvrit une enquête au sujet des troubles qui avaient éclaté dans l'île. Mais au lieu de saisir au corps, suivant les ordres de la reine, ceux qui s'étaient révoltés contre l'amiral et ses frères, — ayant renversé le sens de ses instructions, il appela tous les rebelles, les factieux, les criminels, les prisonniers qu'il avait relâchés à venir déposer contre Christophe Colomb et ses deux frères. Tous ceux que la clairvoyance de l'amiral avait troublés dans leurs rapines, leur conduite licencieuse, leur tyrannie contre les Indiens ou leurs malversations, commencèrent à formuler leurs plaintes. Il y eut entre eux émulation de haine, concours de diffamation.

Une fois en mer, Colomb refusa de quitter ses fers dont voulait l'alléger pendant la traversée le capitaine du navire, touché d'une profonde pitié pour une infortune si peu méritée(2). Colomb, qui ne rougissait pas pour lui, mais uniquement pour les rois, de la honte dont on avait cru le flétrir, ne voulut pas, même à cette distance, dans la liberté de l'Océan, et sous la responsabilité du capitaine, paraître contrevenir aux ordres donnés par le mandataire des souverains. Malgré l'assujettissement, les incommo-

---

(1) Paroles de Chr. Colomb. — Desnudo en cuerpo; con muy mal tratamianto.

(2) Quantumque poi in mare... volesse trarre i ferri all' ammiraglio, à che egli non consenti mai... — F. Colombo, *Vita dell'ammiraglio*, cap. LXXXVI.

dités et les souffrances qu'occasionnaient ces chaînes à ses membres endoloris, il les garda, ne reconnaissant qu'aux rois, au nom desquels on l'en avait chargé, le pouvoir de l'en délivrer.

La douleur de la reine Isabelle fut grande en apprenant l'indignité commise envers l'amiral, elle lui écrivit pour protester contre cette offense, le consola et lui envoya de quoi réparer le dénûment dans lequel on l'avait mis. « L'amiral parla peu en présence du roi, qu'il savait bien n'être pas dans ses intérêts, mais ayant été admis quelques jours après à une audience particulière de la reine, il toucha jusqu'aux larmes le cœur de cette bonne princesse (1). » L'inique commissaire fut destitué et l'on nomma un gouverneur intérimaire, chargé d'administrer les Indes pendant deux années seulement; ce temps paraissait devoir suffire pour dissiper les factions, effacer la trace des inimitiés et rétablir la régularité de tous les ressorts administratifs. C'était, disait-on, dans l'intérêt de l'amiral surtout qu'on admettait cette mesure.

Assurément, quand elle promettait de le réintégrer dans ses titres et ses fonctions, la reine était véridique ; mais l'astucieux Ferdinand avait secrètement résolu d'enlever pour toujours à Colomb, outre la vice-royauté, le gouvernement réel des Indes. Tout fut dès ce moment combiné vers ce but.

En voyant l'animosité des colons d'Hispaniola contre l'amiral et la secrète détermination du roi à ne point lui rendre son gouvernement, la plupart des historiens ont pensé que réellement Colomb n'était pas destiné, malgré

---

(1) Le Père Charlevoix, *Histoire de St-Domingue*, livre III.

son génie, à gouverner les hommes : qu'il existait en lui quelque inaptitude pour l'administration.

« Dans le système des écrivains qui nient toute action providentielle sur l'humanité, Colomb n'a pu manquer de commettre des fautes comme gouverneur, par cela qu'il ne pouvait posséder toutes les qualités, et que, *par ses qualités mêmes, il ne convenait pas à ce poste difficile* (1). Mais nos lecteurs, qui se rappelleront les dons supérieurs accordés au héraut de la Croix, ses éminentes qualités surpassées par ses vertus ; ceux qui savent que chez le chrétien, avec l'amour de Dieu et celui du prochain, la miséricorde vient encore par-dessus la justice, ne douteront pas que tant de facultés excellentes, d'aptitudes diverses, une pénétration soudaine, unie à l'esprit d'observation, à l'expérience et à une patience si longtemps éprouvée, ne le missent en mesure d'administrer utilement les pays qu'il avait découverts.

« Loin de contester à Colomb sa capacité administrative, il faudrait, au contraire, s'étonner qu'au milieu d'une telle supériorité il en eût été dépourvu. Cependant ses biographes, ne rencontrant en lui aucune imperfection, ni comme chrétien ni comme homme de mer, fatigués sans doute d'avoir toujours à louer, ont cru varier leur style et faire acte d'impartialité scrupuleuse, en critiquant certaines mesures de son administration......

« Jusqu'à ce jour, les historiens de Colomb s'étaient bornés à des réticences timides, des doutes, de peureuses conjectures, sans jamais entrer franchement dans l'examen des griefs supposés. Les accusations contre le gou-

---

(1) W. Irving, *Hist. de Chr. Colomb*. — Humboldt, *Examen critique*. — Rosseew Saint-Hilaire, *Hist. d'Espagne*.

vernement de Colomb n'ont réellement pris un corps que sous la plume passionnée de don F. de Navarrete, qu'est venue renforcer l'école protestante, à la suite du grand Humboldt. Nous en remercions ce dernier. Grâces à lui, les obscures et tortueuses insinuations de l'académicien espagnol, ces imputations confuses, comme la calomnie qui rougit d'elle-même, sont précises, nettement articulées et dès lors discutables. (1). »

Colomb est donc accusé : 1° de dureté inflexible et de cruauté ; 2° d'attentat contre la liberté des Indiens, recommandés par la reine à sa protection ; 3° d'impéritie et d'incapacité administrative.

Colomb signala, dit-on, surtout sa cruelle sévérité lors du complot de Bernal Diaz de Pise et dans ses instructions écrites au commandant Pedro Margarit.

Or, Bernal Diaz de Pise forma contre la colonie un complot dont le plan, écrit de sa main, fut trouvé sur lui. Le crime ne pouvait être nié. Colomb pourtant, au lieu de faire, suivant son droit, juger et exécuter sur-le-champ le chef du complot, se contenta de l'envoyer en Espagne.

Voici comment W. Irving apprécie cet acte :

« L'amiral se conduisit avec beaucoup de modération. Par égard pour le rang et la position de Diaz, il s'abstint de lui infliger aucun châtiment ; mais il le consigna à bord d'un des navires, se proposant de l'envoyer en Espagne pour qu'il y fût jugé.... Plusieurs de ses complices d'un rang inférieur furent punis suivant leur degré de culpabilité, mais non pas avec la rigueur que méritait leur faute.... Les mesures qu'il prit, quoique nécessaires pour la sûreté générale, et aussi douces que possibles, furent traitées

---

(1) R. de Lorgues, tome II, p. 123 et 124.

d'arbitraires et parurent dictées par un esprit de vengeance (1). »

Parce qu'il était étranger, l'autorité de Colomb semblait insupportable aux Castillans, malgré sa modération, dit le Père Charlevoix (2) : « Cet acte de justice en apparence si nécessaire, et où toutes les formalités furent exactement gardées, lui aliéna la multitude sans retour et eut des suites bien funestes pour lui et pour toute sa famille. » A partir de ce moment, on lui fit une réputation de cruauté, de sévérité inhumaine. Ses ennemis l'accusèrent d'infliger, par caprice, les punitions corporelles les plus rigoureuses aux gens de basse condition et d'abreuver d'outrages les gentilshommes castillans, mais ils se gardèrent bien — dit encore W. Irving (3) — de parler des circonstances impérieuses qui avaient nécessité ces travaux extraordinaires, ni des débauches et des crimes de tout genre commis par les colons et qu'il fallait réprimer, ni des cabales séditieuses des cavaliers espagnols qui avaient éprouvé son indulgence plutôt que sa rigueur. »

Venons maintenant aux instructions écrites adressées par Colomb au commandant Pedro Margarit.

« La philanthropie de Humboldt a été révoltée d'un procédé contre les voleurs, recommandé par Colomb dans le cours de ces instructions.

« La pénalité varie suivant les lieux et les temps. Exiger son atténuation, sa douce uniformité, les soins délicats que la phrénologie et la philanthrophie protestante veulent aujourd'hui qu'on ait des criminels, est une rêverie des

---

(1) *Hist. de la vie de Chr. Colomb*, livre VI, chap. VIII.
(2) *Hist. de St-Domingue*, livre II, p. 119 (in-4°).
(3) *Hist. de Chr. Colomb*, livre VIII, chap. VIII.

idéologues modernes. A l'époque de la découverte, les Espagnols, et les Indiens surtout, ne traitaient pas si délicatement le crime. Dans l'abondance et la commodité de vivre que leur avait faite la nature, les peuples des Antilles regardaient le vol comme une odieuse perversité, car le besoin ne lui pouvait servir d'excuse (1). » Aussi le châtiaient-ils d'une façon effroyable. Ecoutons Oviedo (2), qui était bien renseigné : « Le plus grand péché et que plus avaient en haine les habitants de cette île était le larcin. Car si quelqu'un était surpris en larcin, pour petite chose qu'il dérobât, ils l'empalaient tout vif, comme l'on dit qu'on fait en Turquie, et le laissaient ainsi embroché en un arbre ou bâton jusqu'à ce qu'il rendît l'esprit. »

Telle était dans les mœurs d'Haïti l'horreur du vol, que le coupable « était empalé, de quelque condition qu'il fût et restait exposé en cet état à la vue de tout le monde; il n'était même permis à personne d'intercéder pour lui. Une grande sévérité avait produit l'effet qu'on en avait attendu (3). »

Mais, enhardis par la patience des Espagnols, qui fermaient les yeux sur de chétifs larcins, plusieurs, que la crainte du châtiment eût empêché de rien dérober à leurs compatriotes, s'étaient mis à détrousser leurs hôtes. Colomb prescrivit donc de punir les voleurs. Il substitua au pal une peine qui, sans attaquer la vie, laissait une marque durable, afin que le coupable, par son aspect, servît partout d'exem-

(1) R. de Lorgues, tome II, p. 126.
(2) *Hist. nat. et gén. des Indes*, livre V, chap. III, traduction de Jean le Poleur.
(3) Le Père Charlevoix, *Hist. de St Domingue*, livre I, p. 48 et 49.

ple et d'intimidation : c'était l'excision du bout du nez ou des oreilles, l'une des peines moyennes portées contre les voleurs dans le code de Valence (1) et de la Hermandad (2). En Espagne, après la récidive venait la peine de mort. C'était apporter dans le code criminel des indigènes un adoucissement tout chrétien. Pourtant, cette humanité a effarouché la pruderie philanthropique d'une certaine école.

Quant à l'accusation de s'être joué de la liberté des Indiens et d'avoir fait de cette partie de ses administrés une matière de vente, elle tombe devant le plus rapide examen.

Dans les mœurs de cette époque, l'esclavage n'était point tel qu'il nous paraît aujourd'hui. Le chevalier pris à la guerre appartenait à celui qui l'avait forcé de se rendre et ne devenait libre qu'en payant sa rançon. Après Pavie, François Ier était à Charles-Quint. Adouci par le Christianisme, l'esclavage n'avait point chez les Espagnols le caractère odieux que lui ont donné le fanatisme des Musulmans et l'inhumain orgueil des planteurs américains. Déjà, sous le règne de Henrique III, on voyait à Séville des esclaves noirs traités avec une grande bienveillance (3).

Colomb, dès son arrivée chez les Caraïbes, sentit que la douceur, les exhortations seraient inefficaces sur ces tribus dénaturées, ne connaissant d'autre loi que la violence. Il demanda l'autorisation de réduire en captivité cette race anthropophage, afin de l'enlever à ses féroces habitudes,

---

(1) Tarazona, *Instituciones del fuero y privilegios del reino de Valencia*, tome VIII, page 396.

(2) Rosseeuw St-Hilaire, *Hist. d'Espagne*, livre XVIII.

(3) Navarrete, *Coleccion de los viages y descubrimientos*, etc., introduccion, § XIX.

de la transplanter, de lui apprendre, avec la langue castillane, l'Évangile, qui seul pouvait la préserver d'une entière destruction. On lui répondit de traiter les cannibles comme les autres Indiens (1). Les faits donnèrent pleinement raison à l'amiral. Plus tard, force fut de réclamer l'application des mesures d'abord proposées par Colomb (2).

Loin de réduire en esclavage les Indiens pacifiques, Colomb se constituait leur défenseur, faisait respecter leur personne, leur famille, leur propriété ; c'est pourquoi les débauchés, les aventuriers rapaces et les fainéants d'Hispaniola s'étaient ligués contre lui. Pendant qu'à la cour, les échos des bureaux de Séville blâmaient la prétendue cruauté de l'Amiral envers les indigènes, les Castillans d'Hispaniola, au contraire, écrivaient en Espagne qu'il ne permettait pas que les Indiens fussent assujettis aux chrétiens. Humboldt lui-même (3) a relevé cette contradiction flagrante. Colomb ne conseilla que l'esclavage des anthropophages, mais il n'attenta jamais à la liberté des Indiens pacifiques.

Le caractère aimant de Colomb le portait à la douceur comme à l'indulgence. S'il rendit des édits sévères, ce fut pour protéger la vie et même l'honneur des indigènes, dont certains Espagnols se faisaient un jeu. Sa prétendue

---

(1) Memorial que para los reyes católicos dió el almirante D. *Cr. Colon en la ciudad Isabela.* — Respuesta de los reyes al margen de cada capítulo.

(2) Apéndice à la Colección diplómatica, n XVII. — Registr. del sello de corte en Simancas.

(3) Examen critique de l'histoire de la géographie du Nouveau Continent, tome III, section 2e, p. 282.

cruauté ne fut que la justice mise au service de la fraternité chrétienne.

Loin d'avoir été blâmé par la cour pour sa rudesse envers ses administrés, Colomb, au contraire, fut accusé de trop de douceur et de ménagement. Aussi dans les instructions données à son successeur en audience solennelle, en présence des rois, le conseiller d'Etat Antoine de Fonseca, frère de l'évêque ordonnateur de la marine, recommandait-il au nouveau gouverneur, de peur qu'il ne lui arrivât, comme à l'amiral, de sévir dès l'origine contre toute révolte et de frapper comme l'éclair (1).

Reste maintenant la présomption générale d'impéritie administrative. Cette accusation est singulièrement vague et confuse ; elle ne peut présenter un seul fait précis. « Jamais gouvernement plus difficile que celui dont fut chargé Colomb. Il opérait sur l'inconnu, dépourvu de tous précédents administratifs, sans cesse entravé par les difficultés du climat, de l'hygiène, des anciennes habitudes et des nouveaux besoins, les conflits perpétuels des hidalgos et des indigènes, les défiances, les convoitises brutales, l'insubordination permanente et les pédantesques prétentions de la bureaucratie de Séville, avec ses formes inapplicables aux exigences et à l'imprévu d'un régime tout à fait nouveau....

« A quoi bon discuter aucun acte de son gouvernement ? Les faits parlent plus haut que toute interprétation.

« Quand, après sa découverte du Nouveau Continent, il revint malade à Hispaniola, au milieu de l'insurrection

---

(1) Herrera, *Histoire générale des conquêtes et voyages des Castillans dans les Indes occidentales*, décade 1re, livre IV, chap. XIII.

des naturels, de la rébellion des Castillans, du mépris de ses ordres et de la défection de ses subordonnés, il se trouvait sans troupes, sans argent, sans appui moral ; sa position semblait désespérée. Néanmoins il sut, par d'adroites concessions, des temporisations habiles, dompter la violence, désarmer le crime, rétablir l'autorité, la sécurité publique, organiser la production et commencer la prospérité d'Hispaniola. Si ce n'est point là de l'habileté en fait d'administration, qu'on nous explique ce prodige !

« Comment douter des talents d'administrateur que possédait Colomb, quand on voit cet homme de mer devenir tout-à-coup, suivant la nécessité, agriculteur, architecte, ingénieur militaire, conducteur des ponts et chaussées, économiste, et révéler une spécialité véritable comme agronome et comme magistrat ? Les éminentes qualités nécessaires aux fondateurs de colonies, qui souvent avec peu doivent suffire à beaucoup, et, au moyen du présent difficultueux, assurer la commodité de l'avenir lui étaient largement réparties (1). »

Il songeait essentiellement à la culture de la terre : premier principe et dernier but de toute colonisation sérieuse.

Un fait prouve irréfragablement la supériorité de Colomb et son aptitude au gouvernement des hommes ; chacun de ses arrêtés, de ses règlements coloniaux, d'abord censuré et abrogé par la cour, fut ensuite rétabli et remis en vigueur par la force des choses. On rétablit la pensée de Colomb pendant que sa personne restait l'objet d'une injuste critique et d'un blâme calomnieux.

Ce fut donc contre les faits, contre l'évidence, malgré

(1) R. de Lorgues, tome II, p. 140-142.

toute justice et toute conviction, qu'à la cour, il fut accusé d'impéritie administrative. Mais l'envie avait besoin d'un prétexte pour voiler son acharnement, en simulant le zèle des intérêts publics.

Cependant Colomb, retiré chez ses amis les Franciscains, s'occupait de la délivrance du Saint Sépulcre qui, dans sa pensée, devait être la conséquence et le couronnement de la découverte du Nouveau Monde. Rêve sublime mais impraticable ; car les ressources personnelles sur lesquelles il comptait lui étaient enlevées, et il était réduit personnellement à la gêne la plus grande (1).

Il ne perdait pas de vue le projet d'un quatrième voyage ; non par envie, par émulation et ambition ; en dépit de l'âge et des infirmités ; il n'attendait plus ni faveurs ni richesses (2) ; c'était uniquement pour glorifier le Rédempteur, porter sur le reste du globe l'étendard de la Croix et compléter ainsi son œuvre de découvertes qu'il voulait se remettre en route. Ayant trouvé le Nouveau Monde, il pensait que maintenant le premier terme de sa mission étant accompli, il lui restait à effectuer le tour du globe et à racheter le Saint Sépulcre, afin qu'après avoir montré le signe du salut à des peuples jusqu'alors ignorés, ils pussent librement apporter leurs adorations au tombeau du Sauveur. Il voulait, avant de mourir, leur en frayer la route.

Colomb avait alors soixante-six ans....

(1) Cs. R. de Lorgues, tome II, p. 156-158.
(2) Yo no vine à este viage à navegar por ganar honra ni hacienda : esto es cierto, porque estaba ya la esperanza del todo en el muerta. — Lettre de Chr. Colomb aux rois catholiques, écrite de Jamaïque, le 7 juillet 1503.

Il partit de Cadix avec quatre navires approvisionnés pour deux ans; car il comptait, après avoir rencontré le détroit qui l'aurait conduit de l'Atlantique dans le grand Océan, accomplir le tour du globe en revenant par la mer d'Asie et la côte d'Afrique. C'était la première tentative officielle de circumnavigation qui se fût produite sous le soleil, depuis qu'une voile sillonna l'Océan.

En passant, l'amiral secourut la forteresse portugaise d'Arcilla, sur la côte du Maroc, assiégée par les Maures. Arrivé en vue de l'Hispaniola, il fit demander au gouverneur Ovando la permission de débarquer, pour réparer un de ses navires en mauvais état et s'en procurer un autre ; le gouverneur lui refusa. Pour toute vengeance, Colomb prédit une violente tempête et fit avertir Ovando de retenir dans le port la flotte qui partait pour l'Espagne ; on se moqua de son avertissement : la tempête éclata et anéantit la flotte. Mais, par un jugement visible de la Providence, l'amiral et ses navires furent préservés.

Ce désastre n'a point été considéré comme un simple sinistre de mer ; tous les contemporains y ont vu un châtiment providentiel. L'action de la justice divine fut ici tellement transparente que, sans exception, tous les historiens de cette époque s'en montrèrent saisis de respect et d'effroi. Le caractère vraiment surnaturel de cet événement impressionna profondément l'Espagne. L'étrangeté de ces circonstances, l'immensité de la perte, le deuil de plus de cinq cents familles donnèrent aux détails de ce fait une authenticité lugubre et mémorable (1).

---

(1) Oviedo y Valdez, *Hist. naturelle des Indes*, traduction de J. Poleur. Cf. ibid., chapitres vii, ix et x du livre III. — Benzoni. — Qui é da notare quanto la giustizia di Dio permette

Au moment où — après les plus cruelles épreuves, — Colomb revenait en Espagne, forcé par la maladie de séjourner à Séville il apprit que sa protectrice, la reine Isabelle, se mourait; il lui était impossible d'aller la trouver, mais elle, prévenue de ses infortunes par un fidèle serviteur de l'amiral, elle ne l'oubliait pas et veillait sur son fils. Elle expirait enfin, le 26 novembre 1504 et nous renonçons à décrire l'indicible douleur de Colomb à ce coup affreux. Pour comble d'infortune, la maladie, la pauvreté et les souffrances morales de l'amiral étaient arrivées à un point qui faisait présager une crise dangereuse pour sa vie. Sa gêne et sa maladie s'aggravant, le roi lui fit proposer, en échange de ses titres et de ses droits dans les Indes, un petit fief et une pension en Castille. L'amiral rejeta dédaigneusement cette offre, par laquelle on avait espéré séduire sa misère. Aussi inflexible dans son dénûment et ses infirmités qu'à l'époque où, fort de sa seule espérance, il obligeait la cour à lui consentir ses priviléges, il ne céda rien, ne diminua rien de ses droits méconnus et garda le silence de l'indignation, se bornant à en appeler à Dieu de cette iniquité.

L'homme qui, en ce moment, rendait l'Espagne le royaume le plus riche et le plus puissant de la chrétienté, n'avait pas une tuile pour abriter sa tête, couchait dans un lit de louage et se trouvait réduit aux emprunts pour payer sa dépense à l'auberge. Ce dénûment ne suffisait pas à la tacite animosité du roi. Non-seulement il le pri-

per castigare la malignita de gli uomini e considerare che tutti i nostri tesori e le nostre richezze ne'l'quali tanta fidanza abbiamo, tutte sono sogni e ombre false, etc. — *La historia del Nuovo Mondo*, lib. I, fogl. xxiv. (Venise, 1572.)

vait de ses revenus, il voulait encore le dépouiller de ses titres et de ses honneurs.

« Quel était donc le forfait de Colomb? Que pouvait-on lui reprocher? Aucun grief n'était formulé, et jamais aucun historien n'a rien pu recueillir à cet égard. Sa soumission n'avait-elle pas égalé son zèle? Son zèle, sa prudence? Sa prudence, sa fidélité? Sa fidélité, son dévouement?....

» Nous avons à cet égard une preuve qu'on ne saurait suspecter, car elle est surprise à l'intimité de l'épanchement paternel, aux communications privées de la famille, au moment même où, frappé dans tout son être par la mort de la reine, Colomb traçait à son fils aîné, alors auprès du roi, la conduite qu'il devait tenir. Ces conseils prennent un double intérêt des circonstances mêmes. Voici comment le père parlait à son fils : « Maintenant,
» le principal est de recommander affectueusement à
» Dieu et avec beaucoup de dévotion l'âme de la reine,
» notre maîtresse. Sa vie fut toujours catholique et sainte
» et portée à toutes les choses de son saint service; et
» par ces motifs on doit croire qu'elle est dans sa sainte
» gloire, sans regrets sur ce monde âpre et pénible (1). »

« Ensuite, l'important et la seule chose qui vaille toutes
» les autres, c'est de s'appliquer et de faire de continuels
» efforts pour le service du roi, notre seigneur, et de tra-
» vailler à lui épargner des ennuis. Son Altesse est la
» tête de la chrétienté : voyez le proverbe qui dit que
» lorsque la tête est souffrante tous les membres le sont

---

(1) Su vida siempre fue católica y santa y pronta à todas las cosas de su santo servicio; y por esto se debes creer que está en su santa gloria, y fuera del deseo de este áspero y fatigoso mundo.

» aussi ; et c'est pour cela que tous les bons chrétiens
» doivent prier pour la prolongation de sa vie et la con-
» servation de sa santé ; et nous, qui avons plus spéciale-
» ment l'obligation de le servir, nous devons aider à cela
» avec plus d'étude et de zèle que tous les autres (1). »

Le roi d'Espagne fut bien ingrat à l'égard de Colomb qu'il avait la faiblesse de jalouser au plus haut point. Cependant la maladie de l'amiral s'aggravait chaque jour, presqu'à chaque heure ; il reconnut que sa fin approchait, il relut pour la dernière fois son testament, et, n'y trouvant rien à changer, voulut en faire le dépôt authentique.

W. Irwing (2) dit : « Une clause de ce testament recommande aux soins de don Diego Beatrix Enriquez, mère de son fils naturel, don Fernand. Ses liaisons avec elle n'avaient jamais été sanctionnées par le mariage ; et, soit par suite de cette circonstance, soit qu'il eût à se reprocher de l'avoir négligée, il paraît avoir été ému d'une vive componction à ce sujet dans ses derniers moments. »

Depuis Galeani Napione, développé acrimonieusement par J. B. Spotorno, qu'ont à leur tour commenté don Martin Fernandez de Navarrete, W. Irwing et Humboldt,

---

(1) Su Alteza es la cabeza de la cristiandad : vede el proverbio que dice : quando la cabeza duele, todos los miembros duelen. Ani que todos los buenos cristianos deben suplicar per su larga vida y salud, y los que somos obligados à servir, mas que otros, debemos ayudar à esto con grande estudio y diligencia. — R. de Lorgues, tome II, p. 370 et 371.

(2) *Hist. de la vie de Chr. Colomb*, tome IV, livre XVIII, chap. IV, p. 37.

suivis de toute l'école protestante, aucun des biographes de Colomb n'a manqué de reproduire ponctuellement cette assertion des regrets qu'inspirait à l'amiral, dans ses derniers moments, le souvenir de Beatrix Enriquez, et de nous indiquer, comme preuve de *sa vive componction*, son dernier codicille, fait *la veille de sa mort*, c'est-à-dire le 19 mai 1506.

« Nous ne laisserons pas plus longtemps calomnier, jusque dans son agonie, le révélateur du globe. Il est temps de mettre un terme à cette falsification des faits, provenant d'un audacieux renversement des dates.

» Nous déclarons donc formellement que cette *vive componction de Colomb dans ses derniers moments* est une erreur grossière.

» Nous affirmons en outre que Colomb ne fit aucune disposition testamentaire, *la veille de sa mort*.

» Nous certifions que le *codicille définitif et régulier*, qu'on prétend fait, *la veille de sa mort*, par conséquent le 19 mai 1506, datait déjà de plus de quatre années (1).....

» Loin d'accuser, comme on l'a dit, un remords, ce souvenir nous révèle une délicatesse de cœur.

« On se rappelle dans quelles circonstances se conclut le mariage de Colomb avec Beatrix Enriquez. Malgré sa haute naissance, Beatrix, en sa fleur de beauté, avait épousé Colomb déjà blanchi, étranger, pauvre, inconnu... Elle avait affronté l'opposition de sa famille, de ses amies, l'opinion du monde, bravé le ridicule, se faisant une secrète joie de chacun de ses sacrifices ; et cependant, pour lui en témoigner sa reconnaissance, Colomb, peu après son mariage, s'éloigne de Cordoue, n'y revient

(1) Coleccion diplomática, docum, n° CLVIII.

presque jamais et n'y séjourne plus. C'est qu'il ne s'appartenait pas à lui-même ; le service des rois qu'il tournait à la gloire de Dieu, à l'accroissement de l'Eglise, le retenait sans cesse.....

» Toutefois, au moment d'entreprendre sa dernière exploration, la plus hardie et la plus dangereuse, pendant même qu'il écrivait ses intentions testamentaires, venant à se rappeler les longs sacrifices, le dévouement silencieux de Beatrix, l'abandon où il l'a laissée pendant tant d'années, songeant qu'il ne lui avait point constitué de douaire dans son acte de majorat, Colomb fut pris d'un regret douloureux, d'un scrupule de cœur. Il craignit de paraître ingrat....

» Ne pouvant désormais modifier, quant au fond, son institution de majorat, connue des souverains et du Saint-Siége, en faveur de la noble Beatrix, qui ne demandait rien, ne voulait rien, il dut se borner à la recommander à son héritier universel, en des termes qui rendraient doublement obligatoire sa volonté testamentaire. C'était, dit-il, pour le soulagement de sa conscience. Il rappelle en deux mots combien il lui est redevable. Et comme il ne jugeait pas séant de consigner dans cet acte de dernière volonté pourquoi cette obligation était un poids sur son cœur, il se suffit en disant : « Il n'est pas » convenable d'en écrire ici la raison (1). »

» Dans ces seules paroles, Napione, Spotorno, Navarrete, également étrangers à l'histoire de Colomb et à la connaissance du cœur humain, ont cru tenir la preuve d'une

---

(1) La razon de ello no es licito de escribirla aqui. — *Dernier article du testament olographe, écrit et recopié par Colomb, le 25 août 1505. Coleccion diplomática, docum. n° CLVIII.*

liaison illicite. Ils ont rapporté ces regrets à sa position irrégulière envers Beatrix Enriquez.....

» L'ineptie d'une telle interprétation a le droit de nous étonner.

» Quoi, si la cause de la recommadation mortuaire, cette raison qu'il ne convenait pas d'écrire en ce lieu, avait été une liaison coupable, Colomb aurait-il rappelé que Beatrix Enriquez était la mère de don Fernando? Dès qu'il déclarait la maternité de Beatrix, pouvait-il lui rester à cacher quelque chose sur la nature de leurs rapports ?....

» Les mêmes écrivains, qui ont vu dans ces paroles l'aveu d'une faute arrachée à la conscience, au terrible moment des adieux à la vie, ont oublié la date de ce testament. Ils ont confondu la rédaction de ce document olographe avec l'acte de dépôt, qui en fut fait quatre ans plus tard par l'amiral, la veille de sa mort. Sur quelques paroles, dont leur méconnaissance de ce grand caractère les empêche de saisir la portée, ils ont conclu à une liaison illicite et à de stériles remords vers les derniers moments. La différence des dates ne les a pas arrêtés (1)... Le mariage de Colomb avec dona Beatrix Enriquez, démontré par tant d'inductions logiques, de pièces et de preuves diverses, reconnu par ses descendants, les arbres généalogiques, les traditions de sa parenté, était avoué par lui, de sa propre main, cinq ans quatre mois et dix-huit jours avant l'acte de dépôt fait *la veille de sa mort*, dans un document autographe qui, par bonheur, nous

---

(1) Cf. R. de Lorgues, tome I, introduction, p. 51, 52, 53-57.

a été conservé. Colomb nomme son épouse *muger* (1). cette femme dont sa mission l'a toujours éloigné (2)...

» Pareille accusation ne vint jamais à l'esprit de ses persécuteurs ni pendant sa vie ni durant l'existence de sa lignée directe. L'esprit de fausse critique et de vaine érudition l'ont inventée de nos jours (3). »

Quels furent les derniers moments d'une existence si bien remplie ? — Le savant chanoine de Plaisance, Pietro Maria Campi, était parvenu à recueillir, sur cet intéressant sujet, des détails exacts, qu'il se préparait à publier, quand la mort vint interrompre son travail. Dans ce qu'il avait pu se procurer touchant la fin de l'amiral, il trouvait l'assurance que sa mort fût celle d'un prédestiné, le digne couronnement d'une vie d'apôtre et de martyr (4).

(1) Le nom de *muger* ne veut pas dire seulement la *femme* en général, il signifie encore l'épouse. C'est par ce nom de *muger* que se désignait la reine dona Juana, veuve du roi Henrique IV. Dans son testament olographe, fait en avril 1475, elle se dit : *Muger del rey don Enrique que Dios haya.* Ce nom de *muger* était aussi donné par Ferdinand à la reine catholique, la grande Isabelle ; le roi disait : « La serenissima reina dona Isabel, mi *muger*, etc. » C'était encore le nom de *muger* que le vieux roi catholique donnait à sa seconde épouse, la jeune Germaine de Foix : « Serenissima reina nuestra muy cara é muy amada muger. » — *Coleccion de documentos ineditos para la historia de Espana,* por D. Miguel salva y D. Pedro Sanez Baranda, tome XIV.

(2) Lettre de Chr. Colomb aux membres du conseil, écrite à la fin de l'année 1500. Cf. *Coleccion diplomática.* Documentos diplomaticos, n° CXXXVII.

(3) R. de Lorgues, tome II, p. 382-388.

(4) Vi si adopto egli di sorte con agui maggior patienza e carita, che fece l'ufficio d'apostolo, la vita di un martire, e la morte ella fine da un vero confessore di Christo.— P. M. Campi, *dell' Historia ecclesiastica di Piacenza parte terza,* p. 225.

Ses chaînes, l'unique récompense qu'il eût reçue du monde, et qu'il gardait toujours suspendues devant lui (1), paraient seules, les murs nus de la pauvre chambre d'auberge où s'éteignait sa vie. Conformément à l'usage de son époque et à l'inclination particulière de sa piété, il revêtit l'habit du tiers-ordre de St-François, qu'il porta si souvent; ses deux fils, ses officiers et quelques Pères Franciscains l'assistaient à l'heure suprême où, après s'être confessé, il reçut le viatique (2). Il ordonna que ses chaînes fussent mises avec lui dans le tombeau (3), puis il demanda lui-même l'Extrême-Onction (4), suivant les prières des agonisants, que l'on disait pour lui, et y répondant avec une parfaite et vaillante lucidité. Vers midi, il prononça ces paroles de Jésus en croix : « Mon Dieu, je remets mon âme entre vos mains (5) ; » et il rendit le dernier soupir, c'était le jour de l'Ascension. (20 mai 1506.)

Selon son désir, ses chaînes furent déposées avec lui dans son cercueil, puis les Franciscains accompagnèrent

---

(1) Egli havea de liberato di voler salvar quei ceppi per reliquie i memoria del premio de suoi molti servigii, si come anco fece egli. — F. Colombo, *Vita dell' ammiraglio,* cap. LXXXVI.

(2) Recibio, con mucha devocion todos los sacramentos. — *Historia general de las Indias occidentales,* decada I, lib. VI, cap. XV.

(3) Io gli vidi sempre in camera cot ui ferri ; i quali volle che con le sue osse fossero sepulti. — F. Colombo, *Vita dell' ammiraglio,* cap. LXXXVI.

(4) Herrera, *Hist. gén. des Indes occident.*, décade 1re, livre VI, chap. XV.

(5) Y dicho estas últimas palabras : In manus tuas, Domine, commendo spiritum meum. — H. Colon, *Historia dell Almirante Cristobal Colon,* cap. CVIII.

le corps à la cathédrale de Valladolid, où l'on célébra très-modestement les obsèques de l'amiral. Après quoi ces religieux transportèrent ses dépouilles mortelles dans les caveaux de leur couvent. Colomb, qui avait trouvé chez les Franciscains son premier asile, reçut d'eux la dernière hospitalité.

La mort de l'amiral avait fait si peu de bruit, que dans les années suivantes quelques ouvrages publiés à l'étranger parlaient de lui comme s'il vivait encore. Mais Rome veillait sur sa gloire.

Nous ne suivrons pas l'amiral dans ses *Voyages posthumes* comme M. R. de Lorgues appelle les diverses translations des restes de Colomb ; d'abord, en 1513, des Franciscains de Valladolid chez les Chartreux de Ste-Marie-des-Grottes, de l'autre côté du Guadalquivir, puis, en 1536, de Castille à St-Domingue, cette cité construite par ses ordres et dans la cathédrale de laquelle il reposa jusqu'en 1770, époque à laquelle sa sépulture serait peut-être restée oubliée à tout jamais, si un Français (Moreau de Saint-Méry) ne l'eût *découverte* et n'en eût opéré la restauration (1).

Un traité de paix conclu entre la France et l'Espagne, en 1795, ayant assuré à la première de ces deux puissances la possession définitive d'Hispaniola, le gouvernement d'Espagne ne voulut point abandonner la glorieuse relique aux nouveaux possesseurs de l'île. Sur l'initiative de l'amiral don Gabriel de Aristizabal, l'exhumation du cercueil de Colomb et sa translation à Cuba furent décidées. Fidèles à leurs anciennes affections, les Franciscains veil-

---

(1) *Annales maritimes et coloniales*, tome IX, p. 342, 1re série.

lèrent auprès du cercueil et dirent l'office des morts (1)...

« Après trois siècles d'indifférence, l'homme qui, durant le cours de sa vie, n'eut pour amis fidèles que deux moines, compte maintenant dans tous les Etats catholiques quelques sympathies empressées... La Papauté a conservé une tendre sollicitude pour la gloire de son fils Christophe-Colomb. Le Saint-Siége, imité par le cardinalat romain, a seul empêché que l'Italie elle-même oubliât l'honneur d'avoir donné naissance à ce héros de l'Évangile...

» Entre tous les amis actuels de Colomb, nous devons nommer d'abord Sa Sainteté, le Pape Pie IX... (2). »

En France, comme partout ailleurs, c'est le clergé qui porte à la renommée de Colomb l'intérêt le plus sincère. Sa mémoire a eu ce bonheur, que les deux premiers orateurs sacrés de notre époque, deux religieux, ont d'abord été ses premiers amis. Ces deux religieux sont le père Ventura et le père Lacordaire.

De tels cœurs et de tels esprits suffiraient, seuls, à venger la glorieuse mémoire de Christophe Colomb, si elle en avait encore besoin, après le beau livre de M. R. de Lorgues qui est un vrai, solide et durable monument élevé à ce grand homme qui fut un apôtre et un martyr.

---

(1) Ne pouvant — à notre très-grand regret, — pousser plus loin l'analyse, si succincte soit-elle, de l'excellent livre de M. R. de Lorgues, nous recommandons tout spécialement la lecture du chapitre x du tome II de son *Chr. Colomb*, où il étudie à fond l'erreur systématique et l'erreur traditionnelle des biographes de l'amiral et en fait vigoureusement justice. (p. 405-413.)

(2) R. de Lorgues, tome II, p. 543-544.

LA MORT DU CORRÉGE

Le trop crédule Vasari (1), au XVIe siècle, est le premier qui ait mis en circulation — on ne sait sur quel *on dit*, — la tradition de la pauvreté du Corrége et de sa triste fin. « Il était (dit-il), d'un caractère très-timide et se fatiguant sans relâche aux dépens de sa santé ; il exerçait son art pour soutenir sa famille, qui était la source de tous ses embarras.... Il était chargé d'une famille nombreuse et continuellement tourmenté du désir d'épargner, ce qui l'avait rendu tellement misérable dans sa manière de vivre, qu'il était impossible de l'être davantage. C'est pourquoi l'on dit qu'à Parme un paiement de 60 écus lui ayant été fait en monnaie de cuivre, il voulut rapporter lui-même cette somme à Correggio ; il se mit en route à pied et par la plus grande chaleur du soleil ; il but de l'eau pour se rafraîchir, puis se mit au lit avec une très-

---

(1) Vite de piu ecellenti pittori, etc., scritte da G. Vasari, pittore et architetto Aretino.

grande fièvre dont il ne se releva pas, et mourut à l'âge d'environ quarante ans (1). »

Depuis le XVIe siècle jusqu'à peu près à ces derniers temps, en France, nombre d'auteurs et de recueils biographiques ont rapporté cette fable.

Au siècle dernier, vers 1758, Grosley (2) s'exprime ainsi, à ce sujet, en paraphrasant Vasari :

« *L'Assomption* de la coupole du dôme de Parme coûta la vie à cet artiste immortel. S'y étant abandonné à toute la chaleur de son imagination, il avait risqué des hardiesses qui ont fait, depuis, l'étonnement et l'admiration des plus grands maîtres, et que ne surent pas goûter les chanoines qui avaient commandé ce morceau. Quoique le prix convenu fût modique, ils se crurent lésés, et après en avoir rabattu ce qu'ils voulurent, ils comptèrent le reste en quatrins, baïoques et autres monnaies de cuivre, que le malheureux Corrége chargea sur son dos pour les porter à deux ou trois lieues de Parme, dans un château où il avait alors son atelier. L'incommodité de cette charge, la chaleur

---

(1) Fu molto d'animo timido e con incomodità di se stesso in continue fatiche esercito l'arte per la famiglia, che lo aggravava... Desiderava, siccome quelli, ch'era aggravato di famiglia, di continuo risparmiare, ed era divenuto percio tanto misero, che più non poteva essere. Per il che si dice, che essendogli stato fatto in Parma un pagamento di 60 scudi di quattrini, esso volendoli portare a Coreggio per alcune occorrenze sue, carico di quelli si mise in cammino a piedi, e per lo caldo grande, ch'era allora scalmanato dal sole bevendo acqua per rinfrescarsi, si pose nel letto con una grandissima febbre, nè di quivi prima levo il capo, che finì la vita nell'età sua d'anni 40 o circa. — Vasari, *Op. cit.*, édition de Florence, de 1771, in-4º, tome III, p. 56, 65-67.

(2) *Observations sur l'Italie*, tome I, p. 190 (édit. de 1764.)

du jour, la longueur du chemin, le chagrin et le dépit qui lui perçaient le cœur, lui occasionnèrent une pleurésie dont il ressentit les atteintes en chemin et dont il mourut trois jours après, à l'âge de quarante ans. »

En 1759, Lacombe — dans son *Dictionnaire portatif des beaux arts* (1), — s'empressait de recueillir la prétendue tradition, en l'aggravant :

« Ignorant ses grands talents, il mettait un prix très-modique à ses ouvrages ; ce qui, joint au plaisir qu'il prenait d'assister les malheureux, le fit vivre lui-même dans la misère. Un jour ayant été à Parme pour recevoir le prix d'un de ses tableaux, qui se montait à 200 livres, on le paya en monnaie de cuivre. Ce fardeau était lourd, il faisait alors une chaleur brûlante, il avait beaucoup de chemin à faire à pied ; enfin l'empressement qu'il eut de porter cette somme à sa pauvre famille lui donna une fièvre dont il mourut. »

En 1813, la *Biographie universelle* disait (2) :

« Le Corrége ne fut jamais riche.... Il vint un jour à Parme, en 1534, solliciter la fin d'un paiement qui n'avait pas été acquitté ; on lui donna une somme de 200 francs en monnaie de cuivre ; Allegri, impatient de porter cet argent à sa famille, se hâta de repartir à pied pour Coreggio. Accablé sous ce poids énorme, il fut saisi à son arrivée d'une fièvre aiguë qui termina ses jours.... Il était de sa destinée et de celle de Raphaël, qui mourut à trente-sept ans, de ne pas parcourir une longue carrière. »

---

(1) P. 177.
(2) Tome IX, p. 638, article signé A. D (Artaud).

Et Feller, continué par M. Pérennès (1844) (1) s'exprime ainsi :

« Il était grand homme et il l'ignorait. Le prix de ses ouvrages était très-modique ; ce qui, joint au plaisir de secourir les indigents, le fit vivre lui-même dans l'indigence. Un jour, ayant été à Parme pour recevoir le prix d'un de ses tableaux, on lui donna deux cents livres en monnaie de cuivre. La joie qu'eut le Corrége de porter tant d'argent à sa femme, l'empêcha de faire attention à la charge qu'il avait et à la chaleur du jour. Il avait douze milles à faire ; il revint chez lui attaqué d'une pleurésie et mourut à Coreggio en 1534, à quarante ans. »

Enfin la *Nouvelle biographie générale* (2), tout en annonçant, dès le début de l'article *Corrége*, l'intention d'apporter quelque critique dans la notice de ce peintre célèbre, n'en conclut pas moins à l'adoption de la fable sur sa mort.

« Les contemporains d'Allegri se sont peu occupés de lui ; à peine s'ils nous ont conservé quelques détails sur sa vie et ses travaux. Parmi les écrivains qui ont voulu remplir la lacune laissée dans l'histoire de l'art, les uns le font naître de parents pauvres, de basse extraction, et mourir de misère.....

» Pour aider à rétablir la vérité de certains faits controversés par les biographes du Corrége, nous dirons, avec Mengs, que les travaux considérables dont Allegri fut chargé, de préférence à Jules Romain et au Titien, prouvent qu'il ne vécut pas dans cette obscurité malheu-

---

(1) Tome IV, p. 68.
(2) Tome XI, col. 927 (1856), article signé *Soyez* et emprunté à l'*Encyclopédie des gens du monde*.

reuse, dans cet éloignement complet des grands, déploré par certains écrivains....

» Le Corrége mourut d'une pleurésie, qu'il gagna en rapportant à pied chez lui le prix d'un ouvrage qui lui fut payé en monnaie de cuivre. »

En 1811, un poète danois, Oehlenschlaeger, fit représenter avec succès, à Copenhague, une tragédie intitulée *le Corrége,* que M. Marmier traduisit, plus tard, en français (1834). Les principaux personnages de cette œuvre dramatique sont le Corrége, Michel-Ange et Jules Romain ; la donnée scénique se fonde sur la misère de l'artiste et sa mort douloureuse.

Pour en revenir à l'article de la *Nouvelle biographie générale,* l'auteur — qui cite Mengs, — aurait pu, en le lisant plus attentivement, y trouver la complète réfutation des contes dont le Corrége a été l'objet ou le prétexte.

« Les notions que nous avons sur la vie du Corrége, dit R. Mengs (1), sont fort confuses et peu satisfaisantes. Son véritable nom était Antoine Allegri, qu'il a latinisé, en se servant de celui de *Læti* pour la signature de ses tableaux ; mais il a toujours été connu sous le nom de Corrége, qui est celui du lieu de sa naissance. On ne sait rien de ses parents. Il fut marié deux fois et eut des enfants de ses deux femmes.....

» Il y a des écrivains qui ont prétendu que le Corrége était né de parents fort pauvres et de basse extraction ; d'autres, au contraire, disent qu'il était d'une famille noble, fort riche, et qu'il laissa beaucoup de bien à son

---

(1) *Œuvres complètes d'A. Raphaël Mengs,* tome II, p. 145 - 149 (édition de 1786, in-4°). *Mémoires sur la vie et les ouvrages d'A. Allegri,* dit *le Corrége.*

fils Pompeo : mais ni les uns ni les autres n'ont fourni des preuves de ces assertions. Je regarde donc comme également faux ces deux extrêmes, et je pense qu'il a joui d'une certaine aisance pour le pays où il était et le peu d'argent qui circulait dans ce temps-là ; conjecture que je fonde sur l'espèce de monnaie avec laquelle on payait ses ouvrages. Les auteurs qui ont écrit la vie du Corrége l'ont comparé aux peintres célèbres qui vivaient alors à la cour des grands princes ou dans des villes opulentes, telles que Rome, Venise et Florence, et ont par conséquent eu raison de plaindre son sort, en considérant le grand mérite de cet artiste. Mais cela ne prouve pas qu'il fut absolument réduit à un état misérable et précaire et qu'il ne put pas vivre heureux dans une médiocrité philosophique, en se contentant du sort de ses concitoyens et en aspirant à être meilleur et non pas plus riche qu'eux. Mais ce qui est hors de doute, c'est qu'on ne voit point dans ses ouvrages ces signes d'économie et d'avarice qu'on aperçoit dans ceux de quelques pauvres artistes qui ont cherché à s'enrichir : tous ses tableaux, au contraire, sont peints sur de bons panneaux, sur des toiles très-fines et même sur cuivre ; et tous sont finis avec étude et soin. Les couleurs dont il se servait sont les meilleures et les plus difficiles à employer. Il faisait entrer avec profusion l'outremer dans les draperies, dans les chairs et dans les sites, et partout fortement empâté, ce qu'on ne voit pas dans les ouvrages d'aucun autre peintre. Il employait les laques les plus fines, ce qui fait que la couleur s'en est bien conservée jusqu'à nos jours ; et ses verts sont si beaux, qu'on ne peut rien voir de plus parfait (1).

(1) Lanzi insiste fortement sur les mêmes particularités, tome III,

« Mais que nous importe au reste que le Corrége ait été pauvre ou riche. Il n'est pas moins constaté par ses ouvrages qu'il doit avoir reçu une bonne éducation ; et ce que dit le père Orlandi (1) paraît très-vraisemblable, savoir, que le Corrége étudia la philosophie, les mathématiques, la peinture, l'architecture, la sculpture, enfin, toutes les espèces de connaissances et qu'il était d'ailleurs en relation avec les plus célèbres professeurs de son temps.....

» Le sculpteur Begarelli aida le Corrége, en faisant les modèles pour son célèbre ouvrage de la coupole de Parme : ce qui nous prouve que le Corrége, par conséquent, ne devait pas être aussi pauvre qu'on le prétend généralement, puisqu'il faisait travailler et payait un sculpteur, qui, dans ce temps-là, jouissait de la plus grande réputation dans la Lombardie et dont Michel-Ange faisait beaucoup de cas. Je ne prétends néanmoins pas que le Corrége ait été fort riche ; on est libre sans doute de penser sur ce sujet ce qu'on trouvera bon ; mais je ne connais aucun peintre de notre temps qui soit en état de payer un bon sculpteur pour faire les modèles nécessaires pour un ouvrage aussi considérable que celui de la coupole de Parme. »

On voit que R. Mengs est toujours sous le coup des on-dit de Vasari, et la preuve la voici :

« Il paraît incroyable que le Corrége n'ait pas joui d'une certaine réputation dans sa patrie et dans les provinces voisines, ainsi que quelques écrivains le font com-

---

p. 439 et 440. — « Cette remarque — dit-il — peut servir de réponse au Vasari, qui blâma sans mesure l'économie du Corrége. »

(1) *Abbecedario pittorico de professori più illustri in pittura*, etc. (Bologne, 1704, in-4º).

prendre, tandis qu'il fut chargé des ouvrages les plus considérables de son temps. La première coupole qui fut peinte, c'est celle de St-Jean, à Parme, et c'est le Corrége qui en fut chargé et qui exécuta cet ouvrage en 1522; la seconde est celle de la Cathédrale de la même ville, que le Corrége peignit aussi en 1530. Ces grands ouvrages, dont l'exécution lui fut confiée, nous prouvent qu'il était regardé comme le meilleur peintre de son pays. Il est à croire aussi que, s'il ne s'était point acquis un grand honneur par le premier, on ne l'aurait pas chargé de faire le second, pour lequel on aurait cherché un autre peintre ; d'autant plus qu'il ne manquait point alors de bons artistes, ni à Venise, ni dans la Lombardie même. A quoi, il faut ajouter ce que dit Ruta, savoir, qu'après qu'il eût fini la seconde coupole, le Corrége reçut pour solde de son paiement 170 écus d'or en monnaie de cuivre et qu'avec cette somme il retourna à pied chez lui, ce qui lui causa la maladie dont il mourut à l'âge de quarante ans. Le prix qu'on lui donna pour avoir peint cette coupole doit donc avoir été beaucoup plus fort que la somme qu'il emporta avec lui ; puisque, pour un ouvrage aussi considérable que celui-là, il est aussi nécessaire, qu'établi, de donner des à-compte pendant le temps que l'artiste est occupé de ce travail. Le Corrége n'a donc pas été si mal payé pour cet ouvrage, si l'on considère le temps, le pays et la valeur qu'avait alors l'argent ; surtout, si l'on y compare le prix que furent payés à Raphaël (le peintre le plus richement récompensé de son siècle), les loges du Vatican, pour chacune desquelles il reçut douze cents écus d'or....

» Si le Corrége ne fut pas riche, il faut alors convenir qu'il fut bien généreux, pour avoir travaillé avec aussi peu d'économie qu'il l'a fait ; enfin, il me semble qu'il a principalement cherché à acquérir une grande réputation (1). »

Le chevalier d'Azara (2) — dans ses *Réflexions sur les mémoires* de R. Mengs relatifs au Corrége, — reprend, avec raison, une à une, toutes les assertions de Vasari et les réduit à leur juste valeur. « M. Mengs (dit-il) a composé ces mémoires pour suppléer à ce qui manquait à la vie du Corrége publiée, par Vasari (3)... »

« Il y a, en général, beaucoup de confusion et de contradiction dans tout ce que Vasari dit du Corrége. Il le représente « comme un esprit timide et d'une si grande » économie, que son avarice l'a rendu le plus malheureux des hommes. » Les ouvrages du Corrége, et les dépenses qu'il n'épargnait point pour les faire, nous prouvent combien est fausse cette accusation et nous démontrent qu'il était, au contraire, d'un caractère libéral et qu'enfin il ne se trouvait point dans la pénurie, puisque ses ouvrages étaient plus richement payés qu'on ne veut le donner à entendre.

» Quant à ce que dit Vasari que « le Corrége, por- » tait un esprit mélancolique dans son art (4), » je ne pense pas qu'on puisse persuader à tout homme sensé que les inventions de ce peintre soient tristes, lui, dont les compositions sont regardées comme les plus agréables et les plus gaies qu'on connaisse. Vasari en convient lui-même

---

(1) R. Mengs, p. 151-153.
(2) Tome III des *Œuvres de R. Mengs*, p. 213-221.
(3) On accuse Vasari d'avoir parlé avec trop de partialité des artistes de son pays : cela paraît assez probable.
(4) Era nell'arte molto malinconico.

quand il dit : « Il est certain que personne n'a su mieux
» que lui disposer les couleurs ni avec plus d'intelligence
» pour la beauté. Aucun artiste n'a donné plus de relief
» à ses ouvrages ni a été plus admirable pour la morbi-
» desse des chairs et la grâce avec laquelle il finissait ses
» productions (1). » Cependant, suivant ce même biographe, ces choses agréables et ce coloris si gai sont d'un
peintre triste et mélancolique...

» Après avoir fait le tableau de la pusillanimité du
Corrége et de l'obscurité dans laquelle Vasari prétend
qu'il a vécu « de sorte qu'il était si misérable qu'il est
» impossible de l'être davantage, » il ajoute que le duc
de Mantoue le choisit pour faire deux tableaux qui fussent
dignes de Charles-Quint, à qui il voulait en faire présent
et que Jules Romain, qui était alors au service de ce
duc, mais qui cependant ne fut pas chargé de ce travail,
dit « qu'il n'avait jamais vu un coloris aussi admira-
» ble (2). »

« Jules Romain parlait du moins de ce qu'il connaissait ; mais il n'est pas possible que Vasari ait vu ce qu'il
critique ou qu'il en ait même été bien informé, puisque
sa narration ne se rapporte en aucune manière avec la
vérité...

« Vasari a été accusé de partialité et de jalousie, à
cause de la négligence, de l'infidélité et de l'inexactitude

---

(1) Tengasi pur per certo che nessuno meglio di lui toccò colori
ne con maggior vaghezza o con più rilievo alcun artefice dipinse
meglio di lui, tanta era la morbidezza delle carni ch'egli faceva e
la grazia con ch'ei finiva i suoi lavori.

(2) Le quali opere vedendo Giulio Romano disse non aver mai
veduto colorito nessuno ch'aggiugnesse a quel regno.

qui règnent dans son histoire des vies des peintres qui n'étaient pas de l'école toscane ; tandis qu'il loue outre mesure plusieurs qui ne méritent seulement pas la peine d'être nommés.....

« Il a rassemblé tous les contes qui se débitaient parmi les peintres et n'avait au reste aucune autre lumière sur l'art, qu'il traitait en artisan ; mais voulant faire un ouvrage volumineux, il a tout compilé, suivant sa méthode, dans un style plat et commun, tel que celui dont il se servait avec ses maçons et ses menuisiers.

« M. Bottari (1), son défenseur et son panégyriste, l'excuse d'une manière différente. Il prétend que Vasari n'aurait pas voulu mentir en parlant de choses sur lesquelles il pouvait être si facilement réfuté ; mais c'est là une bien pauvre raison : car si Vasari avait eu cette pensée, il n'aurait pas avancé des faussetés sur ce qu'il avait vu mille fois de ses propres yeux, ainsi qu'il l'a fait en parlant des peintures de Raphaël au Vatican. »

Après R. Mengs, l'abbé Lanzi, dans son *Histoire de la peinture en Italie* (2), a donné sur le Corrége des détails qui confirment les indications déjà connues et les corroborent par des faits nouveaux. Il constate tout d'abord que R. Mengs, Tiraboschi (3), Affo (4), et, avant eux le Scanelli et l'Orlandi, se sont plaints du Vasari, qui a trop

---

(1) *Vite de più eccellenti pittori, etc.*, scritte da G. Vasari, corrette da molti errori e illustrate con note. (Rome, 3 vol. in-4°, 1750-1760).

(2) Traduction sur la 3ᵉ édition (1824), tome III, p. 436 et 437.

(3) *Notizie de pittori... Modenesi* (Modène, 1786, in-4°). C'est le complément de sa *Bibliotheca Modenense* (1781, 5 vol. in-4°).

(4) *Historia di Parma.*

rabaissé la condition du Corrége. « Celui-ci naquit dans une ville illustre, d'une famille considérée, qui n'était point sans fortune, et de laquelle, par conséquent, il dut recevoir, dès le commencement, une éducation propre à développer son génie. On a même accusé le Vasari d'avoir été au moins d'une crédulité excessive, quand il a dépeint le Corrége comme misérable, mélancolique, et pour ainsi dire abattu sous le poids d'une nombreuse famille ; mal apprécié, mal payé de ses travaux, tandis que nous savons qu'il fut bien accueilli des grands et récompensé par des sommes considérables qui le mirent en état de laisser un riche héritage à ses enfants. »

On sent que l'abbé Lanzi est encore sous le coup des on-dit de Vasari ; mais, assez récemment, un savant critique d'art, G. Planche (1), a de plus en plus répudié les assertions de Vasari et est venu dire, nous le croyons, le dernier mot sur la vie du grand artiste. Voici donc comment il résume la question :

« Vasari, qui publiait pour la première fois ses biographies vingt-huit ans après la mort du Corrége, a recueilli, sur ce peintre éminent, plusieurs traditions populaires qui sont aujourd'hui démenties par des monuments authentiques. Tiraboschi, Pungileoni, Affo ont interrogé, avec une persévérance qu'on ne saurait trop louer, les archives des couvents et des églises pour lesquels Antonio avait travaillé; ils ont compulsé avec une patience monastique tous les recueils d'actes publics ou privés, où figure son nom, et l'on peut croire qu'ils ont épuisé toutes les sources d'informations. S'ils n'ont pas fait une riche mois-

(1) *Etudes sur l'art en Italie :* Le Corrége. (*Revue des deux Mondes*, 15 décembre 1854, p. 1198-1218.)

son, s'ils n'ont pas pleinement contenté la curiosité légitime qui s'attache aux hommes de génie, ils ont, du moins, redressé plus d'une erreur, et les anecdotes qu'ils ont glanées dans le champ du passé ne sont pas sans intérêt....

» La famille du Corrège, sans posséder de grandes richesses, n'était cependant pas réduite à la condition précaire dont parle Vasari (1). Nous savons en effet, par les nouveaux documents publiés à Parme en 1817 et 1818, que le jeune Antonio fut initié à la littérature par Giovanni Berni de Plaisance, par Marastoni de Modène, et à la philosophie par Lombardi de Correggio. Or ces trois hommes, bien qu'ils ne jouissent pas d'une renommée européenne, s'étaient acquis l'estime de leurs concitoyens par l'étendue de leur érudition, par la pureté de leur goût, par l'élévation de leur pensée. Pour confier l'éducation d'Antonio Allegri à de tels maîtres, il fallait que sa famille fût à l'abri de la pauvreté. Si son père eût été obligé de subvenir par un travail quotidien aux premiers besoins de la vie, il n'aurait pas songé à développer d'une manière générale l'intelligence d'Antonio avant de choisir pour lui une profession. Il vivait modestement d'un petit négoce et avait sans doute amassé quelques économies pour l'éducation de ses enfants

» Quoi qu'il en soit, il demeure établi qu'Antonio, avant de manier le pinceau, avait étudié les poètes, les historiens, les philosophes. Aujourd'hui, chez nous, les jeunes gens qui se destinent à la peinture sont loin de suivre la même voie. Toute leur attention se concentre sur l'étude

---

(1) Con incomodità di se stesso in continue fatiche esercito l'arte per la famiglia che lo aggravava. *Et ailleurs :* Era aggravato di famiglia di continuo risparmiare.

spéciale du métier; c'est un fait malheureusement trop facile à constater......»

Les historiens de la peinture ne s'accordent pas sur le nom du premier maître du Corrége ; il n'a jamais vu ni Florence ni Milan, son voyage à Mantoue est le seul dont on retrouve la trace, il n'a jamais dépassé Parme. Quant au voyage de Rome, c'est une pure invention qui ne soutient pas l'examen. Les écrivains qui ont imaginé ce voyage se fondaient sur des analogies de style entre la coupole de la cathédrale de Parme et *le Jugement dernier* de la Sixtine; mais, à l'époque désignée par eux, *le Jugement dernier* n'était pas même commencé. Il faut donc renoncer à chercher dans ce voyage le secret du talent d'Antonio.

« La discussion des témoignages, dit M. Planche, nous amène à penser qu'Allegri doit à lui-même, à ses études solitaires, à ses facultés primitives le style qui lui assigne un rang si élevé dans l'histoire de son art. Puisqu'il a fait de si grandes choses sans le secours de Rome, que n'eût-il pas fait avec un tel secours ! »

Pour notre part, nous n'admettons pas cette conclusion; Le Sueur et Rameau, pour ne citer que deux exemples parmi les plus connus, n'ont jamais fait le voyage d'Italie, et cependant quel peintre que le premier ! quel compositeur de musique que le second ! Tous deux ont pu dire d'eux-mêmes ce que Corneille proclamait de son génie, par la bouche d'un de ses héros :

Je ne dois qu'à moi seul toute ma renommée.

Mais, passons et venons au racontar recueilli par Vasari sur la pauvreté et la fin misérable du Corrége.

« On a beaucoup parlé de la pauvreté d'Antonio Allegri. Une anecdote racontée par Vasari sur la foi d'une tradition populaire (1), et souvent répétée après lui par les historiens de la peinture, nous le montre expirant dans un accès de fièvre, exténué de fatigue pour avoir rapporté sur ses épaules, de Parme à Correggio, une somme de soixante écus qui lui avait été payée en *quattrini*, c'est-à-dire en cuivre. Un poète danois, Oehlenschlaeger, s'est emparé de cette anecdote et en a fait le sujet d'un drame émouvant. Aujourd'hui, grâce aux recherches de Tiraboschi et de Pungileoni, nous savons ce que vaut cette historiette. *Aucun document ne vient à l'appui du récit de Vasari. Le voyage à pied de Parme à Correggio est une fable imaginée à plaisir, acceptée sans examen par la crédulité publique, et transmise d'âge en âge, mais qui ne résiste pas à l'analyse.* Les pièces que nous possédons sur la condition matérielle du Corrége, quoique peu nombreuses, ne permettent pas d'ajouter foi à son dénûment. Je n'irai pas jusqu'à dire, avec Lanzi, qu'il reçut en dot de sa femme une somme importante, car cette dot, dont nous connaissons le chiffre, s'élève à 251 ducats, soit 2,510 francs, et tout en admettant qu'une honnête médiocrité se prête merveilleusement au développement du génie, je ne saurais voir dans une dot de cent louis une somme importante. Cependant, pour rester dans la vérité, pour estimer équitablement la condition du Corrége à l'époque de son mariage, il faut se rappeler que dans les premières années du xvie siècle, cent louis représentaient un bien-être très-supérieur à celui qu'on pourrait se procurer aujourd'hui en échange de la même somme. D'après les calculs les plus modérés des économistes, il faut au

---

(1) Per il che si dice.

moins tripler la dot d'Antonio Allegri pour se faire une juste idée des avantages que cette dot lui apportait. Soyons généreux et quadruplons ; nous arrivons à dix mille francs. Ce n'est pas là une fortune ; mais il faut avouer pourtant que Corrége se trouve à l'abri de la pauvreté, si la maladie ne vient pas arrêter ses travaux.

» Cette dot était en terres, circonstance dont il faut tenir compte, si l'on veut estimer à sa juste valeur l'opinion de Lanzi, car le revenu de la terre est inférieur à l'intérêt des capitaux engagés dans l'industrie. Avec une fortune ainsi constituée, ce qu'on gagne en sécurité, on le paie par l'abandon approximatif de 50 pour cent....

» Quant au dessin conservé aujourd'hui dans la bibliothèque Ambrosienne et annoté par Resta comme représentant la famille du Corrége, il ne saurait être invoqué comme un argument en faveur de l'anecdote rapportée par Vasari, car ce dessin représente un homme d'un âge avancé, une femme encore jeune, une jeune fille et trois garçons, pieds nus. Or, nous savons par Pungileoni que le Corrége n'a jamais eu qu'un fils et que ses trois autres enfants étaient des filles. On ne peut donc citer ce portrait de famille comme un document sérieux (1).

» Par cette rapide discussion, nous sommes amenés à conclure qu'Antonio Allegri n'a connu ni la misère ni la richesse. *Il n'est pas mort exténué de fatigue pour avoir porté un fardeau dont il aurait dû charger une bête de somme*, il a vécu de son travail, et grâce à son énergie il a pu soutenir sa famille...

» Nous connaissons le chiffre des sommes reçues par Antonio Allegri pour ses travaux les plus importants. Ces

(1) Cf. Lanzi, tome III, p. 456-458.

documents sont de nature à prouver aux plus incrédules que *l'anecdote racontée par Vasari ne repose sur aucun fait réel*. Ceux qui ne savent pas les variations survenues dans la valeur de l'argent trouveront sans doute que les travaux de ce peintre éminent ont été rémunérés d'une manière misérable ; mais cette opinion s'évanouit devant un examen attentif; *il est désormais démontré que le Corrége n'a jamais ressenti les angoisses de la détresse*. La coupole de San Giovanni lui fut payée 472 sequins, somme très-modique assurément, si on la compare au prix actuel des travaux de peinture ; mais cette somme si modique valait, dans les premières années du xvie siècle, trois fois au moins ce qu'elle vaut aujourd'hui, c'est-à-dire trois fois 4,720 francs ou 14,160 francs. Pour la peinture de la frise dans la même église, le Corrége reçut 60 sequins. On s'étonne à bon droit des modestes conditions acceptées par ce maître illustre, quand les peintures de l'abside dans l'église de la Madeleine à Paris ont été payées 80,000 francs ; car, même en triplant le salaire d'Antonio, nous n'arrivons pas à trouver le quart de cette somme. *A l'époque où vivait le Corrége, les peintres ne rêvaient pas l'oisiveté des grands seigneurs; pour eux, le travail n'était pas seulement un moyen de subvenir aux besoins les plus impérieux de la vie, c'était aussi un bonheur.* Ils se contentaient volontiers d'un salaire modique dans l'espérance d'obtenir bientôt des travaux plus importants. Ce fut là sans doute la raison qui décida le Corrége à peindre la coupole de San Giovanni pour 472 sequins, et son espérance ne fut pas trompée, car on lui offrit 1,110 sequins pour peindre la coupole du Dôme, c'est-à-dire de la cathédrale de Parme, somme qui représenterait aujourd'hui 33,000 francs. »

La question de la misère du Corrége ainsi réduite à

néant, il faut chercher la cause de la mort de cet artiste éminent, ailleurs que dans la fatigue que lui aurait causée le poids énorme de monnaie de cuivre dont parle Vasari.

Or le Corrége mourut le 5 mars 1534, quatre ans après avoir terminé la coupole de la cathédrale de Parme, — son chef-d'œuvre : « Soit par suite de la fatigue qu'il dut éprouver en exécutant cet immense ouvrage, soit par toute autre cause, sa santé s'était fort affaiblie ; c'est ce qu'il est permis, du moins, de conjecturer, car dans les quatre dernières années de sa vie, on ne trouve la trace d'aucun travail important (1). »

En terminant, quelques détails sur le chef-d'œuvre par lequel le Corrége mit le comble à sa réputation, ne seront pas sans intérêt et d'ailleurs expliqueront comment la fatigue d'un tel travail a pu hâter sa fin; on sait que le plafond d'Hercule, à Versailles, amena pour son auteur, Lemoine, une mort douloureuse, — le suicide.

Après avoir loué la coupole de San Giovanni (au Mont-Cassin), où le grand artiste avait représenté l'Ascension du Christ, l'abbé Lanzi (2) ajoute :

« Cependant, quelque merveilleuse que fût cette peinture, elle cède encore la prééminence à une autre que le seul Corrége pouvait faire supérieure à la première ; et c'est celle de la cathédrale de Parme, qui a pour sujet l'Assomption de la Vierge, et que l'auteur termina en 1530. Elle est incomparablement plus vaste que la précédente... Dans la partie supérieure, il figura une foule innombrable de bienheureux, groupés et séparés dans l'ordre

---

(1) Larousse, *Grand dictionnaire universel du* XIXe *siècle* (1869), article CORRÉGE. Cf. Lanzi, tome III, p. 456.

(2) Lanzi, tome III, p. 454 et 455.

le plus admirable; puis une multitude d'anges, les uns plus grands, les autres plus petits, mais concourant tous à l'action ; les uns soutenant et secondant le vol majestueux de la Vierge, d'autres jouant des instruments et dansant, en célébrant ce triomphe par leurs chants, par leurs applaudissements, d'autres tenant des flambeaux, ou brûlant des parfums. Il y a dans tous ces visages une beauté, une joie, un air de fête, et une si brillante lumière est répandue dans tout l'ensemble, que l'aspect de cette peinture, quoiqu'elle ait été fort endommagée, produit une espèce de ravissement qui transporte l'âme : il semble que l'on s'élance vers le ciel. »

DANTE FUT-IL UN HÉRÉTIQUE ET UN RÉVOLUTIONNAIRE ?

« Si — comme le dit très-bien M. A. de Montor, dès le début de sa savante *Histoire de Dante* (1), — si Dante a embrassé dans sa poésie comme encyclopédique toutes les questions, s'il a été en même temps historien tour à tour respectueux et injuste envers le Saint-Siége, et ensuite le poète le plus éminent des temps modernes, il a fallu examiner ses principes en histoire, ses opinions en matière religieuse et l'ensemble de ces méditations où il a reconnu tant de fois avec vénération la hauteur de nos dogmes, qu'un des plus illustres papes, dans un de ses plus beaux palais, l'a placé au rang des théologiens bien méritants de la chaire pontificale. »

Venger Dante, en le faisant connaître tel qu'il fut, *ondoyant* (eût dit Montaigne), ainsi qu'un poète, telle a été, telle a dû être la tâche des biographes catholiques de l'il-

---

(1) Page 2.

lustre florentin ; réhabiliter Dante, c'est élever un piédestal à la papauté, qui n'a besoin que de la vérité, comme l'a dit M. de Maistre dans un livre immortel.

Le soin de la mémoire d'un homme, grand même dans ses écarts, qui a pu se tromper — comme c'est le propre de la nature humaine, — mais qui n'a jamais persévéré, de parti pris, dans l'erreur, ce soin semblait en quelque sorte plus particulièrement réservé à deux écrivains français, M. A. de Montor, l'auteur d'une excellente Histoire des souverains pontifes, et Ozanam, dont l'admirable livre sur la philosophie du chantre de la Divine comédie complète, en les résumant, toutes les données les plus précieuses sur le poète théologien, *Théologus Dantes*.

Après les contemporains du Dante, après ou plutôt en même temps que son œuvre gigantesque, si profondément vécue, c'est à M. A. de Montor, et à Ozanam (1) que nous empruntons les éléments de cette étude critique sur un des plus beaux génies du moyen âge, le Michel-Ange de la poésie, comme l'artiste de la chapelle Sixtine fut le Dante de la peinture et de la sculpture.

Pour résumer d'avance l'importance et l'intérêt ainsi que l'étendue d'une telle étude ramenée à ses véritables proportions, disons — avec M. A. de Montor, — que « Dante est à lui seul une grande partie de l'histoire de l'Italie de son temps (2). »

Dante naquit à Florence le 8 mai 1265 ; Brunetto Latini, l'auteur du *Tesoretto*, fut son premier maître ; puis, le

---

(1) *Dante et la philosophie catholique au treizième siècle*, 4ᵉ édition, (dans le tome VI des *Œuvres complètes d'Ozanam*, Lecoffre, 1859).

(2) Page 1.

jeune élève se rendit à Bologne et à Padoue où il continua ses études. Il avait perdu son père de bonne heure. Ce fut un malheur irréparable pour ce tendre fils. Les conseils lui manquèrent ; aucune autre autorité ne vint régler et modérer une imagination ardente.

Le poète, tel fut le nom donné tout d'abord au Dante ; mais sa famille ne se contentait pas de cette illustration ; elle croyait qu'il devait penser à entrer dans les affaires du gouvernement, comme les autres citoyens. Sans être très-riche, il possédait une certaine aisance ; aussi imaginait-il être en droit de rester libre. Il cultivait ensemble la poésie et les sciences qu'on lui avait enseignées. Ce fut alors qu'il commença un poème latin qu'il avait l'intention d'intituler *l'Enfer* : l'histoire a recueilli peu de détails sur ces premiers travaux. La famille insista pour que Dante fréquentât les réunions politiques de sa caste, et il commençait à ne plus témoigner tant de répugnance.

Florence et une partie de la Toscane étaient *guelfes*, c'est-à-dire animées d'un ardent amour de l'indépendance. Pise demeurait dans sa constance *gibeline*, en d'autres termes, dévouée à l'empereur. De là, des luttes terribles entre Pise, Florence et Lucques. L'épisode terrible de la prison du comte Ugolin se place à cette sanglante époque. Devenu depuis gibelin, le poète voua à cette faction une horreur profonde pour l'épouvantable barbarie qui avait condamné ses victimes à mourir dans les tortures de la faim. A propos de ces scènes violentes et des acteurs qui s'y produisirent tour à tour, M. Balbo (1) a une expression on ne peut plus pittoresque : « Autour de Dante s'amon-

---

(1) *Vita di Dante* (2 vol. in-8º, Turin, 1839).

celaient (*s'affollavano*) les personnages de ses chants à venir. »

Après avoir gagné ses éperons à la bataille de Campaldino (1289) et contribué à la victoire par son courage, le poète guerrier assista à la réduction de la citadelle de Caprona. Vers 1292, il épousa Gemma, de la maison des Donati ; cette union fut heureuse et féconde : six garçons et une fille formèrent, de 1292 à 1300, la famille du poète.

Devenu par son mariage un des premiers et des plus influents personnages de Florence, Dante fut consulté par le gouvernement dans toutes ses affaires ; si l'on avait à recevoir les communications d'une légation, si on avait à lui répondre, on avait toujours recours au poète diplomate ; on ne réformait aucune loi, on ne dérogeait à aucun usage, on ne faisait plus la paix, la guerre enfin, on ne terminait aucune délibération sans avoir pris l'avis de Dante. « En lui — dit un de ses anciens biographes, — la » foi publique, toute l'espérance, les choses divines, les » choses humaines paraissaient se résoudre (1). » Un moment, fatigué des affaires, effrayé par des scènes de désordre, il voulut reprendre la vie privée ; mais ses parents, sa femme, la vue de ses enfants, la faveur populaire le ramenèrent bientôt aux magistratures.

Philelphe (2) assure que Dante fut quatorze fois chargé d'ambassades pour le service de la république, de 1293 à 1300. « Alors les ambassades n'étaient pas ce qu'elles sont devenues depuis; il n'y avait pas de résidence marquée

---

(1) Bocace (édit. de Florence, 1723, tome III,) *Vie de Dante*, p. 16.

(2) *Vita Dantis* (in-8°, Florence, 1828, p. 114.) Cf. Balbo, tome I, p. 223.

et fixe; un ambassadeur ne prenait pas la protection de ses nationaux, ne cherchait pas à établir son crédit par des fêtes, des réunions, des dîners magnifiques. Toute l'Europe avait le bonheur de voyager sans passeport. Un ambassadeur partait seul et à cheval, remplissait sa commission et revenait seul et à cheval comme il était parti (1). »

Malgré tous les services rendus à Florence ou plutôt à cause de ces services mêmes, Dante fut méconnu de ses concitoyens jaloux de son mérite, et l'ostracisme vint le frapper à Rome où Florence l'avait envoyé en ambassade ; d'abord condamné à l'exil pour deux ans, une autre sentence le voua au bûcher s'il était pris dans un lieu quelconque soumis à l'autorité de la république.

M. de Sismondi (2) a dit judicieusement, à propos de la première des deux sentences dont fut frappé Dante : « Dante est accusé d'avoir vendu la justice et d'avoir reçu de l'argent contre les lois. Mais le même reproche était adressé avec la même injustice à tous les chefs du parti vaincu. Cante de'Gabrielli était un juge révolutionnaire, qui voulait trouver des coupables, et qui ne cherchait pas même une apparence de preuves pour les condamner. »

Voici ce que Bocace dit de la situation de Dante et de sa famille, dans de si funestes circonstances : « Dante, éloigné de sa ville dont non-seulement il était citoyen mais dont ses ancêtres avaient été les édificateurs, y avait laissé sa femme, ainsi que le reste de sa famille, mal disposée à la fuite à cause du jeune âge. Il n'eut pas d'in-

(1) A. de Montor, p. 99.
(2) *Histoire des Républiques italiennes.* (Paris, 1826), tome IV, p. 183.

quiétude pour Gemma, parce qu'il la savait alliée, par la parenté, à quelques-uns des chefs du parti contraire ; mais lui, infortuné, il errait incertain çà et là. Une partie des possessions de sa femme, présentée comme propriété dotale, avait été avec peine défendue de la rage citoyenne (1). Gemma en vivait assez mesquinement avec ses enfants; aussi, pauvre, obligée de recourir à une industrie inusitée, elle ne devait attendre que d'elle seule le moyen de subsister, et lui, que de dépits plus durs que la mort il eut à dévorer ! L'espérance toutefois lui promettait que ces dépits seraient de courte durée et qu'il obtiendrait un retour prochain. »

« Lorsqu'un homme disparaît de la vie, on parle de ses vertus, de ses talents, de ses fautes : on s'entretient de tout ce qui concerne celui qu'on a perdu. Lorsqu'un homme disparaît de la société, par suite d'un événement qui le repousse, il arrive quelque chose de semblable. On se rappelle ses habitudes, on le juge, on le regrette. Dante tenait à Florence un rang distingué; on ne pouvait pas ne point s'entretenir de ses mérites, de ses services, des efforts qu'il avait faits pour rétablir la paix dans la ville, quoique ces efforts n'eussent été ni heureux ni peut-être bien raisonnés. C'était par l'exil qu'on avait répondu à des intentions au moins louables et patriotiques (2). »

L'Italie est la terre des exils, et on n'en trouve d'aussi fréquents que dans l'histoire de la Grèce. Dante, pendant son éloignement si cruel de Florence, fut ramené par l'étude à la nécessité d'examiner les droits de l'empereur et de la démocratie des républiques. En quoi consista le gi-

(1) *Dalla cittadina rabbia.*
(2) A. de Montor, p. 131.

belinisme du poète ? c'est ce qu'il importe peu d'examiner ici; nous aurons occasion d'y revenir ailleurs.

Lorsqu'il fut décidé sans pitié qu'il ne pouvait plus retourner à Florence, Dante vint à Sienne, où l'on recueillait avec assez de bienveillance les bannis de Florence. Cependant il n'y resta pas longtemps, car les guelfes y dominaient; à Arezzo, il trouva des gibelins et conquit l'amitié du podestat Uguccione, qui ne se démentit jamais à l'égard du grand poète.

De même que les guelfes étaient divisés en *blancs* et en *noirs*, de même les gibelins n'avaient pas tous montré la même âpreté dans leurs préventions en faveur de l'empire. Les rigides partisans des gibelins s'appelaient *i secchi*; les gibelins dont Uguccione était chef s'appelaient *i verdi*. Ces derniers entretenaient quelques intelligences avec le Pape. Dans les premiers instants, Dante s'attacha à la nuance représentée par Uguccione. Les *blancs* et les *verts* étaient les hommes modérés des deux partis.

D'Arezzo, Dante se rendit à Bologne et de là à Forli, puis à Vérone, ayant grand'peine à trouver le calme quelque part ; ce fut, dit-on, dans cette dernière ville qu'il conçut le plan de son immense poème : il l'avait commencé en vers latins, il résolut alors de l'écrire en italien. La partie intitulée *l'Enfer* fut achevée, dit-on, vers la fin de 1308 ou au commencement de 1309.

« Dans les trente-quatre chants qui composent ce premier poème, Dante se montre chrétien, très-chrétien. Il y est éminemment catholique et non pas épicurien, comme on a voulu le faire croire ; il n'y est pas *patarin*, il n'est pas partisan de fra Dolcino. Les hérésies des patarins et de fra Dolcino infestaient alors l'Italie.

« Il nous tardait de prouver que Dante n'a pas été le précurseur des réformateurs de xv⁰ et du xvi⁰ siècle, un *anneau manquant* dans l'histoire des hérésies, un membre de sociétés secrètes, un écrivain qui se servait d'un *argot*, un auteur vil, double, caché, inintelligible, lui qui, bien ou mal, avec plus ou moins de connaissance de l'orthodoxie, et jamais avec l'intention de blesser les dogmes, agit, écrivit, parla de la manière la plus ouverte, à moins qu'il ne se présentât à lui quelques-unes de ces formes mystérieuses qui appartenaient à son temps, et qu'il imitait plus qu'il ne les recherchait (1). »

En somme, il y a une différence immense entre les actions de Dante comme exilé et ses inspirations comme poète. Une raison calme guidait les unes, un feu dévorant chassait les autres sous sa plume, mais sans altérer ses sentiments de chrétien respectueux envers le Saint-Siége.

Ce fut vers 1313, suivant un grand nombre de commentateurs, que Dante composa son *Convito*, poème qui — bien qu'entrepris en même temps que la Divine Comédie, — en semble en quelque sorte la préface, parce qu'il contient la profession de foi et l'exposé des principes religieux que le poète développera si largement dans les trois parties de sa colossale et encyclopédique épopée.

Dans le troisième traité du *Convito*, en effet, voici, au courant de la plume, quelques axiomes expressifs et typiques :

« Celui qui a été crucifié a créé notre raison, mais il a voulu qu'elle fut moindre que son pouvoir.

« Entre les œuvres de la sapience divine, l'homme est

(1) A. de Montor, p. 145 et 146.

une œuvre très-admirable, si l'on considère que la nature divine, dans une seule forme, a réuni trois natures : la végétale, la sensitive et la rationnelle. Certainement, dans cette forme, le corps est subtilement harmonisé, puisque ces trois natures sont organisées avec tant d'assurance. Cependant, malgré la concorde qui doit accompagner tant d'organes pour qu'ils ne cessent pas de se répondre, il y a peu d'hommes parfaits. »

Dans le chapitre V, Dante s'attache à prouver que la Providence divine, qui domine la prudence angélique et humaine, procède quelquefois par des voies occultes et que les hommes ne savent pas pourquoi ils agissent dans leurs opérations ; cependant il peut arriver que le conseil divin agisse et que la raison de l'homme comprenne. Lorsque Dieu pensa à envoyer son fils sur la terre, il jugea à propos de la disposer à le recevoir.

Dante termine ce chapitre en disant que les pierres renfermées dans les murs de Rome sont dignes de vénération et que le sol où repose la ville en est digne aussi à cause de ce qui a été prédit et prouvé dans les livres sacrés.

De Vérone le poète rentra dans la Lunigiane, où il visita le couvent Sta Croce del Corvo ; reçu avec affabilité par le frère Hilaire, il le pria d'envoyer le poème de *l'Enfer* à Uguccione. Laissons la parole au frère Hilaire, dont voici un fragment de la lettre à Uguccione.

« ..... Voilà donc que cet homme excellent (Dante) entendant aller dans les parties ultramontaines, et de passage dans le diocèse de Luni, ou par dévotion pour le lieu, ou pour toute autre raison, se présenta audit monastère. Je le vis, et comme il était inconnu à moi et à mes frères, je le priai de me dire ce qu'il demandait. Il ne répondit pas d'abord et il continua d'examiner la construction du lieu. Je l'interrogeai de nouveau : « Que demandez-vous ? que cherchez-vous ? » Alors regardant autour de moi et de mes frères, il répondit : « La paix. » Je m'enflammai du désir de savoir qui était un tel homme. Je le pris à part, je parlai avec lui, et je connus qui il était. Quoique je ne l'eusse jamais vu, sa réputation depuis longtemps était parvenue jusqu'à moi... (1). »

Ce fut alors que Dante remit à frère Hilaire son manuscrit du chant de *l'Enfer* pour qu'il le fît parvenir à Uguccione.

Puis, Dante partit pour la France, où la renommée de notre Université appelait alors tous les esprits éminents de l'Europe. Déjà à cette époque, des fragments ou tout au moins la donnée de *l'Enfer* étaient connus. Passant à Vérone quelque temps après son exil, Dante entendit une femme, qui disait à ses compagnes, en leur montrant l'étranger : « Vois-tu celui-là, il descend en enfer quand il veut, et il remonte ici quand cela lui fait plaisir. — Je ne m'étonne pas (repartit une des femmes,) s'il a les cheveux si crépus et le teint si brûlé. »

Dante se dirigeait donc vers Paris dont Brunetto Latini, son maître, avait dû lui vanter l'Université si justement célèbre ; c'était alors le plus florissant établissement de ce genre. On disait : « *Ad Universitatem Parisiensem tanquam ad catholicæ fidei arcem.* — A l'Université de Paris, comme à la citadelle de la foi catholique. »

François Siger, dont Dante parlera plus tard, était re-

---

(1) Cette lettre, écrite en latin, existe dans les manuscrits de la bibliothèque Laurentienne, n° 8, B. xxix. L'abbé Méhus l'a publiée en 1759. *Cf.* A. de Montor, p. 199-201.

nommé pour l'habileté avec laquelle il instruisait les écoliers qui suivaient son cours, humblement assis sur la paille, dans les salles de la rue du Fouarre.

Arrivé à Paris, le poète s'adonna tout entier à l'étude de la théologie et de la philosophie. Il cultiva en même temps les autres sciences que des occupations politiques lui avaient fait négliger. Dante, rendu à la vie studieuse, cherchait des matériaux propres à élever à une hauteur digne de *l'Enfer* les deux parties suivantes, où l'on voit les traces du genre d'instruction que l'on recevait alors à Paris. Dante ne tarda pas à être distingué parmi ceux qui cultivaient la scholastique ; il obtint bientôt le titre de théologien habile. Dans ce temps-là, le titre de théologien voulait dire de plus *homme très-sage*. D'autres l'appelaient le célèbre philosophe, et tous les professeurs de Paris accueillaient avec amitié le *robusto disputatore in divinità*, si nous en croyons M. Troya. Il ne craignait pas de soutenir des thèses sur tous les sujets qu'on lui indiquait. Attaqué sur les doctrines théologiques et physiques, il répondait à toutes les questions, ce qui a fait dire qu'il soutint des thèses de *omni re scibili*. Un jour on déposa quatorze questions, sur lesquelles il était invité à donner son avis. Il répondit à toutes l'une après l'autre (1).

Cependant le souvenir d'une patrie ingrate rappelait de plus en plus l'exilé vers Florence, mais comment et quand pourrait-il y rentrer ? En 1311, une amnistie avait été promulguée ; le soir même du jour qui l'avait vu paraître, de nombreuses exceptions en amoindrissaient singulièrement les bienfaisants effets ; parmi les exclus du

(1) *Jannotii Manetti, vita Dantis*. (Florence, 1747), p. 40.

bénéfice de cette mesure on comptait notre poète. Cependant l'Italie se divisait plus que jamais en guelfes et en gibelins. Le Pape était à Avignon, on ne croyait pas à son retour. L'empereur s'avançait vers Rome, à la tête d'une vaillante armée. Au milieu de tant et si grands événements, Dante injustement excepté de l'amnistie se répandait en plaintes amères contre les deux pouvoirs. Mais il faut pardonner beaucoup à un cœur si profondément aigri.

Retiré à Pise, auprès d'Uguccione, Dante s'occupait alors de son poème du *Purgatoire*. On peut blâmer en lui l'homme politique mais jamais le chrétien, le défenseur du Saint-Siége qui plaida si éloquemment le retour de la Papauté à Rome. Clément V venait de mourir, le poète écrit aux cardinaux Italiens pour les affermir dans leur résolution de fixer le nouveau Pontife dans la ville éternelle que ses prédécesseurs n'auraient jamais dû quitter. Après une profession de foi catholique, il continue en ces termes :

« Il a été dit : « Pierre paît le sacré bercail romain... » et pour nous, il n'est pas moins douloureux de pleurer Rome déserte et veuve que de voir la plaie lamentable des hérésies.

« Fauteurs de l'impiété, les Juifs, les Sarrasins, les nations se moquent de vos sabbats et s'écrient, comme on le rapporte : « Où est le dieu de ceux-ci ? » Et ce qui est plus horrible, des astronomes et des hommes qui prophétisent barbarement regardent comme nécessaire ce que, dans un mauvais usage du libre arbitre, vous avez mieux aimé choisir.

« O vous les premiers *primipiles* de l'Église militante, négligeant de suivre, sur les traces du Crucifié, la marche de l'Épouse, vous avez perdu la voie, comme le faux cocher Phaéton ; vous dont le devoir était de guider le troupeau à travers les abîmes de ces voyages, vous l'avez entraîné lui et vous dans le précipice !..... »

Dante conjure les cardinaux de considérer Rome privée de l'une et l'autre lumière pendant la vacance du Saint-Siége et la vacance de l'Empire.

C'est vers la fin de 1314 que le poëte termina son *Purgatoire*. L'image de son ingrate patrie lui était plus que jamais présente, mais il ne la voyait que de loin, ainsi que jadis Moïse, la terre promise. Laissons parler un excellent biographe de l'illustre florentin, — Philelphe (1) :

« Il ne pouvait jamais se délivrer de cette passion qui allumait en lui l'amour de la patrie ; mais ayant connu et éprouvé les variations de la fortune, il désirait se retrouver dans cette patrie, non pour venger des injures, pour récriminer contre les citoyens, mais pour vivre utile à lui-même et à ses enfants. Déterminé à abandonner les affaires, il ne voulait plus que cultiver l'immortalité des lettres. Ambitionnant assidûment ce bienfait de la patrie, non-seulement il adressa plusieurs demandes à des citoyens qu'il savait portés à la vertu, mais encore il écrivit des lettres assez longues au peuple lui-même. Une de ces lettres commençait par ces paroles prophétiques de Dieu : « Mon peuple, que t'ai-je fait ? » Cependant comme ces paroles si suaves ne produisaient aucune impression sur ceux dont les cœurs étaient endurcis et qu'il ne restait aucune espérance ni par la guerre, ni par la paix, ni par la faveur, ni par les amitiés, d'obtenir le retour ; comme enfin Henri de Luxembourg avait été élu empereur et que cette

---

(1) *Vita Dantis*, 1828, p. 49.

élection et l'arrivée du prince faisaient espérer à tous *de grandes choses,* Dante, ramené par l'indignation à une douleur si juste, conçut un nouvel espoir : ce que les hommes trop malheureux désirent, ils le croient facilement.... La nature des opprimés, la condition de la cupidité font penser à nos peuples que les moindres forces leur vont devenir profitables. C'est par ces mêmes sentiments que Dante, plus animé qu'on ne l'avait vu jusqu'alors, fut poussé à conjurer la ruine de ses enfants qu'il reconnaissait tellement étrangers à l'humanité, qu'ils ne semblaient plus dignes d'aucune humanité. Mais ensuite, lorsque, par son accusation, ses menaces et le conseil d'assiéger Florence et de s'en saisir, il eut excité l'empereur ; lorsque le même Dante, par son éloquence, par son érudition singulière, par ses persuasions, vit Henri, désormais irrité contre la ville, l'assiéger et même s'emparer d'une de ses portes, alors Dante fut ému d'une telle compassion pour sa patrie, qu'il refusa d'être témoin des dévastations, du pillage et des désastres dont il la savait menacée. »

Toujours il aima sa patrie, même en la maudissant ; c'est ce que vient de nous démontrer éloquemment Philelphe, qui vivait au xve siècle, et dont les jugements sont hautement estimés dans la Péninsule.

Dante allait trouver un protecteur puissant dans les princes de la Scala. Nommé par Frédéric d'Autriche vicaire impérial de Vérone et de Vicence, Can Grande accueillit tous les exilés gibelins et, parmi eux, le grand poète ; mais celui-ci, livré alors à une vie trop bruyante, au sein d'un luxe relatif, regretta bientôt l'austère solitude qui lui avait inspiré ses plus beaux, ses plus mâles accents. Pour reconnaître l'hospitalité de son protecteur, il ne crut pouvoir mieux faire que de lui dédier son *Paradis.* C'était le traiter en empereur. Dans la lettre préliminaire, le poète fait l'aveu touchant de sa pauvreté : « Je suis — lui » dit-il, — tourmenté par la détresse de ma fortune ; il » faut abandonner cela et bien d'autres choses utiles à la » chose publique (1). »

Cet aveu de pauvreté que Dante ne peut retenir lui aurait-il été arraché par quelques traitements moins bienveillants ? Parlerait-il si fièrement de sa misère pour qu'on n'eût pas à la lui reprocher ? « Il faut, je crois, peu faire attention ici à cet aveu, car dans les chants du *Paradis*, les mêmes aveux se reproduiront, et dans un style noble, généreux, fait pour avertir les grands, si cela était nécessaire, du degré de délicatesse qu'ils doivent apporter partout, en tout temps, dans l'offre de leurs secours à des exilés qui n'ont pas manqué à l'honneur (2). »

Les beautés poétiques, les faits de l'histoire, les repentirs du guelfe, les colères du gibelin, les attestations d'amitié, les confessions de quelques fautes, les professions de foi catholique, les prédictions, les plus hautes leçons de morale abondent dans les deux premières parties de la Divine Comédie : enfin, le poète arrive au *Paradis*. C'est là surtout que l'on trouve une expression si positive des opinions théologiques de Dante, de Dante qu'on veut nous représenter comme un hérétique.

C'est à son entrée dans la huitième sphère que le poète rencontre saint Pierre, qui l'interroge sur sa foi; il répond, et sa profession est conforme aux dogmes les plus révérés de notre religion. Plus loin un vieillard apparaît au voyageur;

---

(1) Urget enim me rei familiaris angustia, ut hæc et alia utilia rei publicæ derelinquere oporteat.
(2) A. de Montor, p. 400.

c'est saint Bernard, la grande merveille du xii° siècle. L'abbé de Clairvaux lui parle ainsi :

« Nous, nous élèverons notre vue vers le premier amour, afin que tu pénètres dans sa splendeur autant que tu le pourras. Tu n'obtiens rien en croyant faire, par ta propre vertu, un pas de plus vers cette vive lumière (Marie) ; il faut, en priant, obtenir cette grâce de celle qui peut te seconder. Tu te joindras à moi d'intention ; dirige ton cœur vers ce que je vais dire. » Et il commença ainsi sa sainte prière :

« Vierge mère, fille de ton fils, humble mais élevée plus qu'aucune autre créature, terme fixe de la volonté éternelle, tu as tellement ennobli la nature humaine, que Dieu n'a pas dédaigné de devenir son propre ouvrage. Dans ton cœur a été rallumé cet amour dont les rayons ont fait germer au sein de la paix céleste cette fleur étincelante. Soleil dans son midi, tu nous embrases d'une ardente charité, tu es pour les mortels la source d'une vive espérance. O femme ! tu es si grande, tu as tant de puissance, que quiconque veut une grâce et ne recourt pas à toi veut que son désir vole sans ailes ! Ta bonté n'exauce pas seulement celui qui t'invoque, souvent elle prévient généreusement les demandes. En toi est la miséricorde, en toi est la tendresse, en toi est la magnificence, en toi se réunissent les vertus de toutes les créatures. Celui que tu vois près de moi a parcouru le monde, du centre de la vallée infernale jusqu'à ce haut empire.... Je t'en conjure, ô reine, qui peux tout ce que tu veux, après une si ineffable contemplation, conserve son cœur dans un état de pureté ; que ta protection le soutienne contre les passions humaines ! .... »

Les dernières années de la vie de Dante se passèrent

en pérégrinations d'une ville à une autre. Partout il recevait un accueil hospitalier ; seule, Florence lui restait impitoyablement fermée. La mort d'Uguccione (1319) avait aggravé la position de l'exilé ; vers 1320, irrésolu, ne voyant plus avec certitude un lieu où il pût trouver un ami, il crut devoir quitter Udine, où il se trouvait alors, pour se rapprocher, sans aucun projet arrêté, de sa chère Florence. Il vivait solitaire, autant qu'il le pouvait, et s'occupait avec plus de zèle que jamais de ses devoirs de chrétien. Il composait, à cette époque, une paraphrase où il établit ses doctrines toutes orthodoxes sur le *Credo*, les sept Sacrements, le Décalogue, les Péchés capitaux, le *Pater noster* et l'*Ave Maria*.

Dante croit, comme l'enseigne la sainte Eglise, au mystère de l'Incarnation, au Fils unique du Tout-Puissant, à la fois Dieu et homme, et qui n'est qu'un avec le Père et le Saint-Esprit.

« Quiconque vacillant croit autrement est hérétique
» et ennemi de lui-même, et il perd son âme sans s'en
» apercevoir. »

Après avoir détaillé les premières formules du *Credo* et la définition de la Trinité, le poète ajoute :

« A celui qui veut déclarer plus subtilement ce qu'est
» cette divine essence, la puissance manque, et son cœur
» est indigne de la béatitude. »

Dante donne quelque extension à la paraphrase du *Pater noster*, mais il n'affaiblit pas la pureté du texte. L'*Ave Maria* termine ce petit poème. Cette pièce se compose de dix vers, qui ne sont pas inférieurs à ceux de saint Bernard, dont nous avons cité plus haut un passage.

Quant à la paraphrase des sept Psaumes pénitentiaux, elle reflète beaucoup de rayons de cette poésie Davidique, la seule qui soit plus sublime que la poésie dantesque (1). On sait que les sept Psaumes sont un appel continuel à la miséricorde de Dieu, et qu'ils deviennent la consolation de tous les chrétiens qui se repentent, et encore plus de ceux qui ont souffert, comme David, de l'injustice des hommes dont ils appellent à la justice de Dieu. Ce sont des chants amenant l'espérance chez ceux qui ont perdu leurs proches et leurs amis et que l'Eglise, pieuse mère, conseille aux affligés de cette double douleur. Dante, entièrement livré à ces deux pensées, a dû lire avec joie et bonheur ces sept psaumes. Souvent il vient y mêler des faits relatifs à sa vie, à ses fautes, à ses occupations propres.

C'est ainsi que le grand poète s'abandonnait à des pensées si religieuses, qu'il se livrait à des occupations si dignes de lui.

Chargé d'une mission à Venise par Guido, seigneur de Ravenne, son protecteur, et n'ayant pas réussi comme il l'espérait, Dante revint très-affligé, tomba malade et mourut peu après, le 14 septembre 1321, dans les sentiments les plus édifiants.

Les écrivains franciscains assurent que Dante s'était fait recevoir dans leur ordre et qu'il mourut vêtu de leur habit. Il fut inhumé dans une de leurs églises. Ces sortes de dévotions étaient très-fréquentes dans ce temps-là. Elles ont encore lieu aujourd'hui. En 1824, on a vu la reine d'Étrurie exposée en habit de Dominicaine, dans l'église des Saints Apôtres, à Rome.

Le poète florentin avait un peu plus de cinquante-six ans lorsqu'il rendit le dernier soupir.

(1) Balbo, tome II, p. 410.

« Ainsi mourut Dante, homme malheureux dès son adolescence, pour avoir perdu l'objet de son chaste amour ; malheureux dans l'âge viril, pour avoir voulu rendre des services à la patrie, méconnu alors par ses concitoyens, condamné au feu, accusé injustement de détournement de fonds publics, privé de ses écrits, et persécuté pour les avoir composés ; banni, errant, pauvre, peut-être mendiant, assurément forcé de *monter l'escalier d'autrui* et de tendre la main pour recevoir *un pain amer* (1) ; souvent seul, sans commerce avec les hommes, attiré dans un illustre pays étranger par les récits que lui avait faits son maître ; réduit à le quitter et presque à le maudire; nourrissant imprudemment de folles espérances en faveur de la puissance impériale; distrait par d'immenses travaux; jeté plus tard parmi des bouffons et jouet des cours (2). Dante ne s'est pas laissé avilir ; il ne s'est jamais écarté de la foi ; il n'a jamais, jusqu'au dernier moment, cessé d'aimer, d'écrire pour sa *donna* inspiratrice, pour sa patrie, pour son Dieu (3). »

Enterré à Ravenne dans l'église des Franciscains, Dante fut honoré de plus d'un témoignage sympathique de ses illustres contemporains. Jean de Virgile lui fit une belle épitaphe en vers latins dont voici la traduction :

« Dante le théologien (4), qui n'ignorait aucun des dogmes que la philosophie nourrit dans son sein illustre, la gloire des muses, l'auteur universellement célèbre, repose ici, et sa renommée frappe l'un et l'autre pôle. Celui qui,

---

(1) Expressions énergiques de Dante lui-même.
(2) P. 458.
(3) A. de Montor, p. 486 et 487.
(4) *Theologus Dantes.* — Quel plus bel éloge !

en termes clairs et animés, distribua les rangs dans le séjour des morts et dans le double royaume ; celui qui naguère faisait retentir les pâturages du son des chalumeaux poétiques, a vu la livide Atropos rompre une trame heureusement tissue. L'ingrate Florence lui envoya-t-elle un doux fruit, lorsque, patrie barbare, elle exila son poète (1) ? Ravenne se réjouit de l'avoir reçu dans le sein de son honorable seigneur, Guido Novello. Après mille trois cent et trois fois sept années, dans les ides de septembre, le poète retourna au ciel qu'il a mérité (2). »

Jean de Virgile avait été l'ami le plus tendre de Dante, il eût désiré l'attirer et le fixer auprès de lui, à Bologne.

Guido n'eut pas le temps de faire élever le tombeau grandiose dont il avait arrêté les dessins. Plus tard, Bernard Bembo, père du fameux cardinal Bembo, étant, en 1483, préteur de Ravenne pour la république de Venise, érigea à Dante un mausolée et ordonna qu'à droite de la chapelle où furent déposés les restes du poète, sous l'image d'une madone de marbre, on plaçât l'épitaphe suivante :

« Dante, réduit à une sépulture sans gloire, tu reposais ici, à peine connu dans ce lieu abandonné, mais maintenant tu es placé sous un arc de marbre et tu brilles devant tous par cet hommage plus éclatant. Bembo, enflammé de l'amour des muses étrusques, t'a consacré ce tombeau, à toi qui fus le premier qu'elles chérirent... »

En 1692, le cardinal Corsi, florentin, étant légat, on

---

(1) Huic ingrata tulit mitem Florentia fructum,
    Exilium vati patria cruda suo ?
(2) Ad sua..... astra redit.

attacha au mur une pierre sur laquelle on lisait une autre inscription qui n'existe plus.

En 1376, toute la génération qui avait connu, haï, craint ou envié Dante ayant disparu, la république de Florence chercha les moyens d'obtenir les restes du poète et lui décréta un tombeau. Mais elle ne put obtenir ces précieuses dépouilles.

Au XIVe siècle, pendant lequel la littérature italienne fut fondée, s'accrut et prit la nature qu'elle a encore aujourd'hui, aucun livre ne fut plus étudié que celui de Dante. Mais, un moyen de propager ce magnifique poème fut trouvé, le jour où l'imprimerie fut introduite en Europe; il parut bientôt en divers pays des éditions de la *Divine Comédie* : on en compte dix-huit de 1472 à 1497. La première parut dans les États de l'Église, à Fuligno, en 1472.

Il faut remarquer le titre de *Vénérable* donné dès cette époque au poète florentin (1).

Le XVIe siècle continua d'admirer la grande composition de Dante; les épithètes *d'inclito*, de *divo* et de *divino* précèdent son nom en tête des éditions de cette époque comme aussi de la précédente.

La trente-quatrième édition, datée de Venise, 1544, est dédiée au pape Paul III. Voici quelques extraits de la dédicace faite par le savant imprimeur, A. Vellutello lui-même :

« L'ordre naturel demande et c'est une sentence louable, très-saint et très-bien heureux Père, que toutes les choses, chacune dans leur qualité, soient appliquées à leur

_____
(1) Commedia del *venerabile* poeta Dante. — lit-on en tête de la neuvième édition imprimée à Venise.

propre et naturel objet. Les choses non convenables enfantent des discordes, et les discordes, des confusions. En conséquence, très-saint Père, ayant, pendant plusieurs années, continué l'interprétation de la *Comédie* de Dante Alighieri et, à la persuasion de mes amis, ayant le projet de publier ce travail, j'ai cherché, pour fuir les inconvénients, à qui je pourrais le dédier. J'ai considéré que le but de l'auteur dans sa *Comédie* n'est autre que de traiter de l'état des trois spirituelles monarchies, c'est-à-dire de l'*Enfer*, du *Purgatoire* et du *Paradis*, sur lesquelles Votre Sainteté prédomine et possède le haut pouvoir reçu par succession de ce monarque qui les commande toutes, et qui seul pouvait donner l'autorité sur elles. J'ai jugé, et à bon droit, qu'autant il serait mal que je dédiasse à un autre mon interprétation, autant il convenait que je vous l'offrisse... »

En 1791, parut à Rome (1) l'édition de Lombardi, qui porte les approbations suivantes :

La première est signée du chanoine Joseph Reggi, préfet de la bibliothèque vaticane, et elle est ainsi conçue :

« Autant les vastes annotations du savant père Lom-
» bardi, moine conventuel, sur la *Comédie* de Dante
» Alighieri, sont, à mon jugement, conformes en tout aux
» dogmes catholiques et à la plus saine morale, autant
» elles me semblent utiles et opportunes, non-seulement
» pour émender le texte de Dante, gâté par beaucoup de
» fausses leçons, mais encore pour relever le sens véri-

(1) Une édition, donnée à Lucques, fut dédiée en 1732 (soixante-troisième édition), au pape Clément XII, de la maison Corsini, et florentin.

» table de beaucoup de passages restés très-obscurs, mal-
» gré les veilles de tant d'écrivains qui ont cherché à les
» éclaircir par leurs commentaires. J'estime *chose très-*
» *utile* de publier par *la voie de l'imprimerie* ces annota-
» tions. »

La seconde approbation donnée par Ennius Quirinus Visconti, directeur du musée Capitolin, de ce célèbre archéologue, est exprimée en ces termes (dans le temps, les cardinaux Garampi et Borgia en félicitèrent hautement Visconti) :

» Il est bien à désirer que l'on multiplie dans l'Italie
» l'ouvrage *du plus grand poète parmi les poètes modernes,*
» et certainement du *plus grand* de nos écrivains. Cette
» édition romaine devra être précieuse, d'autant plus
» que les études infatigables, l'érudition, l'activité du
» révérend père Lombardi, moine conventuel, ont su
« enrichir ce travail de tant de belles et absolument
» neuves expositions du sens : rien n'en peut empêcher
» la publication, quand on est convenu désormais de
» considérer Dante comme un classique et de regarder
» quelques passages satiriques et moins justes plutôt
» comme des monuments des opinions et du temps que
» comme un sujet de scandale pour les temps actuels.
» La commission que j'ai reçue du révérendissime père,
» maître du sacré palais apostolique, de revoir cet
» ouvrage pour sa publication, m'oblige de déclarer
» ainsi mon sentiment.... »

(Cette édition fut épuisée en peu de temps.)

Le cardinal Borgia ne parlait de Dante qu'avec admiration ; il possédait une copie de la lettre écrite à Léon X, le 20 octobre 1518, par l'académie de Florence. Dans cette lettre, l'académie remerciait Léon X de lui avoir accordé la permission de couronner des poètes et de réclamer à Ravenne les restes de Dante pour les déposer à Florence et finissait par solliciter un subside. Cette lettre, signée par une foule d'hommes illustres, porte aussi la signature de Michel Ange, ainsi conçue : » Moi, » Michel Ange, sculpteur, je supplie aussi Votre Sainteté » d'obtenir qu'une sépulture digne de lui soit accordée » au divin poète, en un lieu honorable, dans cette cité » de Florence (1). »

Ce qui est le plus décisif en faveur de la parfaite orthodoxie de Dante, c'est que la Cour Romaine a protégé la propagation de la gloire du poète florentin, contre laquelle on voulait en vain armer les souverains pontifes. Clément XII a donné le mouvement, en acceptant la dédicace d'une édition de Lucques en 1732; Pie VI a encouragé le père Lombardi, en 1791; Pie VII a applaudi, en 1815 à la louable entreprise de M. de Romanis (2). Le gouvernement qui paraît le plus attaqué en apparence, le gouvernement pontifical, ne s'est pas vu offensé par Dante.

Cependant, malgré le sentiment de Rome et de la Papauté, il s'est rencontré, en 1832, un italien, M. Rossetti (3) qui a voulu attacher par deux *liens* le siècle de

---

(1) Io Michelagnolo (*sic*) schultore il medesimo a Vostra Santita supplico, offerendomi al divin poeta fare la sepultura sua chondecente, in loco onorevole in questa città.

(2) Voyez dans cette édition, 1815-1817 (tome IV, 2ᵉ partie p. 3,) une lettre du docteur J. Bianchini, dans laquelle il démontre que la lecture de Dante est très-utile aux prédicateurs.

(3) *Sullo spirito anti papale che produsse la Riforma*, un vol. in-8° (Londres, 1832, p. 58.).

Dante au siècle de Luther, la *réforme secrète* et la *réforme proclamée*, le *langage franc* et le *langage dissimulé*.

Les deux *liens* imaginés par M. Rossetti sont des vers du livre VIII du *Dialogus vitæ* de Marcel Palingenio, et d'autres vers d'un poème de F. Frezzi, évêque de Foligno, poème intitulé : *Quadriregio o decorso della vita*. Ce dernier ouvrage fut dédié à un pape. M. Rossetti prétend que la papauté y est insultée.

« Jamais la cour romaine, qui est très-éclairée, ne s'est méprise sur les intentions de ses ennemis. S'il y a des allégories dans ces ouvrages, elles sont insignifiantes et peuvent accuser au plus le mauvais goût du temps. Bien certainement, imprimées après le succès de la *Divine Comédie*, les allégories de Frezzi, en les supposant coupables, ne prouveraient pas que Dante aurait travaillé dans le même esprit, et quelques libertés de paroles n'établissent tout au plus que le fait de l'indulgence extrême de la cour romaine qui ne voyait aucun danger à ces *imaginations sans règle et sans mesure* (1). »

M. Rossetti a été — on le voit, en le lisant, — sous le coup d'une sorte d'hallucination ; il a trouvé dans le Dante ce qu'il y cherchait avec une ténacité fébrile. Il a imaginé un rapport frappant entre les écrits du poète florentin, les croyances sectaires du temps et l'histoire des hérésies (2).

Vivement réfuté par des critiques assez nombreux, M. Rossetti a rencontré surtout dans Schlegel (3) un ad-

---

(1). A. de Montor, p. 538.

(2). Sullo spirito anti papale che produsse la Riforma (Londres, 1832), p. 379.

(3). *Revue des Deux-Mondes*, 1836, p. 400, tome VII, 4ᵉ série.

versaire dont la logique serrée a triomphé des imaginations de ce cerveau malade.

« L'hypothèse de M. Rossetti — dit-il, — n'aura pas de succès auprès des admirateurs désintéressés de la poésie italienne, qui n'ont aucun motif pour faire des rapprochements forcés entre les auteurs du xiv° siècle et des événements plus récents.

» M. Rossetti soutient qu'il existait dans les xiv° et xv° siècles une vaste association secrète répandue dans toute l'Italie, qui se rattachait à la secte des Albigeois... que les membres de cette association avaient inventé un langage de convention par lequel ils pouvaient se reconnaître et se communiquer leurs pensées, sans que leurs compatriotes non initiés, et surtout sans que les autorités ecclésiastiques s'en aperçussent; que Dante, Pétrarque, et Boccace, ainsi qu'une foule d'autres poètes et auteurs en prose leurs contemporains, leurs imitateurs et successeurs, étaient affiliés à cette secte ; enfin que tous leurs ouvrages ont été composés dans le but de préparer l'accomplissement du grand projet que l'association méditait et qu'ils sont écrits dans un style à double entente, ayant un sens patent et un sens mystérieux.

» Voilà une étrange découverte! Nous croyions jusqu'ici que ces poètes originaux, les patriarches de la littérature italienne, avaient eu une véritable vocation poétique et qu'inspirés par les muses ils avaient parlé le langage des dieux. Point du tout. M. Rossetti nous apprend que tout cela, d'un bout à l'autre, n'est qu'un jargon de bohémien.....

» M. Rossetti croit avoir accumulé les preuves : nous n'en avons pas trouvé une seule qui pût soutenir l'examen d'une saine critique ; car, en quoi consistent ces prétendues preuves ? Ce sont des passages torturés pour en tirer un sens caché que personne n'y a jamais soupçonné. Avec cette manière d'interpréter, on pourra faire dire à un auteur ou plutôt lui faire indiquer par énigme tout ce que l'on voudra. »

Schlegel assure, avec raison, que les associations, dans le moyen-âge, ont été fréquentes parce qu'on cherchait des garanties particulières au milieu de l'anarchie et des violences du pouvoir qui troublaient alternativement l'ordre social. Mais ces associations étaient généralement publiques. Ce siècle fier, franc, simple et énergique à l'excès, dédaignait la dissimulation et ne savait pas s'y prêter.

Par exemple, on sait comment on reconnaissait habituellement un guelfe d'un gibelin, au panache porté à droite ou à gauche, à la manière différente de ceindre l'épée et de rompre le pain. Certes, ceux qui ne craignaient pas de montrer leur préférence n'étaient pas des hommes qui cachaient leur pensée.

Schlegel établit que les sectaires, dits *Patarins*, qui professaient les doctrines des *Albigeois*, parurent en Italie vers 1233, et que, plus tard, il n'en fut plus question. Cette tentative était antérieure à l'époque du développement de la littérature italienne, qui ne commence que vers la fin du XIIIe siècle.

M. Delécluse, savant critique, a examiné aussi, dans un article littéraire, la doctrine de M. Rossetti, et il remarque qu'il est bien difficile qu'un homme comme Dante qui a parlé si souvent avec énergie, ait voulu accepter un rôle de dissimulation, tel que celui qui lui est prêté,

Une dernière citation de Schlegel contre l'ouvrage de Rossetti :

« Le Moyen-âge avait un goût dominant pour l'allégorie. Plus tard, on le voit figurer encore dans la peinture, et la poésie dramatique a commencé par l'allégorie ; la personnification d'une idée générale ou abstraite n'a rien d'équivoque ; mais en poésie elle est toujours un peu froide, malgré la clarté. Pour qu'on croie à la réalité d'un être idéal, il faut qu'il prenne des traits individuels.... Dante, dans sa personnification, a tellement fondu ensemble la partie idéale et le caractère individuel, qu'il n'est plus possible de les séparer. Le voyageur qui traverse les trois régions où les âmes séjournent, selon leur état moral, est l'homme naturel ; mais c'est aussi, lui, le poète Dante Alighieri, avec toutes ses particularités biographiques. Virgile figure la raison non éclairée par la révélation ; mais c'est aussi le poète latin que le Moyen-âge a révéré comme un grand sage. Béatrix représente la science des choses divines, mais c'est Béatrix Portinari, dont la chaste beauté avait fait sur Dante, dès sa première jeunesse, une impression profonde. Qu'y a-t-il donc de si inconcevable dans cette combinaison? Le beau est un reflet des perfections divines dans le monde visible, et, selon la fiction platonique, une admiration pure fait pousser les ailes dont l'âme a besoin pour s'élever vers les régions célestes. »

En résumé, à propos de ces prétentions à poser Dante en ennemi déguisé, par conséquent dangereux de l'Eglise et de la Papauté, il faut citer et l'on ne saurait assez méditer ce passage des poésies inédites de Silvio Pellico (1) :

« Je n'ai jamais compris — dit ce poète si bien fait pour apprécier l'âme de l'illustre Florentin, — comment Dante,

---

(1). *La morte di Dante*, cité par le père Pianciani, dans ses *Ragionamenti* (1840), vol. II, p. 287 (1re partie).

parce qu'au nombre de ses magnifiques vers il y en a quelques-uns animés de colère en différents genres, a pu paraître aux ennemis de la religion catholique un de leurs coryphées, c'est-à-dire un philosophe plein de rage, qui ne croyait pas au christianisme de Rome ou qui en professait un différent. Tout le poème du Florentin, quand on le lit de bonne foi et sans un esprit de système, atteste un penseur, oui, mais un penseur ennemi des schismes et des hérésies et soumis à toutes les doctrines catholiques. Jeunes gens qui si justement admirez ce grand homme, étudiez-le avec votre candeur native, et vous découvrirez qu'il n'a jamais été professeur de fureurs et d'incrédulités, mais bien plutôt de vertus religieuses et civiles ! »

Le père Pianciani ne pense pas que Dante ait été persécuté à propos de religion, et rien dans sa vie ne le prouve. On a conservé ce fragment d'une lettre que le poète écrivait à Boniface VIII : « La Sainteté de votre béatitude ne peut imaginer rien d'impur, elle qui tient sur la terre la place du Christ ; elle est le siége de toute miséricorde, le modèle de la vraie piété, le sommet de la haute religion. »

Après avoir énuméré les définitions de Dieu, qui sont accumulées dans *le Paradis*, le père Pianciani s'écrie, avec raison : « Si vous entendez tout cela à la manière de M. Rossetti, ces derniers efforts de l'esprit humain, ces conceptions *surhumaines* se changent en logogriphes sans sel, en répétitions inutiles et misérables. »

En résumant son argumentation pressante à l'égard de Dante et surtout de la conduite du Saint-Siége envers le grand poète florentin, M. A. de Montor s'exprime ainsi :

« Comment le Saint-Siége, depuis plus d'un demi-siècle, aurait vanté, soutenu, protégé, expliqué, livré à l'admiration des littératures de l'Univers le *gran padre Alighieri*, qu'il a permis à Raphaël de placer dans la fresque de la *Dispute sur le Saint-Sacrement* à côté d'Innocent III, de saint Thomas d'Aquin et d'autres théologiens les plus renommés ! et pour prix de ce soin tendre et empressé, on retorquerait contre le Pontificat les arguments que lui-même aurait rassemblés pour honorer l'auteur de la *Divine Comédie* (1) ! »

Est-ce tout ? non, et cette étude sur la vie, le génie du Dante et les honneurs rendus à sa mémoire serait incomplète si au-dessus de ces *honneurs* nous n'établissions pas victorieusement ce qui fut et ce qui restera l'éternel *honneur* du poète florentin, *théologien* avant tout et par-dessus tout, *theologus Dantes* ! En d'autres termes, quelle fut la foi de ce haut esprit ? Appartient-il par ses convictions à l'orthodoxie catholique ?

« Ce problème — dit Ozanam (2) qui a résolu victorieusement cette importante question par l'affirmation la plus savante et la plus complète, — ce problème, depuis trois siècles, a suscité de sérieuses discussions. »

Le Protestantisme, à sa naissance, sentant la nécessité impérieuse de se créer des précurseurs, s'empara de Dante et, torturant plusieurs passages de son poème, en tira ou crut en tirer des témoignages contre le catholicisme, il y trouva même l'annonce et la préconisation de Luther. Le cardinal Bellarmin (3) réfuta cette prétention aussi

---

(1) P. 568.
(2) *Dante et la philosophie catholique*, au XIIIe siècle, p. 324.
(3) Bellarmin, *Appendix ad libros de Summo Pontifice; responsio ad librum quemdam anonymum*.

odieuse que ridicule et consacra sa plume de controversiste à la défense du poète national de l'Italie. Les mêmes questions s'agitèrent en France, avec non moins d'érudition entre Duplessis Mornay (1) et Coëffeteau (2). Plus tard encore, en Italie, le culte du Dante et des poètes ses contemporains ou ses successeurs fut habilement mis à profit par les sociétés secrètes et rattaché à leurs théories politiques et religieuses. Pour les temps modernes, on a vu ce que Rossetti, après Ugo Foscolo, avait fait de Dante, — le chef d'un apostolat hétérodoxe ayant pour but de battre en brèche, plus ou moins ouvertement, l'Eglise, la Papauté, les dogmes catholiques, etc.

« Maintenant, si l'on nous permet de venir déposer notre suffrage, nous ne ferons que reproduire sommairement les textes qui nous semblent décisifs ; nous laisserons la parole à l'accusé lui-même, nous fiant à lui pour son apologie.

» Et d'abord nous l'avons entendu se séparer hautement du naturalisme moderne, quand il proclamait la révélation comme le suprême criterium de la vérité logique et de la loi morale ; lorsque à son gré la plus noble fonction de la philosophie est de conduire, par les merveilles qu'elle explique, aux miracles inexplicables sur lesquels s'appuie la foi ; lorsque enfin il rend gloire à cette foi venue d'en haut, par laquelle seule on mérite de philosopher éternellement au sein de la céleste Athènes, où les sages de toutes les écoles s'accordent dans la contemplation de

---

(1) Duplessis-Mornay, le *Mystère d'iniquité*, p. 419.
(2) Coëffeteau, *Réponse au livre intitulé le Mystère d'iniquité*, etc., p. 1032.

l'Intelligence infinie (1). Plus sévère encore pour l'hérésie et le schisme, il leur apprête les plus affreux supplices de son Enfer. Les sympathies politiques, les vertus guerrières et civiles ne peuvent le fléchir ;..... il fait plus, et comme pour réfuter d'avance les calomniateurs de sa mémoire, il prophétise la fin malheureuse et prononce l'éternelle damnation du moine Dolcino, le principal chef de ces Fratricelles, dont on a voulu lui faire partager les erreurs. Au lieu de ce moine obscur, si le poète... eût aperçu dans l'avenir le professeur de Wittemberg jetant au bûcher la bulle de sa condamnation, certes il lui aurait marqué sa place entre les semeurs de schisme et de scandale. ....

« Si ces indications générales ne suffisent pas, et qu'il soit besoin d'une profession de foi expresse sur chacun des points contestés, cette exigence sera satisfaite. Pierre de Bruys, Valdo, Dolcino, et les autres novateurs de la même époque, avaient attaqué la hiérarchie ecclésiastique, la forme des sacrements, les honneurs rendus à la croix, la prière pour les morts (2). Dante rend hommage à l'Eglise, épouse et secrétaire de Jésus-Christ, incapable de

---

(1) *Convito*, III, 7, 11 ; IV, 15. — *De Monarchiâ*, III. — Ozanam fait ici allusion à une des fresques du Vatican, où Raphaël a placé le Dante dans sa belle composition du *Parnasse* ; ainsi, l'auteur de *la Divine Comédie* figure deux fois dans le palais des papes.

(2) Cf. Pierre le Vénérable, *Contra Petrobusios*. — Bossuet, *Histoire des Variations*, livre XI. — Raynaldus, continuateur de Baronius, *Annales ecclesiastici*, 1100-1200. — Reinerii, *Contra Valdenses hæreticos*, liber in *Bibliotheca Patrum maxima*. — Muratori, *Antiquitates*, dissert. 40, *de hæresibus*.

mensonge et d'erreur(1). Il met la tradition à côté de l'Ecriture sainte et leur partage également l'empire des consciences(2); il reconnaît la puissance des clefs, la valeur de l'excommunication et celle des vœux (3). C'est avec une sorte de prédilection qu'il décrit l'économie de la pénitence : il ne doute ni de la légitimité des indulgences ni du mérite des œuvres satisfactoires (4). Lui-même a justifié le culte des images; il ne se lasse point de recommander aux suffrages des vivants les âmes souffrantes ; sa confiance en l'intercession des saints redouble en s'adressant à la Vierge Marie (5). Enfin, les ordres religieux et l'institution même du Saint-Office trouvent grâce à ses yeux, et saint Dominique est célébré, dans ses chants, « comme l'amant » jaloux de la foi chrétienne, plein de douceur pour ses » disciples, redoutable à ses ennemis (6). » En se plaçant ainsi sous le patronage du saint docteur qui, le premier, fut chargé du ministère de la censure, le poëte devait-il s'attendre que nous, postérité tardive et peu théologienne, nous viendrions discuter un jour l'exactitude et la sincérité de ses croyances ?

» Mais enfin un reproche subsiste contre lui : c'est l'opiniâtreté avec laquelle il poursuit de ses invectives la cour romaine et les souverains pontifes. On peut répon-

(1) *Convito,* II, 4, 6.
(2) *Paradiso,* v, 25.
(3) *Purgatorio,* IX, 26 ; III, 46 ; v, 19.
(4) *Purgatorio,* IX, passim ; II, 23. — *Paradiso,* XXV, 23 ; XXVIII, 37.
(5) *Paradiso,* IV, 14. — *Purgatorio,* passim. — *Paradiso,* XXXIII, 1.
(6) *Paradiso,* XI et XII, passim.

dre d'abord en distinguant le souverain pontificat, indéfectible et divin, d'avec la personne sacrée, mais mortelle et fragile, qui en est revêtue. Jamais les catholiques ne furent tenus de croire à l'impeccabilité de leurs pasteurs. Les défenseurs les plus ardents des droits du sacerdoce, saint Bernard par exemple et saint Thomas de Cantorbéry, ne dissimulaient pas les vices qui le déshonoraient quelquefois. L'Eglise ne saurait être solidaire des iniquités de ses ministres.... Mais, si Dante apprécia mal la piété de saint Célestin, le zèle impétueux de Boniface VIII (1), la science de Jean XXIII, ce fut imprudence et colère, ce fut erreur et faute, et non pas hérésie.... Il importe d'observer que Dante, contemporain de quatorze papes, en a loué deux, passé sous silence sept; et que dans les cinq autres il a prétendu blâmer les imperfections de l'humanité : il n'a jamais cessé de vénérer la sainteté du ministère... Toujours il s'incline devant la papauté comme devant une magistrature sainte, un pouvoir que Pierre a reçu du ciel et transmis à ses successeurs; il en fait l'objet primordial des desseins providentiels, le secret des grandes destinées de Rome, le lien de l'antiquité et des temps nouveaux (2). Il insiste sur la nécessité de la monarchie religieuse, qu'il oppose à la monarchie temporelle; et bien qu'il réclame l'indépendance réciproque du sacerdoce et de l'Empire, il veut que, dans l'ordre spirituel, l'héritier des

(1) « Lorsque ce même pape lui paraît entouré de la seconde majesté du malheur, captif au milieu des émissaires de Philippe-le-Bel, il ne voit plus en lui que le vicaire et l'image du Christ, une seconde fois crucifié. » — *Purgatorio*, xx, 29. (Ozanam, p. 332.)

(2) *Paradiso*, xxx, 48 ; xxiv, 12. — *Inferno*, ii, 8.

Césars professe pour les successeurs des apôtres une déférence filiale..... (1).

» Si on veut établir une de ces comparaisons, qui fixent dans la mémoire deux noms associés pour se rappeler et se définir l'un l'autre, on peut dire, et ce sera le résumé de ce travail, que la Divine Comédie est la Somme littéraire et philosophique du moyen âge, et Dante le saint Thomas de la poésie (2). »

Après avoir établi la parfaite orthodoxie de Dante et démontré qu'il ne fut pas *un hérétique*, comme l'ont voulu des esprits téméraires, il nous reste à prouver qu'il ne fut pas davantage *un révolutionnaire*; en d'autres termes, fût-il *guelfe* ou *gibelin*? Toute la question est là, et ce sera la conclusion de cette étude rapide mais très-complète en sa concision même.

On a vu le poète florentin mêlé aux discordes civiles de sa patrie; on comprend que les historiens aient dû être tentés de le rallier à l'une des deux factions qui se partagèrent l'Italie au moyen âge : l'opinion générale l'a rangé parmi les Gibelins. Cependant, comme il semblait appartenir aux Guelfes par sa famille et par ses premiers engagements, plusieurs critiques ont distingué dans sa vie politique deux périodes, vouées à la défense des deux causes contraires et séparées entre elles par le jour fatal de son exil (3).

« Dans le cours d'un siècle, — dit Ozanam, — ces deux mots, Guelfes et Gibelins, passèrent par quatre significations successives. L'Italie les emprunta aux querelles

---

(1) *De Monarchiâ*, III.
(2) Ozanam : *op. cit.*, p. 328-335, *passim*.
(3) Cf. Le comte Troja : *Del Veltro allegorico di Dante*.

domestiques de l'Allemagne. Ils s'attachèrent alors aux défenseurs du sacerdoce et de l'Empire, se réduisirent ensuite à un rôle plus humble dans la lutte des communes contre le système féodal et descendirent enfin jusqu'à désigner les imprudents alliés de la domination étrangère.....

» Si nous voulons déterminer la place de Dante au milieu des tumultes politiques, il nous suffira d'interroger rapidement ses actes et ses écrits (1). »

Le poëte était tout enfant, lorsque les deux principes municipal et féodal, maîtres du terrain, ralliaient les Guelfes et les Gibelins de la Toscane ; parvenu à l'âge de raison, il servit la cause populaire : ce fut pour elle qu'il se battit à Campaldino, qu'il exerça les fonctions d'ambassadeurs au dehors, pendant que Giano della Bella prétendait l'affermir par ses réformes au dedans. Les rigueurs de ce tribun inflexible froissèrent les nobles ; une réaction se fit en leur faveur, et Giano della Bella fut banni (1294). A cette époque, les citoyens de Pistoie s'étaient divisés à leur tour en Noirs et en Blancs ; les chefs des deux factions portèrent à Florence de nouvelles dénominations pour les partis nouveaux ; les plébéïens adoptèrent la couleur blanche, les nobles la noire. Enveloppé bientôt dans la disgrâce des Blancs dont il avait voulu soutenir la cause contre les Noirs, Dante fut condamné à une forte amende, au bannissement et à la peine du feu (1302). Dès lors, un changement notable s'accomplit de part et d'autre. Les vainqueurs, champions de la noblesse et déserteurs de l'ancien parti guelfe, en gardèrent pourtant le titre, qu'ils justifièrent par

(1) *Dante et la philos. cathol,* p. 347-349.

leur alliance avec les princes français. De leur côté, les vaincus, obéissant à l'inévitable sympathie qui résulte d'un malheur commun, s'unirent avec les vaincus d'une autre époque et se confondirent dans les rangs du parti Gibelin où, parmi les souvenirs de l'Empire et les regrets de la féodalité, dominait par-dessus tout la haine de la France. Dante suivit d'abord ses compagnons d'exil ; il prit part à leur infructueuse tentative (1304) pour se faire rouvrir à main armée les portes de la patrie. Puis, fatigué de leurs vues étroites et de leurs desseins mal conduits, il rentra dans l'inaction, d'où il ne sortit qu'à l'avénement de l'empereur Henri VII (1310), pour écrire en faveur de ce prince un manifeste éloquent et pour appeler contre Florence ses armes victorieuses. De 1310 à 1314, il avait hanté les manoirs des plus nobles défenseurs de la cause gibeline, mais les fières habitudes de ces puissantes maisons lui rendirent quelquefois pénible l'hospitalité qu'il en reçut. Il la trouva plus douce auprès de deux illustres guelfes, Pagano della Torre, patriarche d'Aquilée, et Guido Novello, seigneur de Ravenne, entre les bras duquel il devait mourir. « Les affections de ses dernières années venaient (1) se renouer sans efforts aux premiers attachements de sa jeunesse. »

« Par son respect pour l'Eglise, par ses attaques philosophiques contre la féodalité, Dante inclinait au parti guelfe ; les dogmes monarchiques, dont il faisait profession... le rapprochaient des Gibelins. Mais l'effet de ces deux impulsions diverses ne fut pas de l'entraîner tour à tour dans les deux sens contraires : il suivit, non sans hésitations, mais sans pusillanimité, la ligne moyenne

(1) Ozanam, *op. cit.*, p. 353.

qui en résulta. Il n'erra point, transfuge irrésolu, entre les deux camps rivaux ; il planta sa tente sur un terrain indépendant, non pour se renfermer dans une indifférente neutralité, mais pour combattre seul avec la puissance de son génie. Et, lorsque les factions semblaient l'envelopper dans leurs mouvements tumultueux et le rendre solidaire de leurs crimes, il protestait hautement contre elles ; ses paroles sévères descendaient comme les coups alternatifs d'une massue infatigable sur la tête des auteurs et des compagnons de son exil, sur les Noirs et les Blancs, sur les Gibelins et les Guelfes (1). Il ne craignit pas de multiplier parmi ses contemporains le nombre de ses ennemis, afin de garder son nom pur de toute alliance humaine aux yeux de la postérité. La postérité longtemps a trompé ce légitime espoir. Mais le progrès actuel des études historiques laisserait sans excuse le préjugé vulgaire. L'heure est venue de rendre au vieil Alighieri ce témoignage ambitionné qu'il se fit décerner d'avance par son aïeul Cacciaguida dans la merveilleuse entrevue décrite au Paradis : qu'il ne confondit point sa cause avec celle d'une race impie, et qu'il eut la gloire d'être à lui seul tout son parti (2). »

Ces pages éloquentes d'Ozanam — l'homme qui, dans ces derniers temps, a le plus profondément étudié Dante, — établissent surabondamment, avec sa biographie et l'analyse de ses œuvres grandioses, qu'il ne fut ni *un hérétique* ni *un révolutionnaire*, pas plus qu'un de ses

---

(1) *Paradiso*, vi, 34 ; xvii, 31.
(2) ...... A te fia bello.
  Averti fatta parte per te stesso. (*Paradiso*, xvii, 33). Ozanam, *op. cit.*, p. 357 et 358.

illustres compatriotes, Jérôme Savonarole (1), que l'erreur et la démagogie ont voulu si longtemps embrigader parmi leurs chefs ou tout au moins leurs adeptes.

C'est là ce que nous avions à cœur de prouver, et désormais, nous en avons la ferme assurance, la même auréole ceindra le front des deux enfants de Florence dont la gloire comme l'infortune est à jamais inséparable.

(1) Voyez : (6ᵉ série des *Erreurs et mensonges historiques*, p. 118-177), *Savonarole fut-il un hérétique et un révolutionnaire?*

LA SAINTE HERMANDAD

A l'époque de la première restauration monarchique, en France, il s'était formé — au dire des libéraux révolutionnaires, — une association ayant pour but de combattre les idées libérales et dont la direction était aux mains des Jésuites, qui ne paraissaient pas autrement ; cette association avait été qualifiée *la Congrégation* par les pamphlétaires d'alors. A les en croire, c'était une sorte d'Inquisition en robe courte, ayant sous sa main des agents subalternes, bras séculier de ces nouveaux oppresseurs de la libre-pensée. Aussi, dans la phraséologie des libéraux d'alors, le nom de *Sainte-Hermandad* était venu tout naturellement se juxtaposer à celui de *Congrégation*.

Il est temps de voir enfin ce qu'il y a de vrai dans cette dernière allégation, et nous empruntons nos arguments à deux hommes qui, en leur temps, furent d'assez ardents libéraux (1).

(1) J. Lavallée et A. Guéroult, *Espagne* (1844), p. 446-449, *L'Univers, histoire et description de tous les peuples*.

Au milieu des préoccupations de la guerre, Ferdinand et Isabelle n'avaient pas négligé les intérêts de la justice. Sous don Juan II et sous don Enrique l'Impuissant, la force, la violence avaient été la seule loi. Beaucoup de gens de guerre, accoutumés à vivre de rapine et de pillage, préféraient le brigandage à toutes les professions honnêtes; aussi le nombre des malfaiteurs s'était-il accru au-delà de toute mesure. L'Espagne était infestée de bandits, qui commettaient impunément toute sorte de crimes ; le viol, le rapt et le sacrilége ; le vol, l'incendie et l'assassinat. Contre ces hommes, qui ne craignaient ni la justice de Dieu, ni la justice du Roi, les citoyens avaient à défendre, non-seulement leurs biens, mais encore leurs personnes, leurs femmes et leurs filles. La multitude de ces bandits était immense. Les uns attaquaient sur les grandes routes les voyageurs et les marchands qui se rendaient aux foires ; ils les dépouillaient et les assassinaient. D'autres, poussant plus loin leur audace, s'emparaient de quelque château, d'où ils s'élançaient pour ravager le pays voisin ; ils enlevaient, non-seulement les meubles, les troupeaux, les récoltes, mais ils emmenaient encore prisonniers les habitants qui tombaient entre leurs mains, et ils ne les mettaient en liberté que moyennant une lourde rançon. Ferdinand et Isabelle avaient à cœur de mettre un terme à toutes ces abominations. Mais la justice du pays était impuissante à saisir les coupables. Il ne fallait pas demander aux seigneurs de concourir à réprimer les abus ; car quelques-uns d'entre eux en étaient les complices ou les instigateurs. D'ailleurs, le pouvoir de chacun d'eux ne s'étendait pas au-delà des limites de son domaine, et les seigneurs s'étaient toujours montrés si remuants, que loin d'étendre et de fortifier le pouvoir dont ils avaient

7.

fait un si mauvais usage, il eût fallu l'affaiblir et le restreindre. Les villes, au contraire, et surtout les villages avaient le plus grand intérêt à mettre un terme à ces crimes, qui compromettaient à chaque instant la fortune et la vie des habitants. Le roi chargea donc les villes et les villages de veiller à la tranquillité publique, et comme chaque ville, chaque village, pris isolément, eût été trop faible pour résister aux attaques des malfaiteurs, il les réunit en une grande association, qui reçut le nom de Fraternité : en Espagnol, *Hermandad*. Elle eut pour mission spéciale de veiller à la sûreté des routes et de réprimer tous les crimes commis dans la campagne. On posa le principe de cette association dans les Cortès réunies, en 1476, à Madrigal. On tint, la même année, à Dueñas, une assemblée de députés des principales villes du royaume, à l'effet d'organiser la Hermandad. On forma un fonds spécial, qui servit à lever deux mille cavaliers et un grand nombre de fantassins. On en donna le commandement à don Alphonse, duc de Villa Hermosa, frère du roi. Celui-ci se mit à la poursuite des bandits avec une infatigable activité. Il prit et rasa les châteaux qui leur servaient de repaire, et s'il ne parvint pas à guérir entièrement cette plaie du brigandage, qui n'a jamais cessé de désoler la péninsule, au moins il diminua considérablement le mal.

L'établissement de la Hermandad ne devait être que temporaire. Aussi, dans les Cortès réunies à Madrid en 1478, on prorogea sa durée de trois années.....

Dans le principe, l'organisation de la Hermandad était en grande partie militaire. Aussi, les troupes dont elle pouvait disposer furent-elles employées par Ferdinand et par Isabelle dans leurs guerres contre les Musulmans. Tant que la guerre dura, les premiers statuts de cette association ne furent pas changés. Quand le royaume des Maures eût été détruit, Ferdinand et Isabelle, par leur pragmatique du 7 juillet 1496, modifièrent la Hermandad. Par une autre ordonnance rendue à Saragosse, le 29 juillet 1498, ils déchargèrent les villes et les campagnes de la contribution qu'elles avaient payée pendant vingt ans pour le maintien de cette confrérie. C'était une dépense fort considérable; car, cent habitants devaient pourvoir à l'équipement et à l'entretien d'un homme d'armes, sans compter encore beaucoup d'autres frais accessoires. A partir de l'année 1498, le trésor royal resta seul chargé des dépenses de la Hermandad. Rien ne fut changé, ni dans le but de cette confrérie, ni dans ses attributions primitives. Si on lui donne quelquefois le nom de Sainte-Hermandad, ce n'est pas qu'elle se rapporte, en aucune manière, aux matières religieuses ; mais, — dit Hernando del Pulgar, — c'est chose sainte que celle qui a trait au service du roi et à l'administration de la justice. Elle a toujours eu pour but unique la poursuite des crimes et des délits commis dans la campagne. Cependant une foule de personnes se figurent qu'elle est une dépendance du Saint-Office. Cette erreur est accréditée par tous les mauvais romans qu'on a écrits sur l'Espagne. Voici le texte même de la loi de Ferdinand et d'Isabelle, qui détermine la compétence de la Hermandad (1) :

« En outre, nous mandons et ordonnons que mainte-
» nant, et dorénavant, la junte générale, les membres de
» notre conseil de la Hermandad, les juges commissaires

(1) Ferdinand et Isabelle, à Cordoue, le 7 juillet 1496. (Loi II, titre 13, livre VIII de Recopilacion de don Felipe II.)

» donnés par eux en notre nom, et aussi nos alcades de
» la Hermandad pour toutes les cités, villes, bourgs, val-
» lées, quartiers ou élections de nos royaumes et seigneu-
» ries aient à connaître et connaissent pour cas, et comme
» en cas de Hermandad seulement, des crimes et délits
» qui seront ici spécifiés et non d'aucun autre.

» C'est-à-dire, des voies de fait, des vols, des larcins de
» biens meubles et de bestiaux, du rapt ou du viol de
» toute femme autre que des prostituées, si le fait a été
» commis dans un lieu désert ou dépeuplé.

» Il y a encore cas de Hermandad lorsque les mal-
» faiteurs, après avoir commis le délit dans un lieu
» peuplé, se sauvent dans la campagne, emportant les
» biens qu'ils ont volés ou dérobés, ou bien emmenant
» les femmes qu'ils ont ravies de force.

» Sont également cas de Hermandad les arrestations de
» grand chemin, les meurtres, blessures, lorsque le fait
» a été commis dans un endroit désert et dépeuplé et que
» les coups ont été portés avec préméditation, ou de guet-
» apens, avec trahison ou perfidie, ou bien lorsqu'ils ont eu
» pour objet de favoriser un vol ou un rapt, lors même
» que le vol ou le rapt n'auraient pas été effectués.

» Sont aussi cas de Hermandad la détention dans une
» prison particulière, ou l'arrestation arbitraire faite en un
» lieu désert, ou bien dans un lieu peuplé, si le coupable
» a emmené son prisonnier dans la campagne; ou s'il a
» arrêté un fermier ou un collecteur de nos rentes royales,
» pour aller dans la campagne toucher ou demander les
» dites rentes, encore qu'il n'ait pas emmené le prison-
» nier dehors. Il n'y a pas de détention dans une prison
» particulière, lorsque le créancier arrête son débiteur
» qui est en fuite, ou lorsque le créancier a reçu de son

» débiteur l'autorisation par écrit de l'arrêter en cas de
» non paiement. Il faut néanmoins que dans ces deux cas
» la personne qui a été arrêtée soit remise dans les vingt-
» quatre heures aux alcaldes ordinaires du lieu le plus
» voisin, qui ne soient pas vassaux dudit créancier.

» Sont aussi cas de Hermandad les incendies de maisons,
» de vignes, de moissons, de colombiers, faits volontaire-
» ment en lieu désert ou dépeuplé. Et pour déterminer
» quand il y a cas de Hermandad, on entend par lieu
» désert ou dépeuplé l'endroit non fermé, qui a moins de
» trente habitants. Il y a vol ou larcin encore que le
» maître de l'objet enlevé n'ait pas été présent à l'enlè-
» vement, et soit qu'il y ait eu ou qu'il n'y ait pas eu de
» résistance. »

Enfin le reste de cette loi classe encore parmi les délits punissables par la Hermandad tous les attentats commis, toute violence exercée contre un membre de la Sainte-Hermandad pendant ses fonctions ou à l'occasion de ses fonctions.

Les agents subalternes de la Hermandad sont appelés *quadrilleros*. Ils sont choisis et soldés par les villes ou par les villages, et le nombre de quadrilleros que doit entretenir chaque localité est proportionné au nombre de ses habitants (1).

Dans toute cité, ville ou hameau de trente habitants ou au-dessus, on élit deux alcades de la Hermandad; l'un est choisi parmi les chevaliers ou écuyers, l'autre parmi les bourgeois ou roturiers. On ne peut refuser cette charge, sous peine d'amende et de bannissement. Les alcades choisis peuvent être indéfiniment réélus; ils peu-

(1) Loi IV.

vent porter partout la *vara* d'alcade, et pour les actes de leur compétence, ils ont toute l'autorité que la loi donne aux autres magistrats (1).

Les quadrilleros, quand un délit ou un crime leur est dénoncé, ou quand il vient à leur connaissance, de quelque manière que ce soit, doivent donner la chasse au malfaiteur et appeler tout le monde à sa poursuite, en faisant sonner les cloches dans toutes les paroisses où ils passent, afin que, de tous les villages, on sorte pour courir sus au coupable.

Lorsque les quadrilleros sont arrivés à cinq lieues de leur point de départ, ils doivent remettre à d'autres la trace du malfaiteur. Les quadrilleros et les personnes qu'ils ont appelées doivent ainsi se succéder et poursuivre le malfaiteur jusqu'à ce qu'ils l'aient pris, ou jusqu'à ce qu'en fuyant, il soit sorti du royaume. Loi IV.

Lorsque le malfaiteur, poursuivi par la Hermandad, trouve asile dans un château ou dans une forteresse, et qu'on refuse de le livrer, cet endroit doit être immédiatement assiégé; et lorsqu'il est pris, il doit être rasé (2).

Enfin, pour faciliter encore l'arrestation des coupables, toute personne requise par les alcades de la Hermandad doit leur prêter assistance et leur donner main forte.

La Hermandad avait aussi sa législation pénale. Les peines portées contre les voleurs se composaient toujours d'une amende et d'un châtiment corporel; elles étaient graduées suivant l'importance des larcins. Si l'objet dérobé était d'une valeur de 150 maravédis ou au-dessous, le coupable était battu de verges et payait une amende

(1) Loi I.
(2) Loi XVI.

quadruple du prix de l'objet volé. Pour un vol dont l'importance s'élevait de 150 à 1,500 maravédis, le condamné avait les oreilles coupées et recevait cent coups de fouet ; de 1,500 maravédis jusqu'à 5,000 le voleur devait avoir un pied amputé, et défense lui était faite, sous peine de mort, de jamais monter sur un cheval ou sur une mule. Au-dessus de 5,000 maravédis, la peine était la mort.

ÉTIENNE MARCEL

Ce prévôt de Paris, qui, au XIV° siècle, voulut profiter des malheurs de la France pour inaugurer un nouvel ordre de choses brutal et violent, comme le sont toutes les révolutions, a été l'objet — de la part de nos modernes historiens libéraux, — non-seulement d'une apologie mais encore d'un panégyrique, voire d'une apothéose en règle. Pour ces historiens, Marcel fut un patriote et sa fin tragique fut celle d'un martyr. Comme dans cette double assertion, c'est le contraire qui est vrai et que d'ailleurs ce sujet est d'une effrayante actualité, il est bon et il importe de rétablir les faits tels qu'ils se sont passés et tels que les apprécient des critiques érudits de notre temps qui (Dieu merci!) sont exempts d'esprit de système, ne se paient pas de belles paroles et dont la devise est *Res non verba*, « des faits et non des mots. »

Il s'agit ici d'instruire le procès de Marcel. On nous permettra donc et on nous saura même gré de rapporter, par ordre chronologique, les témoignages pour et contre, en éclairant et en réduisant à leur juste valeur les premiers par les seconds.

Pendant la prison du roi Jean et sous la régence de son fils, qui devait être Charles V le sage, Marcel et d'autres esprits aventureux et surtout ambitieux, essayèrent, à la faveur de la minorité du Dauphin de fonder une sorte de république bourgeoise, à leur profit, contre la monarchie et le peuple ; tous les moyens leur semblèrent légitimes pour assurer le triomphe de leurs projets révolutionnaires : ils échouèrent, et une mort tragique fut leur partage.

M. Sismondi — plein d'admiration pour ces hommes et leurs essais stériles, qui déguisaient mal leur égoïste ambition, — après avoir résumé à sa façon les revendications de ces précurseurs de 1793, dit :

« On ne peut suspecter la loyauté des chefs opposés à la couronne, qui obtenaient par leur fermeté des réformes aussi avantageuses.... Ce n'étaient point des esprits inquiets, jaloux, turbulents ; ce n'étaient point des traîtres..., encore que tous les historiens de la monarchie se soient efforcés de les noircir comme tels ; c'étaient au contraire des hommes animés du désir du bien et de l'amour du peuple, qui tentèrent de sauver la France en dépit des princes français.

« S'ils usèrent quelquefois de violence, il faut leur pardonner l'emploi des moyens illégaux, dans un temps où les amis de la France n'avaient aucun moyen légal de faire le bien. Si à leur tour le pouvoir les enivra, il faut voir, dans leur exemple même, une preuve de plus de la rectitude de leurs principes ; car, c'étaient eux qui, les premiers, avaient dit qu'il n'y a de salut pour aucun peuple, tant qu'il reste soumis au pouvoir absolu, quelles que soient les personnes qui en sont investies (1). »

Tous ces *historiens de la monarchie*, contre lesquels, en 1828, M. Sismondi s'élevait avec tant de véhémence, sont (il les cite en note) Villaret (2), Mézeray (3), Jean de Serres (4), Paul Emile (5), Secousse (6), et Pasquier (7), six noms, dans un ordre peu chronologique. Nous bornant aux moins suspects de partialité envers la royauté française, voyons ce que Pasquier, Jean de Serres et Mézeray ont dit de Marcel et de son vrai rôle dans les événements de son temps.

Le parlementaire Pasquier, écrivain au parler franc et parfois même un peu libre, apprécie en ces termes le mouvement provoqué par Marcel contre la royauté.

« La prison du roi Jean contraignit Charles, son fils aîné, de faire convoquer les Etats dedans la ville de Paris, en mars 1355. Comme le peuple est fort en bouche, singulièrement en telles adversités, lesquelles il pense qu'il faut que les grands aient du tout recours à lui, aussi le

---

(1) *Histoire des Français*, tome X, p. 496 et 497.
(2) Premier continuateur de l'*Histoire de France*, de l'abbé Velly (tome V, p. 117.)
(3) L'*Histoire de France*, in-fol., tome II, p. 440.
(4) *Inventaire général de l'Histoire de France*, tome I, p. 142.
(5) De rebus gestis Francorum, p. 288.
(6) Mémoires historiques et critiques pour servir à l'histoire des troubles qui s'élevèrent en France et surtout à Paris, après la bataille de Poitiers (t. XVI des *Mém. de l'Acad. des Inscript.*, p. 200).
(7) *Recherches de la France*, livre II, chap. VII.

fit-il lors fort bien paraître : car jamais ne se trouvèrent plus grandes émeutes que celles-là. Et parce que nos Annales les ont discourues amplement, je vous dirai seulement qu'il serait impossible de dire combien de propositions hagardes furent mises en avant au désavantage du roi, à la suscitation du roi de Navarre. Cestuy pensait la couronne lui appartenir du chef de sa femme et la recouvrer au milieu de cette affliction publique. C'est un secret que nos rois doivent apprendre de ne faire jamais ouvrir les Etats, quand il y a un prince qui, pour avoir le vent en poupe au milieu d'un peuple, se rend chef de parti... L'on y mêlait de la vengeance contre uns et autres grands seigneurs, dont on requérait le désapointement et de là passant plus outre, ils créaient plusieurs conseillers du grand Conseil et voulaient que de là en avant toutes les affaires du royaume passassent par leurs mains. Le premier avis que prit ce jeune prince fut de licencier l'Assemblée et la remettre à une autre fois, espérant obtenir d'eux en un autre temps ce qu'il ne pouvait a donques : conseil sage, mais défavorisé de la raison qui était disposée à sédition. Le peuple commence de se mutiner plus que devant, ayant pour porte-enseigne Etienne Marcel, prévôt des marchands de Paris. »

Le protestant Jean de Serres dit, à son tour :

« Sans doute il y avait beaucoup de mauvais ménages sous les règnes passés... Néanmoins est-il temps de crier contre le malade lorsqu'il est au lit de la mort et lui représenter ses fautes passées, au lieu de lui apporter les convenables remèdes à son mal ? Ainsi en fait, le peuple ingénieux et éloquent à crier contre les fautes des supérieurs et plus prompt à augmenter la maladie par des remèdes pires qu'elle-même à bien guérir, comme on remarquera par les déportements populaires durant la captivité du roi Jean que de plaintes et doléances se sont débordées à des audacieuses séditions et enfin cruels et tragiques massacres, non-seulement pour fouler aux pieds mais aussi pour du tout renverser l'autorité légitime de cette monarchie...

» Ce n'est pas à vous à qui l'on en veut, — dit Marcel au Dauphin, lors du meurtre des maréchaux, — ce sont vos déloyaux serviteurs que nous cherchons, lesquels vous ont mal conseillé. Alors lui il ôta son chaperon et lui mit le sien sur la tête, prit celui du Dauphin et le porta tout le jour sur sa tête, pour signal de sa dictature. »

Enfin Mézeray, l'homme d'opposition, le pamphlétaire, ajoute :

« Les députés des Etats étaient, pour la plupart, pensionnaires du Navarrois, et les bourgeois de Paris, se forgeant déjà dans l'esprit un Etat populaire dont ils seraient les chefs, exclurent les gens du Dauphin de leurs assemblées, et ne voulant recevoir aucun ordre de lui, présumaient de lui en donner à leur fantaisie (1). »

Dès 1818, dix ans avant M. Sismondi, un publiciste, Fiévée, avait apprécié à sa juste valeur le rôle de Marcel ; après avoir parlé des désordres auxquels les provinces étaient en proie pendant la captivité du roi Jean, Fiévée dit :

---

(1) Mézeray, *op. cit. sup.*, tome V, p. 35-63, passim. Nous empruntons cette citation à l'édition in-8°, 18 volumes, à la date d'août 1830, avec la mention : *Imprimé aux frais du gouvernement pour procurer du travail aux ouvriers typographes.* Voilà quel fut un des premiers et le plus immédiat résultat de la Révolution de 1830, — la cessation du travail.

« Paris offrait des scènes non moins désastreuses ; mais l'intérêt particulier, l'ambition, la vengeance s'y cachaient sous les apparences du patriotisme et d'un grand dévouement à l'intérêt général. »

Puis il raconte le massacre des maréchaux de France, ordonné par Marcel sous les yeux même du Dauphin et fait cette réflexion :

« Leur attachement pour lui était le crime que leur reprochait Marcel, chef de cette sanglante exécution. »

Après le récit de la mort tragique du tribun de la bourgeoisie, vient cette conclusion très-vraie :

« Comme si la folie des Parisiens eût été attachée à l'existence du prévôt des marchands, à peine le bruit de sa mort fut-il répandu, que l'on ne se souvint du passé que pour en rougir (1). »

Il est probable que M. Sismondi faisait peu de cas (il avait tort) de la Biographie universelle, où parurent, dans les premiers volumes, d'excellents articles sur les personnages les plus dignes d'attention de notre histoire nationale.

En 1847, à la veille d'une seconde révolution aux trois journées, M. Th. Lavallée ne pouvait encore se défendre d'une certaine admiration pour Marcel, bien qu'il semblât le juger avec une sévérité relative. Il proclamait d'abord « Marcel, l'un des hommes les plus remarquables de notre histoire, qui avait dirigé toutes les demandes des Etats de 1355, et dont les idées étaient fort supérieures à celles de son siècle (2). »

(1) Fiévée, article *Jean* dans la *Biographie universelle*, tome XXI, p. 444 et 445.
(2) *Histoire des Français* (6ᵉ édit. 1847), tome II, p. 32.

Mais quand sonna l'heure de la défaite, M. Lavallée constate que « craignant pour sa vie, Marcel ne songea plus qu'à lui-même et trahit sa cause (1). »

Voici le morceau final, empreint d'un certain lyrisme à la Louis Blanc :

« Ainsi se termina cet essai informe et prématuré de révolution populaire ; épisode curieux de notre histoire, et qui semble un hors-d'œuvre complet, tant il avait été peu préparé, tant il eut peu de suites. Dans la royauté seule était l'unité de pouvoir et de nation : si la bourgeoisie du XIVe siècle l'eût emporté sur elle, c'en était fait de l'avenir de la France. Marcel et ses compagnons ont donc dépensé leur énergie et leurs talents dans une entreprise qui devait avorter ; leur mouvement démocratique si brusque, si héroïque, au milieu des hésitations, des ébahissements, des terreurs de la foule, n'a pas laissé, il est vrai, un débris d'institution, une garantie de liberté : mais la vie de ces hommes du peuple n'a pas été sacrifiée en pure perte : la révolution éphémère de 1355 laissa des souvenirs puissants chez les Parisiens, et nous les verrons, pendant tout ce siècle, remuer sous le joug qu'on leur impose, pour témoigner de l'existence du peuple, dont l'heure n'est pas venue (2). »

Nous avons parlé du lyrisme de L. Blanc ; c'est ici le lieu d'insérer le panégyrique qu'en la même année (1847) cet écrivain publiait, dans ce premier volume, si curieux, de son *Histoire de la Révolution française*, où il revendique les ancêtres des idées modernes, de Philippe-le-Bel aux États généraux de 1789. Pour Louis Blanc, la victoire

---

(1) Id. ibid., 1 p. 41.
(2) Id. ibid., p. 42.

momentanée de la démocratie parisienne, au xivᵉ siècle, n'est pas tant dans les Etats généraux d'alors que dans celui qui en fut le promoteur, l'âme et, pour ainsi dire, le souffle inspirateur.

« Combien se sont trompés ceux qui ont attribué aux États généraux l'honneur de cette rapide victoire ? Les États généraux, à cette époque, vivaient dans un homme. Et cet homme c'était Marcel, héros d'un 93 anticipé, vrai Danton du xivᵉ siècle. Froissard, nous a conservé un mot qui montre combien fut grande la puissance de ce prévôt des marchands. Le jour où il monta dans l'appartement du Dauphin, pour y frapper, sous ses yeux, deux des plus hautes têtes de la noblesse, il commença par dire au jeune prince que c'était à celui qui devait hériter du royaume à le purger des bandes qui l'infestaient. A quoi le Dauphin répondit : « C'est à celui qui a les droits et profits à avoir » aussi la charge du royaume. » Le véritable roi ici c'était donc Marcel, et il le montra aussitôt en faisant tuer les maréchaux de Champagne et de Normandie, ou mieux encore, en coiffant de son propre chaperon comme pour le protéger le fils de Jean... Plus tard, ce terrible exemple devait être suivi, et un autre Marcel devait couvrir du bonnet rouge la royale tête de Louis XVI.

» Ce qui est certain, c'est que Marcel avait conçu les vastes desseins auxquels n'ont pu suffire, ni à force d'audace, ni à force de génie, les plus célèbres révolutionnaires de 1793. Marcel voulait centraliser le pouvoir politique, et jamais la nécessité de la centralisation ne s'était plus clairement révélée....

» Quant à la cause de ces maux, les historiens contemporains s'accordent à la trouver dans l'absence de tout pouvoir dirigeant, en d'autres termes, dans le défaut d'unité politique. Eh bien ! cette unité, Marcel, sur les instances des citoyens opprimés, entreprit de l'établir. Pour y réussir, c'eût été trop peu des forces qu'il puisait dans la commune de Paris : grâce à lui, les États généraux furent convoqués, et pendant quelque temps il les anima de son souffle, il les fit vivre de sa vie. Veut-on savoir ce que devait être, dans la pensée de Marcel, la puissance de ces États généraux ? Froissard nous l'apprend : « Toutes » manières de choses se devaient rapporter par ces trois » États, et devaient obéir, tous autres prélats, tous autres » seigneurs, toutes autres communautés des cités et des » bonnes villes à tout ce que ces trois États feraient et » ordonneraient. »

» Au reste, les vues de Marcel sont parfaitement développées dans cette immortelle ordonnance de 1357, que les États arrachèrent au Dauphin, et qui fut l'ouvrage du prévôt des marchands. Cette ordonnance combattait l'anarchie politique par la formation d'un conseil chargé de surveiller les gaspillages de cour et de mater toute tyrannie capricieuse ; l'anarchie féodale, par l'intervention, devenue permanente, du tiers-état dans les affaires ; l'anarchie administrative, par l'envoi de commissaires dans toutes les provinces et de commissaires tirés du sein de l'assemblée ; l'anarchie territoriale enfin, par la prépondérance assurée à la ville de Paris dont on faisait comme le cœur et le cerveau de la France. Charlemagne avait-il osé davantage ? Mais ce que Charlemagne avait tenté pour l'établissement d'une centralisation monarchique, Marcel le tentait pour l'établissement d'une centralisation démocratique. C'est pour cela qu'il avait fait décider qu'à l'avenir, toute délibération serait stérile sans l'assentiment du tiers-état. Bien sûr d'ailleurs, que dans le voisinage redoutable de la commune de Paris, l'influence du troisième ordre aurait bien vite absorbé celle des deux autres.

» A ces tentatives, hardies le Dauphin opposa l'intrigue... Bientôt la division s'introduit dans les Etats ; les deux ordres se déclarent contre le troisième ; la puissance créée par Marcel semble avoir hâte d'abdiquer, et il est forcé de se replier sur la commune, abandonné par tous ceux qui, dans la révolution par lui préparée, tremblaient d'être entraînés trop loin. Marcel ne se décourage pas. Il tire de prison le roi de Navarre ; il l'oppose au Dauphin ; il épouvante les hommes de la cour ; et pour remplacer cette souveraineté collective des trois ordres, dont prêtres et nobles ne veulent pas, il fait, pour ainsi dire, sortir de son audace et de sa volonté une assemblée nouvelle presque entièrement composée de ses compères de l'hôtel de ville.

» Alors, on vit commencer entre le Dauphin et Marcel la même lutte qui, à la fin du XVIIIe siècle, éclatait entre la Gironde et la Montagne. Le fils de Jean sort de Paris pour aller exciter la province contre Paris. Chose étrange, c'est le pouvoir royal ici qui appelle à son aide l'esprit fédéraliste.....

» Il est à remarquer que, dans ces circonstances, Marcel prit parti pour les *Jacques*, auxquels il envoya des secours ; tandis que le roi de Navarre, au contraire, se mit à la tête des nobles pour massacrer les paysans. Comment se fait-il que ce rapprochement ait échappé aux historiens qui ont reproché à Marcel son alliance avec le roi de Navarre ? Marcel ne s'était allié au roi de Navarre que pour se servir contre le Dauphin de l'ambition de ce prince. Attaquée de toutes parts, la commune de Paris comptait sur

Charles-le-Mauvais comme sur un homme qui, s'il eût été loyal et fidèle, eût pu la protéger efficacement contre la noblesse. Voilà tout le secret de cette alliance. Elle était nécessaire et qu'avait-elle de honteux ?..

» Contre tant d'obstacles, contre tant de dangers, que pouvait le prévôt des marchands ? Paris étouffait dans ses murs, fallait-il en ouvrir les portes à la noblesse et au Dauphin, perdre le fruit de tant d'efforts, abandonner la cause du peuple? Eh bien! pour échapper à ces extrémités, un seul moyen restait : recourir au roi de Navarre, dompter par lui le Dauphin, sauf à briser plus tard l'instrument s'il devenait dangereux. C'est ce que Marcel tenta, et c'est là que ses ennemis l'attendaient. La haute bourgeoisie parisienne n'avait pu voir, sans ressentiment, son repos troublé à ce point et sa sécurité compromise. Elle résolut de renverser Marcel, et n'osant attaquer de front sa popularité, elle conspira bassement contre lui. On sait qu'il fut tué d'un coup de hache près de la porte Saint-Antoine, sous prétexte qu'il avait voulu livrer la ville à Charles-le-Mauvais (1). »

Ainsi parlait L. Blanc, à la veille de la révolution ou plutôt de *l'évolution* de 1848; à peine cette seconde république, qui devait si peu durer, grâce à ses excès, venait-elle d'inaugurer son règne sanglant par les journées de juin, que l'appréhension du plus sombre avenir, réservé à ces dernières années, dictait à un publiciste de mérite (2) son *Histoire de la bourgeoisie de Paris* (3), où il montre,

---

(1) L. Blanc, *Histoire de la Révolution française*, tome 1, p. 161-168.
(2) M. Fr. Lacombe.
(3) 3 vol. in-8°, 1851-52.

dans le passé, la bourgeoisie aux prises avec l'aristocratie et la royauté et consacre un important chapitre (1) à cette même bourgeoisie sous la prévôté d'Etienne Marcel.

Le Dauphin est revenu du champ de bataille de Poitiers à Paris, où il se trouve aussitôt en butte aux plus terribles accusations de la part de Marcel qui soulève contre lui la bourgeoisie parisienne.

« Désirant soustraire son autorité à l'action subversive d'une révolte locale et fomentée par une poignée d'individus, le Dauphin convoqua les Etats généraux : ceux de la langue d'Oc, à Toulouse, et ceux de la langue d'Oil, à Paris. La vie nationale eut, pour ainsi dire, deux centres, et l'opinion publique deux directions ; l'une morale et patriotique, l'autre immorale et absolument révolutionnaire (2). »

Au sein des Etats qui siégeaient à Paris, les trois ordres étaient loin de s'équilibrer numériquement ; le tiers-état, sur huit cents députés, en comptait à lui seul plus de la moitié qui obéissaient tous à Etienne Marcel. Le prévôt des marchands n'avait donc qu'à parler, pour réagir contre le pouvoir monarchique et devenir le maître de la situation : il le fit, à dater du premier jour. C'est ainsi qu'il résuma, non-seulement les votes de l'assemblée, mais encore tout le travail révolutionnaire de cette époque.

« Doué d'une intelligence politique vraiment remarquable, il entra dans le pouvoir de cet homme quelque chose de formidable et de surnaturel... Il représentait, ou mieux, il était censé représenter, aux yeux de la bour-

---

(1) Tome I, chapitre vi, p. 198-240.
(2) Id. ibid., tome I, p. 200.

geoisie de Paris, la tradition démocratique... La royauté semblait avoir disparu pour céder le terrain à la démocratie manifestée par la prévôté des marchands. Acteur véhément d'un drame dont il était, pour ainsi dire, l'auteur, Etienne Marcel devint le centre de cette transformation. Président des Etats généraux, par cela seul qu'il était le chef de la bourgeoisie de Paris, il dictait lui-même la lettre de toute délibération, avant d'en indiquer le véritable esprit; il développait, au cœur de chaque député, le sentiment de ses droits individuels et celui de la liberté humaine, pour mieux satisfaire à son égoïsme...(1). »

Marcel commença pas proposer aux trois ordres de refuser l'entrée aux séances, non pas seulement au chancelier, mais à tous les officiers qui seraient envoyés par le Dauphin. Il ajouta qu'il fallait les suspendre de leurs fonctions et enfin qu'il fallait mettre en accusation les ministres du Roi : comme si leur mort devait marquer une nouvelle phase de la vie publique. Chaque proposition de Marcel fut adoptée par l'assemblée.

« Jamais Etats généraux n'avaient été convoqués dans des circonstances plus graves. Symbole de l'unité nationale, cette représentation pouvait sauver la patrie, en réalisant ce principe au sein de la société. Pour cela, il était nécessaire de voter une levée de troupes et d'argent et de poursuivre la guerre dans l'unique but de libérer le roi et l'état, c'est-à-dire la constitution et le territoire. Telle devait être l'œuvre de la bourgeoisie ; mais elle fut trop agitée par des questions d'hommes et de partis, pour s'occuper des questions véritablement patriotiques;

---

(1) Id. ibid., tome I. p. 201 et 202.

et les députés se firent révolutionnaires, au lieu de se faire soldats. »

Après avoir nommé une commission composée de cinquante membres chargés de travailler à la réforme politique, c'est-à-dire de *révolutionner* l'Etat et la société, non-seulement durant le temps de la session, mais encore après la dissolution de l'assemblée, ils constituèrent un nouveau conseil formé de vingt-huit d'entre eux.

Marcel s'adressait aux Etats de la langue d'Oïl, pour constituer une république ; il réclamait la dictature de tous pour lui-même, au nom de la souveraineté du peuple.

Cependant une grande division ne tarda pas à se produire parmi les bourgeois de Paris, dont l'éducation était trop monarchique pour jouer leur propre destinée dans un jeu aussi redoutable que l'escamotage d'un trône ou l'établissement d'une république. Ils se rapprochèrent du Dauphin, dépositaire du seul pouvoir moral qui pût les protéger contre leurs faux amis et contre eux-mêmes. Le duc de Normandie profita de ce retour subit de l'opinion pour dissoudre les Etats; mais, la situation resta la même, puisque le duc de Normandie et Marcel demeurèrent toujours en présence ou en état d'hostilité, et par ces deux hommes l'idée monarchique et l'idée républicaine. Bientôt d'effrayantes clameurs s'élevèrent de toutes parts dans Paris; les boutiques se fermèrent, les ouvriers quittèrent leurs travaux, les maîtres des divers métiers prirent eux-mêmes les armes, et les jurandes industrielles, transformées en jurandes politiques, devinrent autant d'ateliers formidables où toutes les classes ouvrières ne s'occupèrent qu'à seconder les sinistres projets de Marcel. En plein parlement, il imposa sa volonté à toute la magistrature muette et somma le duc de Normandie de rappeler les députés des Etats généraux, de faire arrêter et mettre en accusation les ministres du roi.

La représentation nationale ouvrit sa nouvelle session aux Cordeliers, le 5 février 1358, et Marcel devint dictateur dans l'Hôtel de Ville.

« Comme la puissance de cet homme exceptionnel était fondée sur l'opinion publique, pour conserver son influence, il avait toujours besoin d'être en contact avec elle, par ses actes ou par ses discours. On le voyait flatter les membres les plus importants de la bourgeoisie en leur promettant d'agir avec modération, tandis qu'il ne parlait au menu populaire que de réformes absolues et d'une meilleure répartition du bien-être social. Il ne négligeait aucune de ces ressources fatales que la civilisation met sous la main des agitateurs et faisait un soldat de chaque mécontent; organisant de la sorte une armée qui pourrait, au besoin, entrer en lutte directe avec la monarchie et fonder le gouvernement révolutionnaire dont le prévôt désirait être l'expression (1). »

Mais, la majorité des États était loin d'abonder dans le sens de Marcel; elle s'émut avec raison de l'audace de ce factieux et de ses adhérents, et il se produisit une grande réaction monarchique en faveur du Dauphin. Vaincu dans la salle des États, Marcel alla chercher une victoire à l'Hôtel de Ville, en organisant la terreur; il opposa d'abord les bourgeois de Paris aux députés de la nation; ensuite il voulut leur opposer la nation elle-même. A cet effet, il organisa un large système de propagande révolutionnaire

(1) Id. ibid., tome I, p. 213.

ayant pour but d'agiter les provinces en faveur de la capitale et d'exciter les bourgeois contre les nobles, les paysans contre les gentilshommes et de là naquit la Jacquerie avec tous ses excès et toutes ses horreurs.

En présence de telles menées le régent prononça la dissolution des Etats généraux; ensuite il partit lui-même pour la province et y leva une armée qu'il destinait à réduire les factieux de Paris. Comme tous les révolutionnaires, — pour avoir épuisé la violence, l'artifice, la déclamation et la calomnie, Marcel n'en conserva pas moins son audace et sut persuader aux bons bourgeois que le régent voulait introduire dans Paris une armée de nobles, afin d'anéantir leurs jurandes privilégiées. Il fortifie Paris d'une façon formidable et élève, à la porte Saint-Antoine, la Bastille, *forteresse* imprenable *érigée alors dans un but de fausse liberté au nom de la démocratie* (1).

Paris ressemble à une place forte assiégée. Les bourgeois sont obligés de partager la garde et la police de la ville avec des hommes à figure hideuse où le crime a gravé son empreinte : Marcel les incorpore et les distribue de manière à intimider les gens de bien. Il regarde cependant la bourgeoisie avec méfiance, parce qu'elle murmure et qu'elle peut, d'un instant à l'autre, réagir contre lui. Les paysans des campagnes voisines, exposés aux poursuites des Navarrais, viennent demander un refuge au tribun. Ils fuyaient une soldatesque n'ayant d'autre discipline que la dévastation, pour se trouver au sein d'une populace qui expliquait l'ordre social par le pillage. En effet, les Parisiens se livraient à de si horribles exploits,

---

(1) Id. ibid., tome I, p. 216.

que les religieuses quittaient leurs monastères, afin d'échapper aux violences révolutionnaires.

Un pareil état de choses devait avoir pour résultat de rallier autour du régent la bourgeoisie de Paris qui avait perdu, sous les coups de la révolte et du pillage, toutes ses illusions démocratiques. Sur sa prière, le régent rentra dans la capitale non en vengeur mais en protecteur. Perdant la tête en présence de ces défections, Marcel s'empressa de recourir au roi de Navarre, qu'il fit sortir de sa prison et avec lequel il se ligua ; mais cette alliance ne pouvait être durable, puisque l'un et l'autre de ces deux hommes ne voulait dominer dans l'Etat que pour le compte de son égoïsme.

On sait jusqu'où Marcel et sa bande poussèrent l'audace ; après avoir fait égorger, sous les yeux mêmes du régent les maréchaux de France, il se couvrit du chaperon du prince et lui donna celui de la révolte. Le châtiment de tant de forfaits ne se fit pas attendre ; au moment où le prévôt des marchands introduisait les Anglais dans Paris, il fut frappé à mort, et la révolution, commencée par lui, finit avec lui.

« Que dire maintenant de ce Marcel qui pensa et qui agit comme pas un homme n'avait encore agi ni pensé avant lui dans l'humanité ?.... Il résolut de frapper mortellement l'aristocratie et même la monarchie, pour faire triompher la liberté illimitée, c'est-à-dire l'anarchie dans son expression la plus sinistre.

» Doué d'une rare pénétration, il eut l'expérience des hommes et les méprisa, parce qu'il savait tous les chemins par où l'on peut les envahir. Chaque ruine sociale servit de degrés à sa fortune passagère et tourmentée. La naïveté traditionnelle de la bourgeoisie proprement dite devint un des éléments de son génie ; car, sous prétexte de défendre les comptoirs et les boutiques contre les exactions des princes, il prépara le pillage de toute la société, livrée pieds et poings liés à ses hordes sanguinaires. Il créa, au XIVe siècle, ce que nous appelons aujourd'hui *la centralisation*, pour mieux généraliser son despotisme au nom de l'affranchissement universel ; enfin il opposa la démocratie absolue à la royauté des Etats. Une combinaison républicaine était la première de ses ambitions, et une combinaison monarchique devait être son dernier acte, qu'il ne lui fut pas donné de réaliser ; car, lorsqu'il crut pouvoir s'adresser à ce mauvais homme, qui était déjà roi de Navarre, le prévôt des marchands vint se briser contre un principe, celui-là même en vertu duquel la monarchie française avait été constituée !

» Ce fut l'heure de sa chute. Il tomba, cet homme qui, sous prétexte d'élever la bourgeoisie de Paris au point culminant de la puissance, mais espérant qu'elle se soumettrait à ses volontés, lui imposa le joug sanglant de la populace, parce qu'elle avait refusé de lui obéir. Il tomba de toute la hauteur des événements qu'il avait créés, parceque l'esprit révolutionnaire, dont il était l'expression, ne pouvait plus le retenir à leur sommet. Alors, comme il arrive toujours aux hommes qui ont joué avec la destinée des peuples et des rois, un grain de sable l'écrasa. Les intelligences les plus chétives se rapprochèrent de ce colosse pour le mesurer : aussi l'iniquité de sa vie ne fut-elle bien appréciée qu'après sa mort. On ne vit plus sur son front qu'une flétrissure morale et d'innombrables taches de sang. L'heure de la justice avait sonné pour celui qui vécut si longtemps au-dessus des lois. Marcel devait être traîné dans les égouts par la populace qui alla suspendre son cadavre aux piliers des Halles, usant contre lui des mêmes fureurs qu'elle déployait naguère contre la société (1). »

Après cette éloquente conclusion, il semble que le débat est clos et qu'il n'y a plus lieu à tenter une réhabilitation... désespérée de Marcel; mais, M. H. Martin ne se laisse pas désarçonner par un si rude choc, et après avoir admiré, dans le prévôt des marchands, l'inventeur des barricades (2), il ajoute, en reprenant (avec M. Sismondi) sa sortie contre les historiens justement hostiles à son héros :

« Les écrivains de l'ancien régime, abusés par leurs préjugés ou par leur inexpérience des révolutions, n'ont compris ni les événements du quatorzième siècle ni le caractère des hommes qui y prirent part : ils n'ont pas su distinguer les diverses phases de la rapide carrière de ces tribuns du moyen âge, leurs vues élevées, leurs intentions droites et généreuses, leurs passions violentes mais sincères, puis les entraînements de la lutte, et la pente fatale où les poussèrent des embarras et des périls insurmontables (3) .....

» Le 31 juillet, Marcel sortit de chez lui pour mettre à fin son entreprise; de terribles combats avaient dû se passer dans l'âme de cet homme, avant qu'il se décidât à livrer la cité qu'il avait si longtemps gouvernée, nourrie, protégée contre tous les périls, avant qu'il se résignât à devenir l'oppresseur subalterne du peuple dont il avait été le défenseur et l'idole. La fatalité l'entraînait, si l'on

(1) Id. ibid., tome I, p. 237-239.
(2) *Histoire de France* (4ᵉ édit., 1855), tome V, p. 158.
(3) Id. ibid., p. 160.

peut nommer fatalité cette force, si difficile à surmonter, qui pousse aux abîmes l'homme qu'une première faute a une fois jeté hors du sentier de la justice (1).

» Marcel et son parti avaient fini par s'écarter de la grande voie des destinées de la France : en cherchant un roi des bourgeois à opposer au roi des nobles, en se livrant à Charles de Navarre, ils avaient attaqué la loi salique, alors et pour longtemps garantie de la nationalité française. Mais, sans nier que leur chute ait été inévitable, l'histoire, à qui soixante ans de révolutions ont dévoilé bien des mystères, et qui plane aujourd'hui de plus haut que ne faisaient les historiens de la monarchie sur l'ensemble des destins de la patrie, doit relever de l'anathème la mémoire de l'homme qui a été le premier représentant du génie politique de la grande cité et qui a dirigé le premier essai du gouvernement représentatif en France. Les mœurs violentes du temps ne justifient pas, sans doute, mais expliquent l'acte violent auquel se portèrent les chefs du parti populaire, dans l'effervescence d'une crise terrible, contre des adversaires qui leur préparaient le même sort : le sang a expié le sang ; le pacte conclu avec Charles-le-Mauvais a été puni avant d'être consommé ; mais le souvenir de ce qu'avaient voulu faire Marcel et ses amis ne doit pas périr. Marcel reste la plus grande figure du quatorzième siècle. Marcel ne mourut pas tout entier, il n'échoua même pas entièrement : les grands coups qu'il avait portés à la monarchie féodale laissèrent de profondes traces ; le régime qu'il avait mutilé ne fut pas complétement restauré, et Charles V lui-même, puis d'autres rois encore, exécu-

(1) Id. ibid., p. 208.

tèrent de leurs mains royales une partie de l'œuvre du démocrate dont ils proscrivaient la mémoire (1).... »

« On regrette de ne pas voir, parmi les statues qui décorent maintenant l'Hôtel de Ville de Paris, l'image du fondateur de l'Hôtel de Ville, du chef de la bourgeoisie française au quatorzième siècle. Cette exclusion n'est pas digne des lumières de notre temps. L'histoire de la grande cité, qu'on a voulu retracer avec le ciseau du sculpteur, ne se comprend pas sans cette imposante et tragique figure. Parmi les héros qui peuplent nos galeries historiques, combien furent plus coupables et ont bien moins de titres à notre reconnaissance ! (2) »

Quel lyrisme chauffé à blanc !... M. H. Martin s'est inspiré ici comme en maint autre endroit, car il n'est guère qu'un écho, de M. Augustin Thierry et de son *Essai sur l'histoire de la formation et des progrès du Tiers-État*, publié en 1850. Or un homme — peu sympathique à la royauté, — M. Mignet, dans son remarquable compte-rendu de l'ouvrage de M. A. Thierry (3), relève et réfute avec une grande puissance de logique les assertions pas-

---

(1) Ib. ibid., p. 213, note 1. — « L'imputation *erronée* d'avoir voulu livrer Paris aux Anglais, *uniquement* fondée sur ce que le peuple appelait *Anglois* les mercenaires du roi de Navarre, a surtout contribué à prolonger *cet anathème*. Le président Hénault, *par une singulière inadvertance*, l'a consigné dans son abrégé. — (H. Martin, l. c. sup., p. 213, note 2.) Est-ce aussi *par une singulière inadvertance* que M. Guizot *(Histoire de France racontée à mes petits enfants*, tome II, p. 150) appelle *Anglais* les mercenaires à la solde du roi de Navarre ?

(2) Id. ibid., p. 213, note 1.

(3) Dans le *Journal des Savants*, 1855.

sablement hasardées de celui que l'on a appelé, un moment, *l'Homère de notre histoire.*

« M. Thierry — c'est M. Mignet qui parle, — trouve dans les actes *hasardés* par Etienne Marcel, lorsqu'il se fut séparé du dauphin Charles, alors lieutenant du royaume, et lorsque l'ordre de la noblesse et l'ordre du clergé eurent abandonné l'ordre du tiers resté seul dans les États généraux, *une tentative pour ainsi dire réfléchie,* bien que prématurée, de monarchie démocratique. « Cet
» échevin du xive siècle, dit-il, a, par une anticipation
» étrange, voulu et tenté des choses qui semblent n'ap-
» partenir qu'aux révolutions les plus modernes. L'unité
» sociale et l'uniformité administrative; les droits poli-
» tiques étendus à l'égal des droits civils; le principe de
» l'autorité publique transféré de la couronne à la na-
» tion; les Etats généraux changés, sous l'influence du
» troisième ordre, en représentation nationale, la vo-
» lonté du peuple attestée comme souveraine devant le
» dépositaire du pouvoir royal; l'action de Paris sur
» les provinces comme tête de l'opinion et centre du
» mouvement général; la dictature démocratique et la
» terreur exercée au nom du bien commun; de nouvelles
» couleurs prises et portées comme signe d'alliance
» patriotique et symbole de rénovation; le transport de
» la royauté d'une branche à l'autre, en vue de la cause
» des réformes et de l'intérêt plébéien; voilà les événe-
» ments et les scènes qui ont donné à notre siècle et
» au précédent leur caractère politique. Eh bien! il y
» a de tout cela dans les trois années sur lesquelles
» domine le nom du prévôt Marcel. Sa courte et orageuse
» carrière fut comme un essai prématuré des grands
» desseins de la Providence et comme le miroir des san-

» glantes péripéties à travers lesquelles, sous l'entraîne-
» ment des passions humaines, ces desseins devaient
» marcher à leur accomplissement. Marcel vécut et
» mourut pour une idée, celle de précipiter, par la force
» des masses roturières, l'œuvre de nivellement graduel
» commencé par les rois, mais ce fut son malheur et
» son crime d'avoir des convictions impitoyables. »

Reprenant en sous-œuvre cette page bien sonnante mais passablement creuse, où M. Thierry cherche un précédent à 1789, M. Mignet dit :

« Là où M. Thierry aperçoit *si ingénieusement* des desseins *profonds*, ne faut-il pas voir plutôt *des expédients extrêmes*, et la ressemblance des actes tentés ou accomplis en des temps si éloignés et si dissemblables ne vient-elle pas plutôt du caractère, toujours le même dans notre pays, que de l'esprit, dont les aspects ont progressivement changé? N'a-t-elle pas sa source dans *une passion particulière* et non dans *une idée générale*? La classe plébéienne était alors bien restreinte, et il devait s'écouler bien des siècles avant qu'elle aspirât à agir comme étant la nation. Elle avait besoin que la royauté l'élevât peu à peu au niveau des autres classes, que le travail accrût ses richesses, que les lumières de l'esprit étendissent ses idées, que les progrès d'une civilisation de plus en plus féconde pour elle ajoutassent à ses forces, que l'usage de l'administration l'habituât à l'exercice du pouvoir public, afin qu'elle osât entreprendre, en vue du droit général et pour le triomphe de l'intérêt commun, la révolution dont M. Thierry n'est pas éloigné de prêter la pensée à Étienne Marcel. Marcel pensait en bourgeois de Paris et agissait en révolutionnaire municipal. *Sa tentative était contraire à l'esprit du temps et aux progrès de l'Etat.* Elle ne pouvait pas réussir. La résistance qu'elle devait rencontrer était incomparablement supérieure à la force qui poussait à l'entreprendre.

» Si elle avait obtenu *un succès qui eût été inévitablement funeste,* les villes de France seraient devenues indépendantes à la façon des villes d'Italie ou des villes de Flandres. Le royaume, qui commençait à sortir de son morcellement, y serait retombé, l'administration plus générale et dès lors plus équitable qui commençait à régir les diverses classes de personnes et à rapprocher les divers ordres d'intérêts, aurait fait place à la lutte acharnée des uns et à l'anarchie inconciliable des autres. Au lieu de cette marche heureuse vers une unité toujours plus complète et une condition toujours plus égale, la France serait revenue à des désordres compliqués, puisqu'ils n'auraient pas été seulement féodaux comme dans la période précédente, mais encore municipaux. La décomposition publique, qui s'était faite naguère par les fiefs, se serait renouvelée alors par les villes. Sur chaque partie du territoire démembré, auraient dominé des bourgeois ou des seigneurs, selon le degré de leur puissance. Ici il y aurait eu une république, là se serait élevé un tyran, ailleurs se serait conservé un grand feudataire, et probablement l'étranger y aurait tôt ou tard pénétré, comme en Italie, qui a offert ce spectacle durant le moyen âge, et où la réunion nationale du territoire et l'organisation politique du pays n'ont pu être opérées par personne (1). »

On ne peut mieux dire, et ces conclusions seront — sauf un petit nombre de réserves, — celles de tout esprit sage et réfléchi qui connaîtra bien l'époque et le milieu

(1) M. Mignet. Ibid., p. 369-371.

où s'agita l'utopie ultra-révolutionnaire de Marcel. Cependant, en 1860, M. Perrens, jeune professeur de la faculté de Lyon, entreprit une réhabilitation à outrance du prévôt des marchands et lui consacra tout un volume (1). Cette étude, de fantaisie et de parti pris évident, donna naissance d'abord à une remarquable appréciation de M. Louis Binaut, publiée dans la *Revue des deux mondes* (2), puis à un travail des plus complets de M. Siméon Luce, jeune et savant élève de l'Ecole des Chartes (3).

Fort bien pensé et écrit d'un style nerveux, l'article de M. Binaut est un résumé philosophique, — la philosophie même du livre de M. Perrens. Nous avons essayé de condenser ces excellentes pages en quelques citations choisies; on y trouvera — à plus de dix ans de distance, — comme l'histoire et le procès anticipés de tels hommes, surtout d'un, qui semble avoir fait revivre, en ces derniers temps, la figure de rêveur maladif que l'histoire donne à Marcel, le révolutionnaire du XIVe siècle.

« Il semblait désormais hors de doute, sur l'autorité des plus savants investigateurs et des plus graves historiens de ce siècle, que la royauté française n'avait pas été inutile et surtout contraire à l'émancipation et au développement politique de la bourgeoisie et du peuple. Le rôle de cette royauté paraissait assez bien déterminé à cet égard.

---

(1) *Etienne Marcel et le gouvernement de la bourgeoisie au* XIVe *siècle* (1356-1358), Paris, 1860, un vol. in-8º de I-XI et 1-440 pages.

(2) Livraison du 15 juin 1860, p. 1009-1022.

(3) Bibliothèque de l'Ecole des Chartes, 21e année, cinquième série, tome 1, p. 240-282. Examen critique de l'ouvrage intitulé : *E. Marcel*, etc., par F.-T. Perrens.

» M. Perrens entreprend de combattre ce résultat, qui nous paraissait acquis.... Nous ne diminuerons en rien le mérite de l'ouvrage de M. Perrens en discutant et en repoussant cette réaction agressive contre la royauté du moyen âge qui forme la conclusion générale de son livre.

» M. Perrens soutient que cette prétendue alliance entre le pouvoir royal et les classes populaires n'est qu'une hypothèse gratuite, que la royauté au contraire ne cherchait qu'à profiter des discordes de ces classes pour s'agrandir elle-même, et que si la nation s'est affranchie à la longue, ce n'est point par le concours des rois mais malgré eux et malgré les obstacles qu'ils lui opposaient. »

« L'histoire de nos rois — selon M. Perrens, — n'est le plus
» souvent qu'une longue suite de conjurations contre leurs
» sujets, conjurations qu'ils croyaient légitimes, puis-
» qu'ils se regardaient comme investis d'un droit supé-
» rieur pour commander aux hommes. » Sur quoi fonde-
t-il cette accusation quelque peu violente? Sur ce que ces rois ne voulaient point se lier les mains, dès le xive siècle, par des convocations périodiques des États généraux. »

« Cette révolution de 1356 était — dit M. Perrens, —
« moins prématurée qu'on ne pense; elle n'échoua que
« par des circonstances accidentelles, que le hasard aurait
« pu éloigner, comme il les amena. Ce gouvernement de
« la bourgeoisie, s'il avait duré, n'aurait point fait obstacle
« au rapprochement des castes et des provinces, à l'ex-
« tinction de la féodalité, enfin au nivellement et à l'unité,
« qui furent les principaux bienfaits du pouvoir absolu.
« Il aurait multiplié les relations de ville à ville, dans
« l'intérêt du commerce. La confédération des bonnes
« villes, préparée par Etienne Marcel, n'eût point été

« funeste à l'unité nationale, car le gouvernement des
« États généraux, qu'il voulait souverains dans toutes les
« questions d'intérêt public, n'avait rien de contraire au
« génie français. »

« On pouvait donc au XIV° siècle tout faire à la fois :
chasser l'étranger, créer l'unité, donner à tous les
citoyens une juste part dans le gouvernement de leurs
affaires; « la révolution française, selon toute apparence,
« en eût été avancée de quelques siècles, et elle n'eût
« coûté ni tant de sang ni tant de ruines. » Enfin l'auteur
conclut par ce jugement plus que sévère : si les rois n'ont pas
mis obstacle à l'indépendance et à l'unité de la nation,
c'est qu'ils y avaient intérêt aussi bien que les peuples,
et c'est toute la part qu'ils y ont prise; quant à la liberté, ils
l'étouffèrent, *parce que* la nation seule y pouvait gagner.

« Ces assertions acerbes, et qui annoncent trop de parti
pris pour que la gravité de l'histoire s'en accommode
sont, dans leur généralité, souverainement injustes.
D'abord, la monarchie française a eu une première période
de trois siècles, de Hugues-Capet à Philippe-le-Bel, pendant
laquelle l'idée même des États généraux n'existait pas;
les rois n'ont donc pu alors les entraver ni les étouffer, et
pourtant que d'innovations dans le sens populaire durant
cette période! Combien de choses se sont faites!... Les
grands possesseurs de fiefs ont été rattachés ou soumis à
la couronne, et la nation a retrouvé un centre. De nombreuses provinces ont été annexées. Les communes, dont
quelques-unes s'étaient affranchies par leurs propres efforts,
se sont liées entre elles par le seul lien qui fût possible,
par l'intermédiaire de la royauté, et ont affermi leur
droit en entrant ainsi dans le système de l'État. Le droit
seigneurial des guerres privées a été, avec l'aide de

l'Eglise, d'abord réglementé, puis restreint, et s'il n'était pas complétement aboli en fait, le principe de ce droit avait reçu le coup mortel; œuvre longue, difficile, quelque chose comme un débrouillement graduel du chaos! L'organisation judiciaire était poussée assez loin pour ne pouvoir plus reculer; les justices locales, arbitraires, barbares étaient attaquées, réformées, soumises à l'appel; l'institution des baillis, le droit d'appel les rattachaient au parlement, changeaient leur nature, leur donnaient, par la jurisprudence naissante, une loi qu'elles n'avaient pas. Si l'on mesure les pas faits dans ces trois siècles par tant d'innovations successives, on trouve des pas de géant ; tous ces pas étaient dans la voie de l'affranchissement. C'est trop rétrécir nos vues que de ne considérer la vie que sous telle ou telle forme. La liberté ne pouvait pas commencer par être adulte. Qui a soutenu la nation dans ce premier âge? C'est la royauté sans doute. Elle cherchait à s'agrandir; qui l'ignore? Mais la question est de savoir si son agrandissement n'était pas la condition même du salut public. S'emparer du pouvoir militaire, n'était-ce pas l'ôter à des milliers de petits souverains qui en écrasaient le peuple? Usurper le droit de rendre la justice, bien réellement attaché depuis un temps immémorial à la jouissance du fief, n'était-ce pas créer des garanties à la justice même, qui en manquait absolument, n'étant que la volonté du maître? C'est encore trop rétrécir nos vues que de ne jamais nous montrer en action que la personne des rois : c'est l'institution royale qu'il faut voir, car c'est elle qui agit ici; c'est autour d'elle que s'élèvent et grandissent peu à peu d'autres institutions, qui coopèrent avec elle plutôt qu'elles ne lui obéissent, ou la limitent en lui obéissant..... Quand donc on parle de l'alliance de la royauté avec les classes populaires, on veut exprimer surtout la connexité de l'institution royale avec l'intérêt du plus grand nombre. Cet intérêt, dans l'origine et au sortir de la barbarie, c'était avant tout l'ordre, et l'ordre ne pouvait renaître que par le pouvoir. Il nous est facile aujourd'hui de marchander au pouvoir de ce temps-là ses moyens, de chicaner ses tâtonnements et ses ignorances et de prendre note de ses fautes : les gens d'alors n'étaient pas si sévères; ils en appelaient au roi de toutes parts, et les gros volumes du Recueil des Ordonnances et des *Olim* sont pleins de réponses à cet appel; c'est ce qu'il n'est pas permis d'oublier. Que cette politique constante, devenue une tradition souveraine et en quelque sorte une force automotrice, ait été souvent interrompue ou contrariée par des torts individuels ou par ces accidents qui viennent sans cesse troubler le cours naturel des choses, rien de moins étonnant; mais ces déviations n'empêchaient pas le mouvement de reprendre son cours, parce que la pente était toujours la même. Les rois avaient contre eux, outre les vices et les erreurs dont personne n'est exempt, les préjugés du temps, les droits acquis, les guerres civiles, les guerres étrangères, les difficultés de toute création administrative : comment ne pas leur en tenir compte ?

« Mais peut-être, depuis Philippe-le-Bel, le moment était-il venu d'une politique nouvelle, d'un changement radical dans cette constitution si péniblement échafaudée pendant les trois siècles précédents? Peut-être, au moment où les Etats généraux allaient tout faire avec bien plus de force, de constance et de sûreté, les rois les ont-ils méchamment entravés dans leurs travaux et repoussés dans leurs sages innovations ? C'est pour le prouver que M. Perrens a écrit son livre. Or, il suffit du livre même pour arriver à une conclusion bien différente. Au premier coup d'œil, il est aisé de se convaincre que, sous le roi Jean, une pareille transformation politique était impossible ou ne pouvait amener que des désastres, des réactions et des excès de pouvoir. La guerre étrangère et les intrigues d'un prétendant habile et perfide n'étaient pas les seules causes de perturbation qu'il fallût craindre : c'était pourtant déjà beaucoup, c'était assez pour que toute révolution fût inopportune, assez pour que le pouvoir dût être fortifié, bien loin d'être livré à une assemblée sans expérience et à des députations désunies..

» Il aurait fallu du moins que ces législateurs novices, inspirés par cette sagesse même qu'ils avaient dû acquérir dans l'administration des cités, comprissent d'abord combien leur nouvelle mission était disproportionnée à leurs habitudes, combien ils devaient se défier, et d'eux-mêmes, et de l'inconnu périlleux et compliqué dans lequel ils marchaient, combien il était nécessaire de s'entendre entre eux et de ne pas se laisser déborder par des gens mieux instruits de l'état des choses et animés par des passions et par des intérêts cachés, combien il importait d'éclairer et d'aider le pouvoir sans le supplanter, de supporter quelques abus pour obtenir l'essentiel et de ne pas ébranler le trône pendant que l'étranger ravageait le territoire. Ils firent tout le contraire.

» Aux États de 1351, *il fut impossible aux députés de s'entendre.* Ils entrèrent dans un esprit d'opposition qui préparait déjà les troubles des années suivantes; ils marchandèrent leurs votes, ne trouvèrent suffisante aucune des garanties qu'on leur offrait et finirent par alléguer *qu'ils n'avaient pas de pouvoir pour voter définitivement l'impôt.* On reconnaît déjà ici la marche ordinaire des agitations politiques, lorsqu'elles ont des meneurs secrets et couvrent des conspirations; aussi l'opposition avait-elle dès lors *un chef puissant* dans Charles-le-Mauvais, qui avait des prétentions au trône et contestait la loi salique, au demeurant, *n'étant point ce que de nos jours on appellerait un honnête homme; on peut lui reprocher d'avoir été un ambitieux et un artisan d'intrigues; sa parole n'était pas sûre.* On ne voit donc pas ici que les obstacles soient venus du roi mais bien des ennemis du roi. *Il fallut congédier les États généraux et recourir aux États provinciaux, qui cette année et les suivantes reçurent mission de voter les subsides.*

» Aux États de 1355, les députés, qui n'étaient venus *qu'avec des idées vagues de réformes,* voyant que le roi offrait spontanément des garanties qu'on ne lui avait pas encore demandées et se rendait à merci, *prirent de la hardiesse, et les principaux d'entre eux tombèrent d'accord presque sans avoir eu besoin de s'entendre.* Ils demandèrent que les trois ordres pussent voter ensemble, avantage considérable pour le tiers, ce qui leur fut accordé. On vota une gabelle sur le sel et une taxe sur les choses vendues, sans aucune exemption ni immunité, ni pour les princes, ni pour le roi, ni pour les deux premiers ordres; c'était l'égalité en matière d'impôts, ce qui leur fut encore accordé. Mais bientôt les empiètements commencent et les pouvoirs se confondent; les États décident qu'ils nommeront eux-mêmes les receveurs, les trésoriers, les receveurs généraux, plus une commission de neuf membres pris dans les trois ordres, lesquels surveilleront la perception. Ce n'est pas assez : cette commission législative, substituée à l'autorité royale, sera investie du droit de requérir tous les citoyens, tous les gens du roi, de les obliger à prêter main forte, et même elle pourra désobéir au roi, s'il donne quelque ordre contraire aux résolutions des États ; tout cela aussi est accordé. Puis encore, par cette force des révolutions, par cet entraînement du désordre qui fait que dès qu'on a trop pris, on est poussé malgré soi à tout prendre, il est décrété que les États seront réunis de nouveau quelques mois plus tard pour recevoir et vérifier les comptes, et *ajoute-t-on habilement, pour voter de nouveaux subsides, s'il est nécessaire...* Ainsi les États régnaient et gouvernaient, et dans quelles conditions impossibles!.. Que manquait-il à ce beau gouvernement, si ce n'est une garde citoyenne pour remplacer les troupes royales? Aussi *invitation fut faite à toutes gens de s'armer selon leur état; en revanche il fut défendu au roi d'appeler l'arrière-ban, si ce n'est dans un pressant danger.* Mais qui déclarait la patrie en danger? Les États sans doute. Peut-on imaginer une subversion plus complète de tout équilibre politique, une suppression plus entière de toutes ces résistances réciproques qui éprouvent, qui épurent et qui appuient les réformes? Si la société de 1789 n'a pu résister à ces mêmes fautes, si elle a succombé sous ces mêmes usurpations précipitées et accumulées, comment les hommes de 1355 auraient-ils pu faire marcher cette machine dont le moteur était partout et le conducteur nulle part?... Aussi dès l'année suivante tout croula.

» Il fallut donc réviser la loi de la gabelle et de la taxe, et lorsque dans cette session on en vint à un examen plus libre ou moins enthousiaste, on reconnut enfin *l'insuffisance des députés du tiers, qui n'avaient pu encore assez réfléchir à l'art si difficile de gouverner les finances d'une grande nation.* A la gabelle et à la taxe sur les ventes ils substituèrent une capitation en proportion des revenus; mais ici encore que de maladresses pour ne pas dire pis! La proportion était en sens inverse de la justice et du bon sens : les plus pauvres, possédant moins de cent livres de rentes, devaient payer 5 pour cent; ceux qui atteignaient les cent livres, 4 pour cent; ceux qui étaient plus riches, 4 pour cent pour les premières cent livres et 2 pour cent pour le reste. S'il faut juger les hommes par leurs actes, il y avait ici autre chose encore que *l'insuffisance*, il y avait l'iniquité et l'égoïsme... Mais qui donc les conduisait encore dans cette session ? Toujours cet Etienne Marcel, *dont il est impossible de ne pas reconnaître les idées et l'influence dans les résolutions des Etats de 1355 comme dans tout le reste*, et de Charles-le-Mauvais, *dont il faut voir la main dans ces révoltes et dans ces agitations*. Le roi, qu'on accuse volontiers de mettre obstacle à tout, n'empêche rien, et les États construisent tranquillement leur absurde république...

« Aux États de 1356, après la bataille de Poitiers, quand le roi est captif en Angleterre, quand les calamités et les périls se sont accrus à l'infini, les députés montreront-ils plus d'intelligence, de modération, de patriotisme désintéressé ? Non, ils sèment de nouveaux désordres et ajoutent des haines, des vengeances, des proscriptions aux extravagances anciennes. Ils votent un impôt nécessaire à la défense du pays, mais en réservant, chacun pour ses commettants, le droit de ne pas le payer, ce qui était la dérision dans l'anarchie. Ils exigent du Dauphin qu'il destitue immédiatement sept des officiers qui ont sa confiance et veulent les mettre en jugement devant une commission formée par eux-mêmes ; ils demandent de plus que leurs biens soient confisqués d'avance, en attendant qu'on les juge... Les États demandent ensuite que Charles-le-Mauvais, prisonnier dans Avignon, soit remis en liberté : sans doute les ferments de discorde n'étaient pas encore assez nombreux ni assez échauffés. Puis ils demandent que le Dauphin se prive de ses conseillers intimes et qu'à l'avenir son conseil soit nommé par l'assemblée ; *c'est moins un conseil qu'ils donnaient au Dauphin qu'une tutelle et des maîtres.* Ce nouveau conseil dirigerait toute l'administration par commissaires ; à la royauté il resterait l'inutile *veto.* « Ainsi, — dit M. Perrens, — la nation » prenait possession d'elle-même et s'essayait au gouver- » nement de ses propres affaires ; elle ne conservait guère » de la monarchie que le nom ; en plein moyen âge elle » avait imaginé le système constitutionnel des temps » modernes, auquel il ne manquait qu'une plus juste » pondération des pouvoirs, » c'est-à-dire qu'il n'y manquait que l'essence même du gouvernement constitutionnel. La nation prenait possession d'elle-même. Mais nous voyons, quelques lignes plus bas, que les bourgeois nommés au conseil n'y allaient presque jamais, qu'ils n'étaient en quelque sorte que des conseillers honoraires ou extraordinaires, et qu'ils se contentaient en général d'être représentés par les évêques de Laon et de Paris. C'étaient ceux-ci qui, sous l'inspiration d'Etienne Marcel et de Charles-le-Mauvais, avaient *pris possession* de la nation. Au reste, dans la session de 1357, on trouva moyen d'ajouter encore des folies à ces folies (1). »

Après le point de vue philosophique, celui de l'érudition pure, exacte comme les mathématiques et à la logique de laquelle il est impossible de résister ; de ce genre, sont les

(1) M. L. Binaut, *l. c. sup.*, p. 1009-1018.

preuves découlant de l'argumentation nette, précise, serrée et inexorable de M. Luce, qui unit la virilité du publiciste à la sûreté du savant explorateur des textes de notre histoire nationale. Dans la première partie de son *Examen critique* de l'ouvrage de M. Perrens, M. Luce se pose d'abord cette question : « L'auteur d'*Etienne Marcel* a-t-il apporté à la science des faits nouveaux et des documents inédits ? » La réponse à cette question est à peu près négative, si peu nombreuse et surtout si peu importante est la somme réalisée par M. Perrens (1). Mais, au moins, — insiste M. Luce, — l'ouvrage de M. Perrens rachète-t-il par l'heureux emploi des documents déjà connus cette absence à peu près complète de nouveauté et d'originalité dans les recherches que nous venons de constater ?.... On ne doit pas s'attendre à trouver ici le relevé de toutes les erreurs de détail qui se peuvent rencontrer dans l'ouvrage du jeune professeur étudié page par page (2). »

M. Perrens procède évidemment de M. H. Martin... mais par les défauts seulement ; car, pour être ou se montrer plus original que son maître ou son modèle, il s'écarte souvent de l'impartialité dont mainte page de l'*Histoire de France* porte la trace. En même temps que M. Perrens nourrit une véritable tendresse pour Charles-le-Mauvais, fauteur, à ce qu'il insinue, du gouvernement de la bourgeoisie, cet écrivain laisse percer partout la haine la plus passionnée et la plus injuste contre le dauphin Charles. Avec ce système, aux yeux du biographe de Marcel, tout ce qui n'est pas l'entourage de son héros n'est qu'une tourbe d'hypocrites, de traîtres et de mauvais citoyens ;

(1) S. Luce *l. c. sup.*, p. 240-247.
(2) P. 247 et 248.

on voit où cela mène, n'est-ce pas ?.... Aussi, il nous semble inutile d'insister sur une telle tactique, toute de parti pris.

Mais c'est surtout dans la troisième partie de son travail critique que M. Luce — examinant l'ensemble, les idées dominantes et les conclusions générales du livre de M. Perrens, — pulvérise le système du jeune publiciste, selon qui : 1° tout l'honneur des réformes élaborées par les Etats généraux de 1355 et de 1357 doit être rapporté aux seuls officiers des municipalités communales, à l'exception des légistes, des membres du clergé et de la noblesse ; 2° le dauphin Charles est bien inférieur, non-seulement à Marcel, mais même à Charles-le-Mauvais ; 3° réhabilitation et apologie sans réserve de Robert Lecoq et du roi de Navarre, présenté comme fauteur du gouvernement de la bourgeoisie ; 4° apologie sans réserve de Marcel, même après le meurtre des maréchaux, même lorsqu'il veut livrer Paris et le trône de France au roi de Navarre, malgré la France et malgré les Parisiens.

Pour répondre à la première des quatre assertions de M. Perrens, il suffit de poser ainsi la question pour la résoudre : « Tout l'honneur des réformes élaborées par les Etats généraux de 1355 et de 1357 doit être rapporté aux légistes, aux membres du clergé et de la noblesse. » Voilà ce qui est vrai et seul vrai. La plupart de ces mesures furent en effet confirmées et promulguées de nouveau en 1358 par l'assemblée réactionnaire de Compiègne, composée presque exclusivement de gentilshommes et où ne parurent point les députés du tiers, ainsi que M. Perrens lui-même le constate (1).

(1) *Et. Marcel*, 222-224.

« Mais c'est trop peu encore de dire de l'opinion de M. Perrens qu'elle est gratuite et invraisemblable ; on peut ajouter hardiment qu'elle est fausse. » Et M. Luce le prouve par la liste des membres du grand conseil de 1357... (1). »

M. Perrens paraît, de plus, avoir trois griefs principaux contre le Dauphin. Il lui reproche, d'abord, d'avoir gardé une attitude indécise et défiante, sinon ouvertement hostile vis-à-vis des Etats généraux ; — ensuite, de n'avoir jamais pardonné à Marcel le meurtre des maréchaux ; — enfin, d'avoir fait preuve de cruauté dans la vengeance qu'il tira de la rébellion de Marcel et de ses principaux complices.

M. Luce prouve de la façon la plus péremptoire qu'aucun de ces reproches n'est mérité.

Pour ce qui est de la conduite du Dauphin vis-à-vis des Etats, on peut dire que les provinces lui donnaient l'exemple de l'hostilité aux mesures prises par ces Etats (2). On peut ajouter que la destitution en masse de tous ses conseillers et officiers, dont ces assemblées lui firent une loi, était de nature à blesser quiconque eût été à sa place. Toutefois, ce qui dut le plus choquer le Dauphin, ce furent les allures insolentes et impérieuses des deux principaux chefs de la municipalité parisienne, Etienne Marcel et Charles Toussac. Quant au meurtre des maréchaux de Champagne et de Normandie, qui furent les victimes de l'aveugle fureur de Marcel, M. Perrens est lui-même forcé de convenir que ce meurtre « *que ne*

---

(1) P. 261 et 262.
(2) *Et. Marcel*, p. 108, 111, 112, 121, 122, 136, 137, 141, 147, 148, 151, etc.

» *couvrent même pas les apparences de la justice*, pèsera
» éternellement sur la mémoire de cet homme extraor-
» dinaire (1). » M. Perrens reconnaît d'ailleurs que la
responsabilité de cet attentat revient au prévôt qui en
arrêta le dessein dans un conseil tenu la veille du crime et qui présida à son exécution (2). « Marcel — dit
» M. Perrens, — vécut dans un temps où l'on ne connais-
» sait point le respect de la vie humaine, où personne,
» parmi ceux qui exerçaient le pouvoir, n'avait les mains
» pures de sang (3). »

« Cette excuse — réplique M. Luce, — mérite assurément d'être prise en considération ; mais elle n'a pas la
portée que lui prête l'auteur d'*Etienne Marcel*. Cet écrivain
oublie ici une chose essentielle, c'est que les réformateurs
tels que Marcel sont tenus, pour légitimer l'ambition de
leur rôle, d'être au-dessus de leur temps (4). »

Quant au fameux dessein de livrer clandestinement
Paris et le trône de France au roi de Navarre, qui devait
amener la fin tragique du prévôt des marchands, c'est
dans la réfutation de M. Perrens sur ce sujet capital que
M. Luce montre et la faiblesse de l'argumentation de son
adversaire et l'esprit de parti pris qui le domine de plus
en plus jusqu'au terme de son panégyrique désespéré
d'Etienne Marcel.

« Au moment — dit M. S. Luce, — où Marcel forma le
projet de livrer Paris et le trône de France au roi de Navarre,
l'exaspération des Parisiens contre ce prince et contre ses

(1) *Et. Marcel*, p. 363.
(2) Ibid., p. 187 et 193.
(3) Ibid., p. 363.
(4) P. 266.

gens d'armes était arrivée à son comble. Quelques jours seulement après avoir accepté le titre de capitaine de Paris, quelques jours après avoir fait serment de vivre et de mourir avec les habitants de cette ville, Charles-le-Mauvais les avait coup sur coup indignement trahis... Irrités de tant de déloyauté et de perfidie, les Parisiens tuèrent un jour un certain nombre de brigands licenciés par le prince de Galles, que le roi de Navarre avait cédés à Marcel et que la commune de Paris avait pris à sa solde. C'est en vain que le roi de Navarre vint à Paris et chercha à se disculper; il ne fut accueilli que par des murmures et des huées. D'un autre côté, ces mercenaires, pour venger leurs camarades, incendièrent presque aussitôt le bourg Saint-Laurent. Un autre jour, ils massacrèrent par surprise six cents Parisiens, au moment où ceux-ci, harassés par une longue excursion, rentraient tranquillement dans Paris. Enfin le lendemain de cette boucherie, ils tuèrent cent vingt bourgeois désarmés qui s'étaient avancés dans la campagne pour donner la sépulture à leurs parents morts..... Eh bien, c'est dans de telles circontances, c'est à un tel prince que Marcel, contre la volonté et à l'insu des Parisiens, forma le dessein de livrer sans condition Paris et le trône de France. Si jamais acte mérita le nom de trahison, assurément c'est celui-là. M. Perrens ne veut pas en convenir : « Dans la réalité cependant, dit-il, il
» n'y avait point de trahison, mais seulement une tenta-
» tive prématurée (1)... Il y avait sans doute de l'inconvé-
» nient à faire cette révolution sous les yeux des Anglais,
» toujours prêts à profiter de nos discordes; *mais l'amitié*

---

(1) *Et. Marcel*, p. 310.

» *qu'ils n'avaient cessé de marquer au roi de Navarre per-*
» *mettait de croire qu'ils ne traverseraient pas le dessein de*
» *le porter sur le trône* (1). »

Charles-le-Mauvais fut toute sa vie la créature de l'Angleterre, dont il était soudoyé, et c'est une des raisons qui doivent faire condamner, avec le plus de force, le projet qu'avait formé Marcel de livrer le trône de France au roi de Navarre. Il faut tout le bon vouloir de M. Perrens pour voir dans cette circonstance aggravante une excuse de la trahison du prévôt. Sans doute, c'est la France, et non pas l'Angleterre, qui aurait traversé le dessein de porter le roi de Navarre sur le trône; seulement, si ce dessein avait réussi, le roi Edouard d'Angleterre, à titre de patron et de soutien de Charles-le-Mauvais, aurait voulu avoir sa part du gâteau et n'aurait pas manqué de se faire celle du lion.

« Etienne Marcel — dit encore M. Perrens, — n'ignorait
» pas que les peuples, incapables pour l'ordinaire de
» prendre ces résolutions soudaines qui décident des évé-
» nements, se soumettent aux mesures qu'on a prises
» sans eux ou contre eux, et que, pour les gagner, ou du
» moins pour leur imposer silence, il n'y a qu'à ne pas
» leur donner le temps de se reconnaître (2). »

« M. Perrens devra regretter d'avoir écrit les deux phrases suivantes, toujours pour justifier Marcel du reproche de trahison, lorsque ce prévôt forma le dessein de livrer Paris et le trône de France au roi de Navarre : « Dans
» la réalité, dit cet écrivain, il n'y avait point de trahison;
» mais seulement une tentative prématurée. La forte in-
» telligence des chefs de la bourgeoisie pouvait seule
» comprendre, en ce temps-là, que *la France* n'appartenait

(1) Ibid., p. 310 et 311.
(2) Ibid., p. 310.

» ni à Jean ni à Charles et qu'elle *devait être maîtresse*
» *d'elle-même* (1). »

Et plus loin : « Quel magnifique résultat et quel pro-
» grès pour la France, si *le gouvernement de la nation par*
» *elle-même y eût prévalu dans le même temps qu'il s'établis-*
» *sait en Angleterre* (2) ! »

« Ainsi, provisoirement et dans l'espèce, le meilleur
moyen, d'après M. Perrens, de *faire prévaloir le gouvernement de la France par elle-même*, c'était de livrer, malgré
Paris et malgré la France, Paris et le trône de France à
Charles-le-Mauvais, à cet ami, ou plutôt à ce client soudoyé des Anglais, qui était généralement détesté en France,
et qui était devenu odieux aux Parisiens eux-mêmes
depuis qu'il les avait indignement trahis !...... Je croirais
faire injure à mes lecteurs en insistant davantage sur de
telles aberrations. Il faut se contenter de les signaler
et plaindre sincèrement l'écrivain qui, cédant à l'influence
de la passion et du parti pris, n'a pas craint d'offenser
d'une manière aussi révoltante, je ne dis pas seulement
la vérité historique, mais même le sens commun (3). »

Voilà certes deux réponses catégoriques aux assertions
plus que hasardées de M. Perrens ; cependant, comme
l'erreur et le mensonge ont la vie dure, — en la même
année (1860), M. Le Bas, dans l'article *Marcel*, de la *Nouvelle biographie générale* (4), résumant, à sa façon, le livre
de M. Perrens, écrivait : « La courte carrière de Marcel a

---

(1) Ibid., p. 310.
(2) Ibid., p. 311.
(3) S. Luce, p. 278-281.
(4) Tome XXXIII (1860), col. 433-442.

laissé dans l'histoire de France une trace ineffaçable (1), » et il formule, en ces termes, le résumé de cette existence si agitée et si stérile tout à la fois : « Telle fut cette grande tentative de réforme politique qui, si elle eût pu durer, aurait fondé la liberté en France sur des bases aussi solides et plus larges qu'en Angleterre. Mais les deux meneurs de l'entreprise rencontrèrent dans l'apathie des provinces, dans l'inintelligence et le mauvais vouloir de la noblesse, enfin dans la faiblesse du clergé, des obstacles insurmontables. Ils n'évitèrent pas non plus les erreurs graves, et ils succombèrent sous le poids de leurs fautes presque autant que sous les difficultés de leur tentative (2). »

MM. Sismondi, H. Martin et Perrens sont les principaux garants invoqués par M. Le Bas qui, du reste, n'a fait que revoir et allonger l'article qu'il avait déjà consacré à Marcel, dans son *Dictionnaire historique de la France*.

En 1865, M. Dareste — dans sa remarquable *Histoire de France* (3), — juge *ainsi Étienne Marcel :*

« Marcel finit comme Arteveld et Rienzi, ses contemporains. Compromis personnellement et menacé par une réaction redoutable, il arma Paris, entreprit de faire la loi au Dauphin, et de chef d'un grand parti de gouvernement, il devint le chef d'une simple insurrection. Tombé de l'opposition dans la révolte, il commença par le meurtre des maréchaux, et il finit par l'alliance des Jacques et des bandes anglaises. Il mourut comme un conspirateur vulgaire, laissant une mémoire équivoque, dont la réhabilitation n'aurait sans doute pas été essayée de nos

---

(1) T. XXXIII (1860), col. 433 et 434.
(2) P. 437 et 438.
(3) Tome II, p. 487.

jours, si son nom n'était demeuré attaché à la première grande tentative de contrôle du gouvernement par les États généraux. »

L'opinion et la vérité font leur chemin, à l'égard du trop célèbre prévôt des marchands : en 1872, dans son excellent livre *M. H. Martin et son histoire de France* (1), M. de l'Epinois réfutant les principales erreurs recueillies dans cet ouvrage dont la réputation a dépassé le mérite réel, — arrivé à l'épisode d'Etienne Marcel, dit : « Aux yeux de M. H. Martin, l'insurrection de 1356 apparaît comme une réaction vengeresse contre toutes les hontes royales. Marcel est à la tête du peuple : « Tout ce que disait Marcel était juste et bon, » écrit M. Martin, qui le représente comme le directeur du « premier essai du gouvernement représentatif en France et comme la plus grande figure du xive siècle (2). « Marcel voulut, le premier en France, » fonder le gouvernement de la nation par elle-même, » il voulut substituer au gouvernement de ceux qui » commandaient par droit de naissance le gouvernement » des plus capables et des plus honnêtes ; » phrase qui sent trop évidemment son xixe siècle. Or M. Perrens (3), ayant soutenu la même thèse que M. Martin dans un livre spécial, a vu toutes ses assertions réfutées, pulvérisées, pièces en main, par un ancien élève de l'École des Chartes, M. Simon Luce (4). C'était une exécution. M. Perrens

(1) P. 225-229.
(2) *Hist. de France*, tome V, p. 213.
(3) *Etienne Marcel*.
(4) *Bibliothèque de l'Ecole des Chartes*, 5e série, tome I, p. 251. (Examen crit. de l'ouvrage intitulé : *Etienne Marcel*, etc.) Cf. *Etienne Marcel et la Révolution de* 1356, par M. de Beaucourt, (Paris, 1862.)

parlait, lui aussi, du « grand Étienne Marcel, » et « du
» génie gaulois apparaissant alors avec une jeunesse nou-
» velle. » M. H. Martin ne voit pas qu'Étienne Marcel, loin
d'être un libérateur, fut à la tête du mouvement désor-
donné qui aboutit à l'abandon des destinées de la France
entre les mains de Charles-le-Mauvais, la créature sou-
doyée des Anglais ; que sa dictature fut funeste (1), que,
s'il ne provoqua pas la Jacquerie, il l'encouragea, qu'enfin
pendant toute cette période, il faut séparer le mouvement pacifique et juste de 1355 du mouvement violent
et injuste dirigé par Étienne Marcel en 1356. Le
savant M. Lacabane (2) a parlé avec raison des « coupables projets » d'Étienne Marcel: l'histoire ne doit pas
les désigner d'un autre nom. Ce qu'il y avait de généreux
dans le mouvement de 1355 fut consacré par une assemblée composée des adversaires de Marcel. Elle se réunit
le 5 mai 1356 et rendit, en s'inspirant de la pensée des
Etats, les fameuses ordonnances qui portent cette date.
Marcel n'avait cherché qu'à exploiter le mouvement et il
l'avait déshonoré. M. H. Martin écrit alors : « Le parti
» royal mettait l'anarchie en France pour empêcher le
» gouvernement des Etats de se fonder (3), » gouvernement dont Marcel eût été le chef ; or, cette phrase ne
repose sur rien d'exact. Si Marcel eût triomphé, a écrit

---

(1) Cependant, M. Martin reproche à Marcel deux fautes : sa
fatale violence et sa modération tardive. (*Hist. de France,* tome
V, p. 389.)
(2) *Bibliothèque de l'Ecole des Chartes,* 1re série, tome I,
1839-1840, p. 80. (*Mémoire sur la mort d'Etienne Marcel.*)
(3) *Histoire populaire,* tome I, p. 378.

plus justement M. Mignet (1), « la France eût été une multitude de républiques municipales comme l'Italie. » C'eût été précisément l'anarchie, que M. Martin reproche au parti royal d'avoir amenée en France ; bien plus, le triomphe de Marcel et des gens d'armes navarrais eût été, M. Siméon Luce le fait justement entendre (2), le gouvernement de la France par la Terreur, avec un nouveau Comité de salut public. On ne peut donc prendre, avec plus de naïveté que ne le fait M. Martin le contre-pied de la vérité dans l'histoire.

« En racontant l'histoire du règne de Charles V, M. Martin dit avec raison que ce monarque « restaura l'indépendance nationale ; » mais M. Martin, tout entier à la poursuite d'un idéal politique, est-il juste, en reprochant à Charles V la destruction « de la liberté dans le présent et dans l'avenir ? (3) » « L'histoire, ajoute-t-il, ne doit pas oublier qu'à l'intérieur Charles V fit avorter l'essai d'un gouvernement libre (allusion à sa résistance à Etienne Marcel,) et fraya la funeste route de la monarchie absolue (4). »

« Ces jugements sont-ils équitables ? Est-il tenu assez compte à ce roi, un des plus habiles dont la France puisse se glorifier, des services rendus pour réparer les désordres matériels et moraux causés par les discordes civiles et les malheureuses tentatives de révolution ? Je ne le crois pas. »

---

(1) *Journal des Savants*, 1855, p. 372.
(2) *Biblioth. de l'Ecole des Chartes*, l. c. p. 280.
(3) *Hist. de France*, tome V, p. 305.
(4) Ibid., p. 333.

Enfin, en 1873, M. Guizot (1) semble — au moins jusqu'à nouvel ordre, — avoir dit le dernier mot sur Marcel, son rôle et le jugement que l'on en doit porter :

« Ainsi périt, après trois ans à peine de vie politique et par la main de ses anciens amis, un homme d'une capacité et d'une énergie rares, qui, à son début, n'avait formé que de patriotiques desseins et s'était promis sans doute une meilleure destinée... Il tomba dans une erreur capitale : il tenta d'abolir, pour un temps du moins, le gouvernement qu'il voulait réformer, et de substituer à la royauté et à ses agents le peuple et ses élus. Depuis plus de trois siècles, la royauté était le pouvoir public qui s'était formé et développé naturellement en France, en secondant le travail naturel de la formation et du développement de la nation française ; mais ce travail était encore très-peu avancé, et la nation naissante était hors d'état de prendre place en tête de son gouvernement. Etienne Marcel entreprit de faire, par les États généraux du quatorzième siècle, ce qu'au dix-neuvième, et après tous les progrès de la nation française, nous n'avons pas encore réussi à accomplir, le gouvernement du pays par le pays lui-même. Marchant d'excès en excès et d'échec en échec dans son impossible entreprise, Marcel se trouva bientôt engagé dans une lutte ardente contre l'aristocratie féodale,... en même temps que contre la royauté. Réduit à n'avoir pour force, dans cette lutte, qu'une démocratie municipale incohérente, inexpérimentée, très-divisée dans ses propres rangs et une insurrection furieuse dans les campagnes, il tomba rapidement dans

---

(1) L'*Histoire de France racontée à mes petits enfants*, tome II, p. 154 et 155.

l'égoïste et criminelle situation d'un homme préoccupé surtout de son propre salut; il le chercha dans une indigne alliance avec le plus pervers des ambitieux de son temps, et il eût livré sa propre cité comme la France au roi de Navarre et aux Anglais, si un autre bourgeois de Paris, Jean Maillart, ne l'eût arrêté et mis à mort au moment où le patriote des États généraux de 1355 allait devenir traître envers sa patrie. Treize ans à peine auparavant, quand Etienne Marcel était déjà un homme fait, le grand bourgeois Flamand, Jacques d'Artevelde, avait tenté, pour les libertés de son pays, une entreprise analogue, et après une série d'abord de grandes actions, puis de fautes analogues aussi à celles de Marcel, il était tombé dans le même abîme, et il avait péri de la main de ses concitoyens, au moment où il travaillait à faire passer la Flandre, sa patrie, sous un maître étranger, le prince de Galles, fils du roi d'Angleterre Edouad III. De toutes les séductions politiques, la démocratique est la plus tentante, mais aussi la plus corruptrice et la plus trompeuse quand, au lieu de garantir, dans l'intérêt de la démocratie, les libertés publiques, on prétend la mettre en possession directe du pouvoir suprême et l'exercer soi-même avec son seul appui.»

LE CARACTÈRE DE CHARLES V, DIT LE SAGE

Peu de rois ont régné aussi jeunes que ce prince et, dans un règne relativement court et surtout si cruellement agité, ont fait d'aussi grandes choses, non par les armes mais encore par la diplomatie. Monté sur le trône, à l'âge de vingt-sept ans, — pendant dix-sept ans Charles V répara les maux innombrables de la France et déploya une activité patiente et puissante à la fois, qui déconcerta ses nombreux ennemis en même temps qu'elle lui mérita de ses contemporains le beau surnom de *sage,* que la postérité lui a confirmé.

Tel est — en quelques mots, — le caractère de ce règne et de ce roi, si mal appréciés de nos modernes historiens, en proie à un système de parti pris qui leur a faussé la vue, si l'on peut s'exprimer ainsi, et a fait, qu'alors même que l'évidence des preuves les réduisait à reconnaître, comme malgré eux, le mérite et les services réels de Charles V, elle ne leur a inspiré en fin de compte qu'une sorte de terreur à l'égard de ce monarque, que son caractère en même temps que l'ordre des temps place immédiatement après Louis IX et fait le précurseur de Louis XI, dont il fut le bisaïeul. Il est vrai que Louis IX et Louis XI sont peu sympathiques à la plupart de nos modernes historiens, libéraux et souvent même révolutionnaires, selon que le sens religieux leur manque plus ou moins complétement.

La pensée d'une étude sur le caractère de Charles V nous est venue et nous devait venir naturellement, à la suite de nos recherches sur l'épisode d'*Etienne Marcel*, où nous avons déjà commencé à venger la mémoire si indignement outragée, de ce même roi alors à ses débuts difficiles de lieutenant général, puis de régent du royaume pendant la captivité de son père.

En reproduisant quelques pages remarquables de M. L. Binaut sur la façon déplorable dont M. Perrens s'est fait l'apologiste à outrance de la démagogie du xive siècle contre le Dauphin Charles, nous réservions de nouvelles et importantes citations de cet article si nerveux et si fort de logique dont nous voulons faire l'entrée en matière et comme le thème de l'étude que l'on va lire.

Voici donc ce que dit, avec une haute raison, M. Binaut (1) :

« Cette distribution si tranchée du mérite et du démérite, qui met tout le bien d'un côté et tout le mal de l'autre, est suspecte en elle-même et à première vue. Lors même qu'il en serait autrement, lors même qu'à une certaine époque toutes les extravagances et toutes les fourberies se seraient donné rendez-vous dans le palais des rois, il ne s'ensuivrait, pour cela, aucune condamnation générale contre la politique séculaire de la royauté. On pourrait

---

(1) *Revue des Deux-Mondes*, 15 juin 1860, p. 1019-1021, *passim*.

abandonner à la réprobation de l'histoire le roi Jean et son fils et leurs ministres et leurs généraux, qu'il n'en resterait pas moins vrai que la monarchie, en son temps, a été nécessaire, qu'elle a été pour la France en particulier le plus puissant agent de l'unité, de la justice, du nivellement peut-être excessif qui nous distingue, et qu'elle a droit d'être jugée d'après cette grande fonction si longtemps remplie et non d'après les vices et les travers de quelques individus.

» Toutefois, comme cette sorte de partialité dans l'histoire devient assez commune, quelques considérations plus générales sur ce sujet ne seront sans doute pas inutiles. Il s'agit de justice et à ce titre la question ne laisse point que d'avoir pour nous un intérêt fort direct. La justice envers les hommes d'autrefois n'est point du tout indifférente à nos destinées d'aujourd'hui. La justice de l'historien est un des grands intérêts publics, car l'histoire c'est la patrie, et l'inique diffamation du passé est la discorde et la faiblesse du présent. La justice possède une force de conciliation qui, laissant à chaque individu, à chaque classe sa part d'honneur, et ne concédant à personne le monopole des mérites, éteint en les expliquant les querelles du passé au profit de l'avenir. L'historien n'a pas le droit d'écouter ses sympathies, de plaider pour sa race, pour sa profession, pour son parti. Et pourtant, depuis Boulainvilliers (1), c'est à dire depuis qu'on a commencé à reconnaître dans notre histoire et à suivre de siècle en siècle une lutte de classes qui a son origine

(1) *Histoire de l'ancien gouvernement de la France*, avec quatorze lettres sur les Parlements ou Etats généraux (1727, in-12.)

dans la conquête, et qui s'est perpétuée jusqu'à nous, une secrète partialité a toujours réfléchi sa teinte sur l'exposition des faits de ce grand drame ; les meilleurs esprits n'en sont pas tout à fait exempts. Chez d'autres, le réquisitoire ou panégyrique est le fond même de ce qu'ils appellent l'histoire, et l'on voit trop souvent la polémique contemporaine, plus ou moins déguisée, remonter avec ses passions dans les temps écoulés, y altérer sinon le matériel des faits, au moins leur proportion, leur mesure, leur caractère, supprimer ceux qui la gênent, faire grande place et grand jour à ceux dont elle veut tirer des arguments pour sa cause, de sorte que, tout en disant des choses vraies, on arrive ainsi à la plus fausse représentation de l'ensemble, et le lecteur sort de là rempli de haines rétroactives, d'admirations mal fondées et d'impressions troubles qui corrompent le jugement et sur les choses d'autrefois et sur celles d'aujourd'hui. Il est difficile sans doute de se détacher entièrement, dans l'intérêt austère de la seule vérité, des croyances auxquelles on appartient, du sang dont on est sorti. Lorsqu'on voit ses ancêtres lutter pendant de longues générations pour s'affranchir, tant de lenteurs contristent : on voudrait les voir s'émanciper plus vite, même par de grands coups, mais il faut que l'historien se corrige de ces illusions et de ces impatiences, le fruit de l'histoire est à ce prix. Il faut qu'il s'apprivoise à mettre le temps comme un élément nécessaire en toutes choses ; ni la nature ni l'humanité ne se développent par secousses. Il faut qu'il tienne compte de toutes les circonstances au milieu desquelles les hommes ont vécu, parce qu'ils y vivaient comme dans un élément qu'ils n'avaient point choisi, et sans pouvoir même en imaginer un autre. Ce n'est qu'en comprenant les nécessités des autres époques que nous saurons comprendre les nôtres. . . . .

» Mais à part cette considération, il en est une autre qui suffit à elle seule : c'est celle de la vérité en elle-même. Quiconque a cherché, même autour de lui, la vérité sur les hommes et sur les choses contemporaines, quiconque a observé les révolutions, les partis, l'influence des situations, l'inextricable complexité des causes, l'infinie variété des motifs, et s'est surpris soi-même dans de faux points de vue et dans des perspectives trompeuses, a dû apprendre combien est rare la certitude sur la valeur des actes et sur la moralité des intentions. A plus forte raison sentira-t-il la nécessité d'écarter toute suggestion des préjugés, tout esprit personnel et de s'élever à la sérénité suprême de la pure intelligence, s'il s'agit d'hommes et d'événements ensevelis depuis longtemps dans le lointain obscur du passé. »

M. Sismondi — à la veille de 1830, un des libéraux à outrance de 1828, époque à jamais désastreuse dans notre histoire, — M. Sismondi se montre particulièrement hostile à Charles V, dans son volumineux ouvrage. Une sorte d'attrait irrésistible et inexplicable au premier abord, caractérise la façon fiévreuse, inquiète et presqu'irritée dont l'auteur de l'*Histoire des Français* aborde le règne de ce roi :

« Depuis que son père était demeuré captif à la bataille de Poitiers, près de huit ans auparavant, il avait été presque toujours dépositaire de l'autorité royale en France. Il était donc bien connu du peuple sur lequel il était appelé à régner ; mais cette connaissance n'avait inspiré pour lui ni affection, ni estime, ni confiance. Les soldats et la noblesse lui reprochaient sa lâche conduite à Poitiers, qui avait causé la perte de la bataille, la captivité de son père et le danger, presque la ruine du royaume. Les bourgeois avaient été trompés et sacrifiés par lui; ils avaient été punis par des supplices pour s'être fiés à ses serments. Les paysans non-seulement avaient éprouvé, par sa faute, le pillage des gens de guerre et tous les genres de calamité; ils avaient pu croire, dans le temps de la Jacquerie, qu'ils étaient pour lui un objet de haine et que ce prince désirait leur extermination. Le Dauphin, redouté et méprisé du peuple, n'était pas vu d'un meilleur œil par ses parents..... et l'on cherche en vain quel était le prince, quel était l'ordre de l'Etat qui prenait confiance dans le nouveau roi.

» Cependant Charles V est connu de la postérité sous le surnom de Charles le Sage, et son règne, placé entre deux des époques les plus calamiteuses de l'histoire de France, présente, si ce n'est une période de prospérité, du moins un retour assez marqué au dedans vers l'affermissement de l'ordre, au dehors vers le rétablissement de la puissance. Les désastres que son père et son aïeul avaient attirés sur la France furent à peu près réparés pendant son règne de seize ans, et on lui a tenu compte, non-seulement de tout le bien qu'il avait fait, de tout celui qui, de son temps, s'était fait de lui-même, mais encore de tout le mal que s'étaient fait ses adversaires.

» Charles V fut surnommé par ses contemporains, plutôt le savant, *sapiens*, que le sage, parce qu'il avait reçu une éducation plus littéraire que les princes auxquels on le comparait. Une pédante fille de son astrologue, Christine de Pisan, nous a laissé son panégyrique : c'est un écrit où il est aussi difficile de trouver un trait caractéristique du prince qui en est l'objet qu'un sentiment vrai, une pensée digne d'éloges dans l'auteur. Christine de Pisan mérite cependant d'être crue quand elle parle de l'érudition du roi qu'elle célèbre...

» Ce n'est pas à cause de la confiance que le roi Charles V accorda aux astrologues, ou des progrès qu'il fit lui-même dans l'astrologie, que la postérité a confirmé le nom de *sage* que porte ce roi. Elle a été frappée du contraste entre son immobilité et ses conquêtes : il était faible, maladif, d'un caractère peureux; il ne parut plus dans les armées après la bataille de Poitiers : dans son palais même il vécut caché en quelque sorte; il n'attira l'attention par aucune action brillante d'aucune espèce; il fut rarement mentionné par les historiens contemporains; il ne laissa ni dans les lois, ni dans les actes diplomatiques aucune trace signalée, et cependant il regagna presque toutes les provinces que les Anglais avaient enlevées à son père. On lui a fait un mérite de l'obscurité même qui le couvrait : on a jugé qu'il avait tenu dans la main tous les fils des événements, mais que ces fils étaient si déliés qu'il n'en était rien resté après lui, et on lui a tenu compte d'une science occulte, autre que l'astrologie, par laquelle il dirigeait l'Europe (1).

» Charles V, à qui la faiblesse de sa santé ne permettait guère de s'éloigner de son palais, croyait convenable d'affermir son pouvoir sur les provinces plus éloignées, en les faisant gouverner par ses frères (2).

» Charles V, quoiqu'il ne quittât guère ses appartements pour ménager sa santé délicate, commençait à manifester la ferme volonté de purger la France des brigands qui

(1) *Sismondi, op. cit.*, tome XI, p. 1-3.
(2) Id. ibid., p. 14 et 15.

l'infestaient et de demeurer seul maître dans toutes les provinces. Il avait montré de l'habileté dans le choix des capitaines qu'il employait et peut-être plus d'habileté encore dans la détermination de ne point rassembler de grandes armées mais de profiter de ce que ses gentilshommes recommençaient enfin à apprendre l'art de la guerre, pour les employer isolément et comme chefs de partisans (1).

» La France commençait enfin à respirer après les souffrances cruelles que lui avaient infligées les guerres des Anglais et des Navarrais, les guerres civiles, les ravages des compagnies, la famine et la peste. On serait embarrassé d'indiquer ce que le gouvernement faisait pour elle qui pût contribuer à la soulager de tant de maux. Les ordonnances du roi témoignent plutôt qu'il attendait, qu'il laissait faire, et que sans plan, sans idées générales, sans projets de réformes, il avait du moins le mérite de ne pas fatiguer ses sujets par une inquiète activité (2).

» Frappé du souvenir des grandes défaites qu'avaient éprouvées les Français depuis le règne des Valois, il s'était fait la règle d'éviter toute bataille, et il y persista, même lorsque tous les avantages semblaient être de son côté; mais en même temps il se proposait une autre sorte de conquête, celle de rattacher au parti français les gentilshommes qui s'étaient dévoués à Edouard, qui avaient acquis de la réputation dans ses armées, ou qui, par l'étendue de leurs fiefs, exercèrent une grande influence dans les provinces (3).

(1) Id. ibid, p. 16 et 17.
(2) Id. ibid., p. 59.
(3) Id. ibid., p. 85 et 86.

» Les Anglais, irrités, redoublaient de hauteur et s'aliénaient les seigneurs alliés et le peuple conquis.

» Charles V, au contraire, profitait de la fortune qui commençait à se montrer favorable, pour persuader à ses sujets qu'il était digne de leur amour et de leur confiance. Quel que fût son besoin d'argent, il ne chercha point à s'en procurer par de ruineuses variations des monnaies, comme avaient fait ses prédécesseurs ; il ne multiplia point les taxes injudicieuses, mais il s'adressa aux Juifs, qui seuls possédaient de grands capitaux, et en retour pour leurs avances, il leur accorda une protection efficace (1).

» A mesure que des révoltes éclataient parmi les sujets français de son adversaire, il se hâtait de confirmer les priviléges et les immunités des villes qui se donnaient à lui, ou même d'y ajouter... Enfin, comme il était obligé de demander aux particuliers le sacrifice d'une partie de leurs jouissances, il donna lui-même l'exemple des retranchements en faisant porter à la monnaie la plus grande partie de sa vaisselle, dont il fit fabriquer des blancs deniers d'argent pour payer ses troupes (2).

» Charles V poursuivait la guerre avec pusillanimité, et cependant avec succès.

» De tous les mérites auxquels la nation française pouvait prétendre, aucun ne semblait plus inhérent à sa nature que celui d'une brillante valeur.... On ne peut se figurer un contraste plus étrange que celui que présentait une telle nation, conduite par un roi tel que Charles V. Ce roi,

(1) Id. ibid., p. 114 et 115.
(2) Id. ibid., p. 115-116.

presque toujours caché dans le fond de son palais, dirigeait tout en silence par ses ordres secrets, préparant, comme un magicien, les événements sans les voir; osant les choses les plus hasardeuses et redoutant cependant le moindre combat; renouvelant sans provocation, sans que ses peuples le désirassent, une guerre qui avait failli le précipiter du trône et interdisant cependant toute bataille à ses soldats, même lorsque le plus grand avantage du nombre semblait leur assurer la victoire, et, ce qui était plus étrange encore, ce roi, qui faisait subir successivement le reproche de lâcheté à tous ses capitaines, à tous soldats, les faisant marcher cependant de succès en succès, et dans un court espace de temps recouvrait toutes les provinces que son père et son aïeul avaient perdues.

» Ce singulier spectacle ne peut, il est vrai, être mis complétement sous nos yeux. Charles V reste à jamais dans l'ombre où sa politique l'avait fait se cacher. Sa vie silencieuse n'a laissé presque aucun monument qui nous aide à le connaître. Froissart est, pour la France, le seul historien de cette époque: on croirait d'abord que Froissart avec son naïf bavardage ne laisse rien à désirer;... mais Froissard ne donne aucune attention à la politique; il ne songe pas même à démêler les projets ou le caractère de Charles V; il semble oublier son existence; il parle à peine de lui.... Charles V est donc réellement un des rois de France qu'on arrive le moins à connaître. Au reste, il n'y a pas perdu; le mélange de mauvaise foi et de lâcheté que décèlent ses actions l'aurait rendu d'autant plus odieux qu'il aurait paru sous un plus grand jour, tandis que les résultats généraux de son règne, des conquêtes et des économies par lesquelles il amassa un trésor considérable lui ont fait conserver le nom de sage, que la pédante Christine de Pisan lui avait donné (1). »

Quel mélange d'admiration et de mépris, à la fois, dans ce tableau du règne et des actes de Charles V ! M. Sismondi grince des dents en avouant, malgré lui, les mérites réels et par conséquent incontestables de Charles V. Mais, pour se délasser quelque peu d'une telle fatigue, d'une telle torture ou tout au moins de l'obsession à laquelle le mettent en proie ses souvenirs, il s'empresse de témoigner de sa sympathie pour les Anglais (2) et essaie de mettre la justice et le droit du côté du roi de Navarre et des ennemis de Charles V et de la France.

En habile tacticien, au lieu d'attaquer les Anglais, Charles V les faisait attaquer par leurs voisins et détachait d'eux leurs alliés ; il les usait surtout en les ennuyant et en temporisant, comme avait fait, dans l'antiquité, Fabius, et comme devait le faire avec tant de succès, au commencement de notre siècle, Wellington à l'égard de nos armées, en Espagne et ailleurs : c'est de bonne guerre...

Peu avant Noël (1373), — poursuit M. Sismondi, — les Anglais arrivèrent à Bordeaux, après une marche de plus de deux cents lieues au travers de la France ; mais l'armée si brillante avec laquelle ils étaient partis de Calais était affaiblie, épuisée, découragée. Elle n'avait pas conservé quarante chevaux de plusieurs milliers avec lesquels elle était partie ; elle était hors d'état de rien entreprendre, et cependant son équipement avait tellement ruiné Édouard III, qu'il ne pût plus, pendant

---

(1) Id. ibid., p. 123-126.
(2) Id. ibid., p. 129.

le reste de sa vie, faire un effort vigoureux pour recouvrer ses possessions françaises, tandis que Charles V s'applaudissait d'avoir dit à ses généraux : « Laissez-les » aller ; par fumières (1) ne peuvent-ils venir à notre héri- » tage ? Il leur ennuiera, et iront tous à néant. Quoique » un orage et une tempête se appert à la fois en un pays, » si se départ depuis et se dégâte de soi-même ; ainsi » adviendra-t-il de ces gens anglais (2). »

Le règne dont on vient de voir le tableau n'est pas une époque ordinaire, non plus que Charles V un roi du commun ; on voit comment M. Sismondi traite l'un et l'autre, par ce système déplorable du parti pris dont M. Binaut a fait si complète justice, à propos de l'*Etienne Marcel*, de M. Perrens.

Cependant, le résumé de ce règne par l'irascible libéral est dans une note relativement adoucie, quoique encore peu sympathique ; un aveu formulé dans de telles conditions n'en a, ce semble, que plus de prix, parce qu'on ne peut le soupçonner de partialité, — bien au contraire.

« Nous avons cherché à faire connaître Charles V tel qu'il s'était montré à ses sujets, tel que l'avaient jugé les étrangers, lorsqu'il était monté sur le trône ; entaché par un trait signalé de lâcheté à la bataille de Poitiers, et ayant donné depuis, dans ses deux régences, des marques incontestables d'incapacité, de pusillanimité, de négligence et de mauvaise foi, il n'avait alors inspiré à ses sujets, qui avaient eu tout le temps de le connaître, ni affection, ni estime. Il était parvenu à la royauté dans les circons-

---

(1) « Incendies. »
(2) Froissart, cité par M. Sismondi, *op. cit.*, p. 188 et 189.

tances les plus défavorables : son trésor était vide et cependant chargé d'une dette énorme à payer aux étrangers ; son armée était humiliée et désorganisée ; ses sujets, diminués de moitié par la peste, la guerre et la famine, étaient foulés en même temps par ses propres officiers et par des brigands plus maîtres que lui dans le royaume.

» Le même Charles V, après cinq années d'un règne dans lequel il n'avait encore racheté aucune de ses fautes, après avoir paru occupé moins à conquérir l'estime qu'à se cacher et se faire oublier, avait attaqué les redoutables vainqueurs qui avaient humilié son père et son aïeul, et sans leur livrer de bataille, il les avait chassés peu à peu devant lui ; il leur avait repris le Ponthieu, le Quercy, le Limousin, le Rouergue, la Saintonge, l'Angoumois et le Poitou ; il avait engagé les feudataires de la haute Gascogne à se donner à lui ; il avait enlevé au roi de Navarre les villes qui mettaient dans sa dépendance les approvisionnements de Paris ; il avait expulsé le duc de Bretagne, en peu de semaines, d'un duché que celui-ci avait conquis, par plusieurs années de guerres civiles.

» Ces succès constants, progressifs, qui, chaque année, passaient l'attente universelle, nous forcent enfin à reconnaître que l'homme, qui s'était décrié comme Dauphin, avait dû changer depuis qu'il était monté sur le trône ; qu'il avait développé des qualités qu'on ne soupçonnait point en lui. En cherchant alors à embrasser tout le plan de sa politique, on est plus étonné encore de ce qu'il avait pu accomplir. Au dehors, il avait favorisé en Castille une révolution qui avait soustrait les peuples à une effroyable tyrannie, mais qui, en même temps, avait donné à la France un allié reconnaissant dans le roi qu'elle avait mis sur le trône. Sur la frontière du Nord, Charles V avait rattaché la Flandre à la France, en assurant à son frère la succession de ce comté; il avait conservé au levant l'amitié de son oncle Charles IV, empereur d'Allemagne, et celle de son beau-frère Jean Galéas Visconti, souverain de presque toute la Lombardie.....

» Au dedans, les compagnies d'aventuriers avaient disparu; la sûreté était revenue sur les grandes routes, l'obéissance et l'ordre se rétablissaient; le peuple, s'il n'était pas heureux, cessait du moins de faire entendre ses plaintes; l'autorité royale n'était plus disputée par personne, les assemblées des Etats, d'abord dépouillées de crédit, avaient cessé d'être consultées, et de toutes parts, les sujets qu'un traité humiliant avait détachés de la monarchie, secouaient à leurs propres périls le joug de l'étranger pour redevenir français.

» Cette progression constante de la puissance royale qui s'étend et s'affermit par une marche graduelle, d'après un plan formé d'avance et suivi sans déviation, témoigne de la volonté ferme et stable, de la capacité, du talent d'un esprit supérieur qui dirige l'Etat. Après tout ce qui avait précédé, on ne s'attendait point à le trouver dans le cabinet où il se cache, on hésite à le reconnaître. Mais cependant, ses plans, que l'on comprend enfin, en les voyant exécutés, ne sauraient laisser de doute, et ce Charles V, qu'on avait méprisé pour sa pusillanimité et sa fausseté, ne saurait être un homme ordinaire.

» Autour de lui, Charles V avait rassemblé pour être les instruments de sa politique mystérieuse des hommes peu éminents en naissance, peu connus du peuple, à peine nommés par les historiens contemporains... Guillaume de Dormans, cardinal de Beauvais et chancelier, son frère Michel de Dormans, le cardinal d'Amiens qui dirigea les finances, Philippe de Savoisy, qui garda le trésor, Bureau de la Rivière enfin, le secrétaire en qui Charles avait le plus de confiance, eurent probablement beaucoup de part à former le système de politique et d'administration que suivit leur maître, tout comme du Guesclin et Olivier de Clisson tracèrent sans doute les plans de campagne qu'ils exécutèrent ensuite. Mais comme la responsabilité des fautes de Charles V pèse sans partage sur sa mémoire, il est juste aussi de lui attribuer le mérite des plans de ses ministres; d'autant plus que ces ministres étaient de son choix, qu'il leur conserva toujours sa confiance et qu'au lieu de se départir du pouvoir entre leurs mains, il demeura toujours leur maître.

» Au reste, le sentiment qu'inspire Charles V, par les succès constants de son règne, est mêlé d'étonnement et presque de terreur, jamais d'affection. Il se dérobe si soigneusement à tous les yeux, qu'on oublie presque ses qualités personnelles et qu'on ne remarque qu'une puissance occulte qui frappe l'un après l'autre ses ennemis... Il relève la puissance de la France, sans pardonner jamais au peuple qui l'a humilié et fait trembler comme Dauphin... Il rassemble enfin de nombreuses armées ; mais il paraît craindre la bravoure dans ses propres soldats, parce qu'il la croit alliée à la fermeté et à l'indépendance, et parce qu'il aime bien mieux que ses soldats tremblent devant l'ennemi que s'ils le faisaient trembler lui-même...

« Jamais cette politique et ce système de guerre n'avaient eu un succès plus complet, que, lorsque par son immobilité et sa détermination de ne pas combattre, il avait déjoué l'invasion du duc de Lancaster et avait fait arriver à Bordeaux, fugitive et ruinée, l'armée qui, peu de mois auparavant, était entrée en France avec la confiance de la victoire et qui se trouvait vaincue sans avoir combattu (1). »

Conclusion, Charles V n'est pas sympathique à M. Sismondi, qui éprouve pour ce prince plus de terreur encore que d'admiration ; Charles V a eu l'immense tort — aux yeux de cet historien — de n'être ni libéral, ni constitutionnel c'est dommage, en vérité ! Aussi, l'historien recommence-t-il à signaler la constante mauvaise foi de Charles V envers Edouard III (2). Naturellement, pour soutenir avec tant de persistance une telle thèse, il faut n'avoir jamais lu les savants mémoires consacrés, au siècle dernier, par Secousse (3), Sallier (4) et Bonamy (5), à la réfutation de tels griefs de la part des historiens anglais. Nous y reviendrons avec quelque détail, en temps opportun, dans la présente étude.

M. Sismondi poursuit avec une insistance acharnée :

« Un silence profond couvre pendant tout ce règne les personnages de la cour de France; nous y étions accoutumés dans les règnes précédents, lorsque nous étions réduits à quelques chroniqueurs sommaires, qui dans leurs

---

(1) Id. ibid., p. 190-195.
(2) Id. ibid., p. 198.
(3) Mémoire dans lequel on prouve que Charles V était souverain de la Guyenne, lorsqu'en 1369 la Cour des pairs de France décerna contre Edouard, prince de Galles et duc de Guyenne, un ajournement qui fut suivi d'une déclaration de guerre.
(4) Examen des reproches d'injustice et de mauvaise foi que quelques historiens anglais font à la mémoire de Charles V.
(5) Discours sur le traité de Brétigny. — Ces trois mémoires sont dans le tome XVII de l'édition in-4° et dans le tome XXVII de l'édit. in-12 des *Mémoires de l'Académie royale des Inscriptions et Belles lettres*, à la date de 1743.

couvents n'étaient instruits que par la voix publique... Mais depuis que nous avons Froissart pour guide, homme qui vivait dans les cours, qui était admis à la familiarité de tous les grands personnages de son temps,..... son silence complet, absolu, sur le roi, la reine, les princes, les ministres et tout ce qui se passait à la cour de France, est beaucoup plus caractéristique. On sent que, comme en Turquie, on n'osait point en France porter les yeux sur le sérail et que toute anecdote sur le monarque et sa cour aurait été jugée inconvenante, peut-être dangereuse à rapporter (1). »

Eh bien ! et Christine de Pisan, l'historien intime de Charles V, le chroniqueur le plus minutieux que, depuis Louis IX et Joinville, un roi de France ait eu le bonheur de rencontrer, M. Sismondi compte-t-il donc son témoignage pour rien ? C'est à le croire ; cependant il lui préférerait de beaucoup Froissart, dont il fait un assez singulier éloge, en constatant (2) que ce conteur « attache » tant de prix à mettre en scène les personnages du grand » monde, qu'il rapporte toujours *ou qu'il invente* le dialogue » des acteurs. »

En somme et en dépit de son peu de sympathie pour Charles V, M. Sismondi n'en a pas moins consacré à ce roi près de trois cents pages du tome X de son *Histoire des Français*. Dont acte. Pour parler si longuement d'un homme que l'on n'aime pas, il faut qu'il y ait pourtant chez cet homme quelque mérite ; sans cela, on ne s'y attarderait pas à ce point.

A plus de trente ans de distance, M. Sismondi a trouvé,

(1) Id. ibid., p. 202 et 203.
(2) Ibid., p. 202.

dans M. Perrens, un disciple ou plutôt un héritier de son antipathie contre Charles V ; c'est même plus que de l'antipathie, c'est de l'aversion et de la haine. M. Perrens, dans son *Etienne Marcel*, essaie de flétrir la mémoire du dauphin Charles, d'abord lieutenant-général, puis régent du royaume de France.

Laissons encore ici la parole à un savant élève de l'Ecole des Chartes, M. Saint-Luce, dont nous avons déjà invoqué le témoignage, dans notre étude sur le révolutionnaire prévôt de Paris :

« On a dit pendant longtemps, en se fondant sur l'autorité de Froissart, que Charles avait pris honteusement la fuite à la bataille de Poitiers. M. Lacabane a l'honneur d'avoir réfuté le premier cette calomnie de la manière la plus péremptoire, en publiant une lettre du comte d'Armagnac qui établit que les jeunes princes ne quittèrent le champ de bataille que par l'ordre exprès du roi. Les historiens les plus autorisés de ce temps, notamment MM. Michelet et H. Martin, se sont rangés à l'opinion du savant diplomate. Par malheur, en même temps que M. Perrens nourrit une véritable tendresse pour Charles-le-Mauvais,... cet écrivain laisse percer partout la haine la plus passionnée et la plus injuste contre le dauphin Charles. Rien n'est prouvé de ce qui ôterait à cette haine un prétexte et un aliment. Voilà pourquoi le jeune professeur, bien qu'il connaisse le document mis au jour par M. Lacabane, pièce authentique, originale et confidentielle dont l'autorité est irréfragable, n'en adopte pas moins la version de ce Froissart, si mal informé surtout pour cette époque, si souvent pris en flagrant délit d'erreur : « Quand la victoire — dit l'auteur d'*Etienne Marcel* (1), —

(1) *Etienne Marcel*, p. 77.

» parut incliner vers les Anglais, on persuada facilement
» aux frères et aux fils du roi de *prendre la fuite*, et on leur
» donna une escorte de huit cent lances. »

Et plus loin (1) : « La *fuite honteuse* du duc de Nor-
» mandie, à Poitiers, acheva de lui aliéner les esprits. »

« Une chronique contemporaine, jusqu'à présent inconnue, qui se recommande en général par une rare impartialité, vient corroborer le témoignage de la lettre publiée par M. Lacabane et démontrer de nouveau la fausseté de l'opinion contraire. On y lit que le duc de Normandie se retira du champ de bataille, non-seulement par l'ordre exprès de son père, mais encore tout-à-fait malgré lui : « Ainsque le roy fut prins, quant il aperçut que la bataille
» estoit doubteuse, il manda à son ainzné filz Charles
» duc de Normandie que, s*ur quanque il aimoit et doubtoit*,
» il se retraist à Poitiers, *combien que moult envys le feist.*
» Mais il convinst qu'il obeist à son père comme raison
» estoit (2). » Que devient en présence de ces deux témoignages si formels, dont l'un nous est fourni par un titre original, et l'autre par un chroniqueur contemporain plus exact que Froissart, — que devient l'accusation de fuite honteuse, la calomnie si malencontreusement reproduite par M Perrens.. ? (3)

« M. Perrens laisse percer pendant tout le cours de son livre une prévention passionnée contre le dauphin Charles, qui va souvent jusqu'à l'injustice. Non content de donner toujours tort à ce prince, de lui adresser les repro-

---

(1) Ibid., p. 42.
(2) *Biblioth. Imp.* ms., suppl. fr. n° 107, fol. 125, verso.
(3) *Biblioth. de l'Ecole des Chartes*, 21e année, 1860, 5e série, tome I, p. 249 et 250.

ches les moins mérités, l'auteur d'*Etienne Marcel* ne veut même pas qu'on sache gré à celui qui fut plus tard Charles V des qualités que lui ont reconnues tous les historiens. Si Charles fut chaste, ainsi que l'assure Christine de Pisan, M. Perrens prétend que ce fut *par nécessité et par goût* (1). Selon cet écrivain, la jeunesse du duc de Normandie aurait été remplie par toute sorte de désordres et de débauches, dont deux des frères d'Etienne Marcel, Jean et Guillaume, se seraient faits les compagnons et les ministres... Savez-vous pourquoi Charles V fit la guerre aux séducteurs ? Selon M. Perrens, *c'est parce qu'il était jaloux des plaisirs des autres* (2). Charles-le-Sage, non content de protéger les lettres et les sciences, ne dédaigna point de les cultiver lui-même toute sa vie avec ardeur. Mais l'auteur d'*Etienne Marcel* ne veut pas qu'on fasse un mérite à ce prince de ces goûts si nobles, si élevés et si rares sur le trône. « Il était — dit cet écrivain, — d'une
» race dont l'intelligence prenait naturellement goût à
» d'autres sujets, et *pour faire comme ses pères, il ne lui*
» *manqua que le pouvoir* (3).

« L'auteur d'*Etienne Marcel* paraît avoir trois griefs principaux contre le Dauphin. Il lui reproche, d'abord, d'avoir gardé une attitude indécise et défiante, sinon ouvertement hostile vis-à-vis des États généraux; — ensuite, de n'avoir jamais pardonné à Etienne Marcel le meurtre des maréchaux, mais d'avoir au contraire nourri toujours, à partir de ce moment, le désir d'infliger au prévôt la peine capitale ; — enfin, d'avoir fait preuve de

(1) *Et. Marcel*, p. 65.
(2) Ibid., p. 65.
(3) Ibid., p. 65.

cruauté dans la vengeance qu'il tira de la rébellion de Marcel et de ses principaux complices. Voyons si ces reproches sont mérités.

» Bien qu'un jour le duc de Normandie ait révoqué, pour plaire aux députés de la nation, un ordre exprès de son père (1), il est possible que la conduite de ce prince vis-à-vis des États ait manqué de bienveillance et de franchise. On peut dire pour sa défense, que les provinces lui donnaient l'exemple de l'hostilité aux mesures prises par ces États (2). On peut ajouter que la destitution en masse de tous ses conseillers et officiers, dont ces assemblées lui firent une loi, était de nature à blesser quiconque eût été à sa place...

» Quelques mesures trop radicales prises par les États et surtout ces allures trop souvent impertinentes et tyranniques de quelques-uns des principaux chefs de la municipalité parisienne, ne durent pas peu contribuer à mettre le Dauphin en défiance, sinon en hostilité absolue, contre les réformes elles-mêmes. Toutefois, il faut chercher ailleurs la véritable cause des ajournements, des variations, des lenteurs, en un mot de l'incertitude qui fut pendant cette période le caractère de la conduite de ce jeune prince. Cette cause, la voici. Le duc de Normandie, à l'époque dont il s'agit, n'était pas roi ; il n'était pas même régent : il n'était que lieutenant du roi. Il convient de se rendre bien compte de ce qu'un semblable titre veut dire : il veut dire que le Dauphin qui en était revêtu n'avait aucune autorité par lui-même, qu'il était tenu d'obtenir pour tous ses actes l'agrément du roi son père,

(1) Ibid., p. 135.
(2) Ibid., p. 108, 111, 112, 121, 122, 136, 137, 141, 147, 148, 151, etc.

et que ces actes n'avaient de valeur qu'autant que celui-ci voulait bien les sanctionner ; il veut dire que ce jeune prince était tenu de ne rien faire de ce qui pouvait sans inconvénient être ajourné, qu'il était en un mot le simple truchement du prisonnier couronné des Anglais. S'il y a quelqu'un à accuser, ce n'est donc pas le duc de Normandie, instrument passif, simple intermédiaire dépourvu d'initiative, d'autorité et par suite de responsabilité ; c'est le roi Jean. Ainsi tombent et s'écroulent par la base tous les reproches que M. Perrens adresse au Dauphin relativement aux actes de sa lieutenance, qui ne se changea en régence que le 18 mars 1358, c'est-à-dire deux mois après le trop fameux assassinat des maréchaux, qui eut lieu le 22 janvier de la même année.

» Le meurtre des maréchaux et de Regnaut d'Acy divise en deux parts bien distinctes la vie publique d'Etienne Marcel... Après cet attentat, la royauté eut le droit et peut-être l'obligation morale de voir dans le meurtrier des maréchaux un criminel digne de punition. M. Perrens veut bien convenir qu'on ne pouvait mettre en avant aucun crime ni même aucun grief prouvé et sérieux contre Regnaut d'Acy (1) et les maréchaux de

---

(1) Le crime de Regnaut d'Acy, d'après la *Chronique* n° 530 du suppl. fr., était d'avoir apporté d'Angleterre au duc de Normandie le texte du traité ou plutôt de la trêve conclue entre Edouard et le roi Jean ; le crime des maréchaux, de n'avoir pas voulu divulguer les clauses de cet arrangement : « Lequel traitié le roi Jehan envoia à Charles son fils par Regnaut d'Assis qui estoit son advocat. De ces lettres ne peurent riens savoir ceulz des III estaz par le régent ne par son conseil. Dont ils se doubtèrent et conseillèrent ensemble d'occire le conseil du régent. » Bib. imp., suppl. fr., n° 530, f° 63.

Champagne et de Normandie, qui furent en cette circonstance les victimes de l'aveugle fureur de Marcel et des Parisiens : « Le meurtre des deux maréchaux, — dit-il, — *que* » *ne couvrent même pas les apparences de la justice*, pèsera » éternellement sur la mémoire de cet homme extraor- » dinaire (1). » Cet écrivain reconnaît d'ailleurs que la responsabilité de cet attentat revient au prévôt, qui en arrêta le dessein dans un conseil tenu la veille du crime et qui présida à son exécution (2). Cela étant, je ne crains pas de répéter ce que je disais tout à l'heure, à savoir que le Dauphin, après l'accomplissement de ce forfait commis en sa présence et pour le braver, eut le droit sinon le devoir de traiter Marcel, le meurtrier de ses deux amis et conseillers, comme un grand coupable digne d'un châtiment exemplaire.

» Un roi peut pardonner quelquefois des attentats dirigés contre sa personne, jamais des meurtres dont ses premiers ministres ont été à cause de lui les victimes...

» Bien que Marcel, au moment où il accomplit le crime dont il s'agit, fût le plus fort ; bien que l'action de la justice contre lui fût alors impossible, le Dauphin laissa voir néanmoins toute l'horreur que lui faisait éprouver un semblable forfait. S'il séjourna encore quelque temps à Paris après le meurtre de ses conseillers, la nécessité seule l'y contraignit, et peut-être le roi Jean faisait-il à son fils, qui n'était encore à cette époque que le simple lieutenant de son père, une obligation et une loi de rester dans cette ville. Une coïncidence bien remarquable, quoique personne ne l'ait encore remarquée, autorise à expli-

(1) *Et. Marcel*, p. 363.
(2) Ibid., p. 187 et 193.

quer ainsi, du moins en partie, la prolongation du séjour du duc de Normandie. Aussitôt que ce prince, investi de la dignité de régent, fut libre de sa personne et de ses actes, son premier soin fut de quitter Paris. Il prit le titre de régent le 18 mars ; quelques jours après cette date, il avait quitté cette cité, il l'avait quittée pour n'y plus revenir tant que le meurtrier des maréchaux et ses complices seraient en vie. Telle fut en effet la réponse invariable que le Dauphin opposa constamment dans la suite à toutes les propositions de rentrer dans la capitale qui lui furent adressées à plusieurs reprises par les Parisiens et par Marcel lui-même.

» Le prévôt — dit à ce sujet M. Perrens, — aurait pu
» sacrifier sa vie pour le salut de ses concitoyens, mais
» avait-il le droit de sacrifier celle de ses amis (1) ? » — L'auteur d'*Etienne Marcel* paraît affectionner beaucoup cette raison, car il l'a reproduite ailleurs presque dans les mêmes termes (2). Elle n'est pourtant pas sérieuse. S'il était possible un seul instant de l'admettre, elle pourrait servir à justifier tous les criminels contumax qui ont des complices. Là n'est pas la question. La question est de savoir si Marcel et ses sicaires s'étaient rendus coupables de meurtre. S'ils s'en étaient rendus coupables, et cela n'est pas douteux, ce prévôt ne put qu'aggraver sa faute en cherchant à soustraire ses complices et en cherchant à se soustraire lui-même, quoi qu'en dise M. Perrens, à un châtiment mérité. Après l'assassinat des maréchaux il fallait que Marcel prît l'un de ces trois partis : ou bien qu'il qu'il se livrât à la justice, et c'est ce qu'eût fait un

(1) *Et. Marcel*, p. 228.
(2) Ibid., p. 308.

homme simplement honnête ; ou bien qu'il implorât la clémence du Dauphin, et c'est à quoi se fût résignée une âme moins superbe ; ou bien enfin qu'il s'expatriât, et c'est l'expédient auquel aurait eu recours un homme moins soucieux de la justice que de sa propre vie. Le prévôt aima mieux faire courir à la France tous les risques d'une inévitable guerre civile ; il ne craignit pas de sacrifier la paix publique aux intérêts de sa personne et de son orgueil ; ce fut un tort que le patriotisme et le bon sens ne lui pardonneront pas...

» L'appréciation que fait M. Perrens des actes du Dauphin après la révolution du 31 juillet est particulièrement empreinte d'inexactitude et d'injustice. Cet écrivain prétend que Charles conserva longtemps après la mort de Marcel des inquiétudes sur la fidélité des Parisiens. La seule preuve qu'il donne de cette assertion, c'est que le Dauphin ne retourna point habiter le palais royal, mais alla demeurer au Louvre et à l'hôtel Saint-Pol (1). Assertion et argument sont de même force. Depuis que le palais royal avait été ensanglanté par le meurtre de ses conseillers commis en sa présence, le régent ne voulut jamais y rentrer ; d'ailleurs, précisément en face de ce palais se dressait la maison qu'avait habitée Marcel ; de sorte que tout, aux alentours de cette habitation comme dans cette habitation elle-même, aurait rappelé au représentant de l'autorité royale, naguère si indignement bravée, un souvenir humiliant et odieux...

» Rien n'est plus injuste que le reproche de cruauté dont M. Perrens poursuit sans cesse le régent dans la dernière partie de son livre.

» Les seules victimes que la sévérité de ce prince voua

---

(1) Ibid., p. 325.

au dernier supplice furent les complices du meurtre des maréchaux ; à l'exception de Nicolas le Flamand, les membres du Conseil secret de Marcel, ceux qui avaient fait écarteler sans jugement Jean Perret et Thomas Fougnaut, et qui avaient fait tuer, d'une manière également expéditive, Phelippot le Repenti ; ceux enfin qui avaient formé le dessein de livrer le trône de France au roi de Navarre. Les individus sur lesquels pesaient ces crimes ou ces griefs politiques ne subirent d'ailleurs la peine capitale qu'après avoir passé en jugement et ne furent point soumis à ces tortures affreuses qui sont une invention de M. Perrens (1). Ils n'étaient pas si nombreux qu'on ne puisse les compter...

» La confiscation des biens de ces neuf ou dix principaux complices de Marcel, les seuls, je le répète, qui furent condamnés à mort, révolte beaucoup M. Perrens ; il voit dans ce fait une preuve de la cruauté qu'il attribue à Charles V. Il devrait savoir que les condamnations à mort pour crime de lèse-majesté royale entraînaient toujours, au moyen-âge, la confiscation de la totalité des biens de ceux qui en étaient frappés...

» Lorsque le régent rentra à Paris le 4 août, on plaça sur sa route les cadavres de Marcel et de ses principaux complices, massacrés le 31 juillet par les Parisiens ou décapités le deux août par la main du bourreau. M. H. Martin dit à ce sujet avec raison que ce spectacle ne dut pas être agréable au régent (2). M. Perrens n'est pas de

(1) Ibid., p. 329 et 330.
(2) « Il est permis de douter que le régent, froid et réfléchi comme il était déjà, et peu susceptible de passions violentes, ait pris grand plaisir à repaître ses yeux du hideux spectacle qu'on avait préparé à sa bienvenue. » — *Histoire de France* (4ᵉ édit.), tome V, p. 211.

cet avis : « Les âmes froides comme celle du régent — » dit-il, — ne sont pas incapables de se complaire au spec- » tacle de leurs ennemis morts. *Vitellius, que je sache,* » *n'était pas très-ardent* (1). » — C'était bien la peine, ô Charles-le-Sage, vous dont l'âme était *si froide* que vous ne pûtes survivre à la perte d'une épouse, c'était bien la peine de faire traduire à grands frais la plupart des classiques de l'antiquité, c'était bien la peine de les rassembler avec amour dans votre librairie du Louvre, pour qu'un jour l'un des interprètes officiels de vos chers anciens ne trouvât rien de mieux que de rappeler à propos de vous le personnage le plus ignoble peut-être de l'histoire.... Vitellius !

» Après avoir rapporté la version qu'on trouve avec de légères variantes dans tous les chroniqueurs sur la mort du roi de Navarre, version qui, selon lui, a été inventée à plaisir par des annalistes vendus au roi de France, l'auteur d'*Etienne Marcel*, comparant Charles-le-Mauvais à Charles-le-Sage, ajoute ces paroles : « Si l'on n'a rien inventé de » pareil pour le duc de Normandie, c'est que sa vie ne fut » écrite que par des courtisans, et presque sous sa dictée. » *Mais on a pu se convaincre qu'il fut inférieur par la* » *vertu, les talents et les intentions aux hommes qu'il a fait* » *décrier et flétrir dans l'histoire* (2). » Ainsi, d'après M. Perrens, Charles-le-Sage fut inférieur par *la vertu, les talents et les intentions*, non-seulement à Etienne Marcel, mais même à Charles-le-Mauvais. Un tel jugement doit porter malheur à l'écrivain qui n'a pas craint de le prononcer (3). »

(1) Ibid., p. 324 en note.
(2) Ibid., p. 354.
(3) *Biblioth. de l'Ecole des Chartes*, l. c. sup., p. 262-271.

On ne peut que s'associer à ces accents d'un patriotisme sincère, profondément blessé dans la mémoire d'un de nos rois qui ont le plus fait pour la France. Si l'on insulte ainsi de tels hommes, est-ce donc afin de réserver une criminelle et aveugle sympathie pour les aventuriers ou les fous furieux qui, à de si fréquentes reprises, ont conduit le pays au bord des abîmes ?...

Reprenant — avec M. H. Martin, — l'histoire du règne de Charles V et l'appréciation fidèle de son caractère, nous sommes heureux de trouver enfin des paroles meilleures et surtout plus justes à enregistrer à l'égard de ce prince, dès ses premiers débuts au pouvoir et dans la vie politique.

Au moment de la fatale bataille de Poitiers, où le roi Jean fut fait prisonnier, « le duc Charles et ses frères *étaient moult jeunes d'âge et de conseil*, dit Froissart ; rien ne faisait pressentir la capacité politique que le malheur et la réflexion développèrent plus tard chez le prince qui fut Charles V. Ce jeune homme était mal entouré, mal conseillé, et comme l'avoue un écrivain qui a écrit son panégyrique plutôt que son histoire (Christine de Pisan), « jeunesse,
» par propre volonté plus perverse qu'à un tel prince
» n'appartient (*ne convient*), dominait en lui » : aussi « les
» sages hommes du royaume » ne prévoyaient-ils que
» méchefs et calamités (1)... »

« Ses souffrances furent une épreuve et un bienfait du ciel : ses infirmités furent le principe de sa puissance ; éloigné forcément des habitudes de cette jeune noblesse,... obligé de se replier sur lui-même et de vivre

---

(1) H. Martin, *Histoire de France* (4º édit. 1855,) tome V, p. 156.

par la pensée, il avait tourné toute son activité vers les études libérales et scientifiques... Il apprit non-seulement le latin, la grammaire et les autres arts libéraux, y compris les mathématiques, mais les sciences spéculatives les plus hasardeuses. « Vrai philosophe et inquisi-
» teur de choses primeraines » il étudia la théologie, l'astrologie et l'alchimie, et dès qu'il fut roi, « il fit en tout
» pays chercher et appeler à soi clercs solennels (*renom-*
» *més*) et philosophes fondés en science » : il fit recueillir et copier toutes sortes de livres et rassembla environ 900 volumes dans trois belles chambres du Louvre, où des lampes éclairaient les veilles des érudits et des copistes : c'est là le fond primitif de notre grande bibliothèque nationale. « En hiver, de l'heure de vêpres jusqu'au sou-
» per, ledit roi s'occupait souvent à ouïr lire diverses
» belles histoires de la sainte Ecriture ou des faits des Ro-
» mains ou moralités des philosophes et d'autres scien-
» ces... »

« Cette réaction contre l'ignorance de ses devanciers n'entraîna pas Charles V dans l'excès contraire : son sens pratique et son goût du pouvoir, stimulés par la nécessité, le garantirent d'un écueil où s'étaient brisés avant lui d'autres rois plus savants que sages ; il n'usa pas la force de son esprit dans des spéculations abstraites, se souvint avant tout qu'il était roi et fut éclairé, non absorbé par la science. Il employa sa pénétration à étudier les causes des malheurs passés ; les fautes de ses pères, les siennes propres, le désordre des finances, des comptes et des monnaies, le faste extravagant de la cour, les prodigalités royales,... il sut tout voir, tout juger, tout corriger, autant que c'était chose possible. Une fois la première violence de la réaction passée, il avait employé, sans hésiter, les hommes d'élite qui avaient été naguère contre lui les appuis de Marcel et des Etats. Se condamnant courageusement lui-même, il avait déjà engagé son père à renoncer aux altérations de monnaies ; il ne revint jamais à ce monstrueux abus, principale cause de la révolution de 1357 ; il substitua au faste dilapidateur un sage emploi des ressources, une économie qui permettait d'être magnifique au besoin. Il entreprit de réparer, par patience, prudence et *cautèle*, les pertes qu'avaient fait subir au royaume la présomption, l'imprévoyance et le faux point d'honneur des deux derniers rois. Charles ne pouvait en personne appliquer ces idées à la réforme du système de guerre ; il lui fallait le concours d'un homme d'action, qui fut arrivé à la même pensée par la pratique de la vie militaire. Charles V trouva cet homme dans du Guesclin ; Charles V fut la tête, du Guesclin fut le bras (1).....

» Cette lutte de dix années, où rien n'avait été abandonné au hasard, où toutes les chances avaient été sans cesse calculées et prévues, venait d'offrir à l'Europe du moyen âge un grand et nouveau spectacle, si nouveau même qu'il était resté à peu près incompris. L'Europe contemplait avec étonnement les résultats sans se rendre compte des ressorts ni des causes, et ne concevant pas comment ces victorieux Edouard, qui avaient abattu sans effort deux monarques belliqueux à la tête de la plus belle chevalerie du monde, succombaient à leur tour presque sans combat devant un roi qui n'avait jamais porté la cuirasse, devant un clerc couronné, qui vivait caché au fond de ses châteaux, parmi des astrologues,

(1) Ibid., p. 240-243.

des grammairiens, des juristes, des médecins et des architectes. La pensée persévérante qui crée et renouvelle les ressources, qui prépare, soutient et consomme les succès, que rien ne détourne de son but, ni les obstacles ni même les revers, cette pensée échappait aux regards du vulgaire, habitué à confondre la tête qui conçoit avec le bras qui exécute. Nulle part le rôle de Charles V n'est plus obscur que dans les récits de Froissart, ce grand artiste qui ne sait voir dans les choses que leur forme et leur couleur. Le « riche roi Charles » n'apparaît guère, chez Froissart, que pour regarder du haut de ses créneaux passer les Anglais. Tant de succès avec tant d'inaction eût semblé quelque chose de surnaturel, si messire Bertrand et sa bonne hache n'eussent tout expliqué aux yeux du peuple : le peuple, s'il comprenait peu Charles-le-Sage, comprenait parfaitement Bertrand du Guesclin.

» Charles V compensait bien son inaction corporelle par sa grande activité d'esprit : la guerre et l'administration ne lui suffisaient pas ; il continuait d'encourager et de cultiver les lettres, et, ne perdant jamais de vue ses intérêts politiques, il employait les savants dont il s'entourait non pas seulement à traduire la Bible, Aristote, saint Augustin et Tite-Live, mais à faire de gros livres en faveur des droits de la couronne..... Les deux principaux de ces livres sont *le songe du Vergier* et *le Songe du vieil pèlerin*. Plusieurs de ces doctes personnages donnaient de bons conseils au roi ; Nicolas Oresme, évêque de Lisieux, ancien maître du collége de Navarre et ancien précepteur de Charles V, a écrit un discours contre les mutations de monnaies. Il traduisit la *Politique* et les *Économiques* d'Aristote. Le prieur Honoré Bonnor écrivit, par ordre du roi, sous le titre bizarre de l'*Arbre des batailles*, le premier essai sur le droit de la paix et de la guerre. Un autre livre, dont le but est fort digne d'éloges, c'est *le Vrai régime et gouvernement des bergers et bergères, composé par le rustique Jehan de Brie, le bon laboureur* (1379.) Ce petit traité des travaux des champs, écrit par ordre du roi pour l'usage du peuple, est une des pensées qui font le plus d'honneur à Charles V. C'est déjà l'esprit de Sully et d'Olivier de Serres (1).

» Charles V avait conçu un projet qui fait honneur à sa mémoire, et que la mort l'empêcha d'exécuter. Il avait résolu d'unir par un canal la Loire à la Seine, afin de faciliter le transport des denrées et productions « des par- » ties du Bourbonnais, Nivernais et ailleurs, tant que la » rivière de Loire s'étend, » jusqu'à Paris : le devis était fait... Le projet de Charles V ne fut réalisé que par Henri IV et Sully (2). »

M. Lavallée — d'ordinaire assez impartial, — nous semble, à l'égard de Charles V, presqu'aussi injuste que M. Sismondi, et ce n'est pas peu dire certes; que l'on en juge par ce début :

« Le dauphin Charles, par sa lâcheté, avait été l'une des causes du désastre de Poitiers ; il s'enfuit jusqu'à Paris.... (3) »

On a déjà vu ce qu'il faut penser de ce reproche ; passons donc. M. Lavallée continue à insister sur la mauvaise foi et la lâcheté de Charles V et ne fait guère que copier M. Sismondi, en le résumant (4). Ce qui ne

---

(1) Ibid., p. 298, 299 et note 1.
(2) Ibid., p. 303, note 1.
(3) *Hist. des Français* (1847), tome II, p. 31.
(4) Ibid., p. 47-50.

l'empêche pas, tant l'évidence a d'empire même sur les esprits les plus prévenus, de saluer « ce roi si intelligent et si absolu dans ses vouloirs (1). » Et il poursuit, en ces termes, où perce encore bien du mauvais vouloir :

« Ainsi ce roi, si mal famé dans sa jeunesse, qui, à son avénement, n'avait qu'un royaume dévoré par les troubles intérieurs, par la peste et les brigands, courbé sous la honte d'un traité déplorable, sans finances, sans soldats, avec une population demi détruite, vingt ans après le désastre de Poitiers, avait remis l'ordre et la sécurité dans son état, rétabli une armée et un trésor, tiré des mains anglaises le Ponthieu, le Limousin, le Quercy, le Rouergue, la Saintonge, l'Angoumois et le Poitou; il tenait la Bretagne dans sa dépendance, il rattachait la Flandre à la famille royale ; il forçait le roi de Navarre à la neutralité ; il plaçait un roi en Castille et s'en faisait l'ami le plus dévoué. Un tel résultat était merveilleux et méritait la reconnaissance de la France ; il témoignait dans Charles V des talents supérieurs, un plan de conduite arrêté de longue main et suivi avec une fermeté d'autant plus louable qu'il était peu compris et excitait bien des clameurs. En effet, « ce roi qui » se tenait tout coi dans ses chambres et pourtant recon- » quérait ce que ses prédécesseurs avaient perdu aux » champs, l'épée au poing, » paraissait un personnage si étrange aux hommes de son temps, que l'admiration qu'il inspirait était mêlée de terreur; et bien des gens penchaient à croire qu'une fortune acquise par des voies si obscures lui venait de quelque puissance occulte et mystérieuse (2). »

(1) Ibid., p. 55.
(2) Ibid., p. 58.

Avec M. Dareste, dont l'excellente *Histoire de France* ne saurait être assez recommandée à l'attention des esprits sérieux et sincèrement amis de la vérité, — nous entrons dans une appréciation exacte et sereine du caractère de Charles V.

« Charles V — dit-il (1), — monta sur le trône dans des circonstances difficiles, et laissa, quand il mourut, la France maîtresse d'elle-même et plus florissante que jamais. On l'a nommé le Sage, ce qui veut dire l'habile. Son mérite fut d'abandonner la conduite aventureuse de ses prédécesseurs, pour calculer et réaliser froidement une politique qui ne laissait rien au hasard. Il eut un succès complet... Cependant toutes ces grandes choses s'accomplirent presque sans éclat et sans bruit. Charles V, de complexion maladive, se montrait peu... Aussi ne tient-il pas dans les histoires contemporaines, particulièrement dans celle de Froissart, la place réservée aux princes qui se distinguaient par leurs prouesses et leurs batailles. Chose singulière ! l'histoire de nos revers a été l'objet de récits beaucoup plus brillants que celle des efforts heureux, mais souvent pénibles, auxquels la France dut son rétablissement... »

« Christine de Pisan, faisant l'éloge de Charles V, prétend qu'il fut le modèle de la chevalerie. Elle énumère les quatre grâces nécessaires à la chevalerie, et qui sont, suivant elle, « sens, avec l'aide de Dieu « qui donne bonne fortune ; diligence et force de sou- « tenir les diversités. » Elle prouve ensuite qu'il n'y eût point de roi aussi sensé, aussi heureux dans ses entreprises, aussi actif ni surtout aussi impassible dans

(1) *Histoire de France* (1865), tome II, p. 501.

les succès comme dans les revers. Ce type idéal du prince nous reporte loin des conditions ordinaires de la chevalerie, telle que la comprenaient encore les contemporains de Froissart. Mais quelque réserve qu'on fasse sur la singularité avec laquelle Christine s'exprime, son jugement est vrai au fond.... Elle a su démêler mieux que Froissart le signe distinctif de sa grandeur, l'habileté calculée qui sait ce qu'elle veut et obtient les succès parce qu'elle les prépare (1). »

M. Guizot ne se montre pas moins franchement sympathique à Charles V et à son règne, ainsi qu'à ses actes profondément réparateurs :

« Ses conseillers civils, son chancelier Guillaume de Dormans, cardinal-évêque de Beauvais, son ministre des finances, Jean de la Grange, cardinal-évêque d'Amiens, son trésorier, Philippe de Savoisy, son chambellan et secrétaire intime, Bureau de la Rivière étaient, à coup sûr, des hommes capables et zélés pour son service, car il les avait choisis et il les maintint constamment à leurs postes. Il y a lieu de croire qu'ils s'y conduisirent sagement, car on ne vit pas éclater contre eux, après la mort de leur maître, ces haines violentes et acharnées de la cour ou du peuple qui ont si souvent ensanglanté notre histoire. Bureau de la Rivière fut attaqué et poursuivi, mais sans devenir une des victimes du pouvoir judiciaire aux ordres des passions politiques. Aucun des conseillers de Charles V n'exerçait sur son maître cette influence prépondérante et avérée qui fait les premiers ministres ; Charles dirigeait lui-même son gouvernement avec une vigilance infatigable, « mais sans hâte et

---

(1) Ibid., p. 529 et 530.

sans bruit. » J'ai sous les yeux la première partie d'un travail encore inédit de mon savant confrère à l'Académie des inscriptions et belles-lettres, M. Léopold Delisle, qui contient le catalogue complet et explicatif de tous les *Mandements et actes divers de Charles V*. Ce catalogue n'est pas encore terminé ; et pour les sept premières années seulement du règne de Charles V, de 1364 à 1371, j'y trouve énumérés et décrits 854 *mandements, ordonnances et actes divers de Charles V,* relatifs aux diverses branches de l'administration et aux incidents journaliers du gouvernement : actes tous empreints d'un caractère d'intelligence active, prévoyante, attentive à tout connaître et à tout régler, non pas systématiquement, mais sciemment et justement. Charles se montrait toujours réfléchi, point pressé, et uniquement préoccupé de se conduire selon l'intérêt public et le bon sens...(1).

» Le gouvernement de Charles V était le gouvernement personnel d'un roi intelligent, prudent, honnête, préoccupé des intérêts de l'Etat, au dedans et au dehors, en même temps que de ses propres intérêts, portant peu de goût et de confiance au libre concours du pays dans ses affaires, mais sachant se résigner à l'appeler quand la nécessité en devenait pressante, et l'acceptant alors sans chicane ni fourberie.... Charles V eut recours trois fois, en juillet 1367, en mai et en décembre 1369, à la convocation des états généraux pour être mis en mesure de suffire aux nécessités politiques et financières de la France ; dans la seconde de ces assemblées, lorsque

(1) *Histoire de France* racontée à mes petits enfants (1873), tome II, p. 177 et 178.

le chancelier Guillaume de Dormans eut fait l'exposé de la situation du royaume, le roi lui-même se leva « pour » dire à tous que, s'ils voyaient qu'il eût fait quelque » chose qu'il ne dût pas faire, qu'ils le dissent et il cor- » rigerait ce qu'il avait fait, car il était encore temps de » réparer s'il avait fait trop ou pas assez. » Il s'agissait alors d'accueillir l'appel des barons de l'Aquitaine au roi de France comme suzerain du prince de Galles, dont le gouvernement leur était devenu insupportable, et de faire ainsi un premier pas hors de l'humiliante paix de Brétigny. Une telle démarche et de telles paroles font grand honneur à la mémoire du prince pacifique qui portait alors le poids du gouvernement de la France(1).

« Charles V n'était pas, comme Louis XII et Henri IV, d'un naturel affectueux et sympathiquement populaire ; mais c'était un homme sérieux qui, dans son cabinet et au milieu de sa bibliothèque naissante, se préoccupait des intérêts de son royaume comme des siens propres ; il avait le bien public à cœur et le désordre lui était odieux (2).

« Lorsque Charles sentit que la mort approchait : « Com- me sage et vaillant homme qu'il était, — dit Froissart, — il ordonna toutes ses besognes et manda ses trois frères en qui il avait la plus grande confiance, le duc de Berri, le duc de Bourgogne et le duc de Bourbon, et il laissa der- rière son second frère le duc d'Anjou, parce qu'il le sen- tait trop convoiteux : « Mes beaux frères, leur dit le roi, je sens bien et connais que je ne puis longuement vivre ; je vous recommande et donne en charge Charles mon fils ;

(1) Ibid., p. 179.
(2) Ibid., p. 184.

usez-en comme bons oncles doivent user de leur neveu; couronnez-le au plus tôt après ma mort que vous pourrez, et conseillez-le loyalement en toutes ses affaires. L'enfant est jeune et de léger esprit; il aura besoin d'être mené et gouverné de bonne doctrine ; enseignez-lui ou faites-lui enseigner tous les points et les états royaux qu'il devra tenir, et mariez-le en lieu si haut que le royaume en vaille mieux. Dieu merci, les besognes de notre royaume sont en bon point..... Quant à ces aides et taxes du royaume de France dont les pauvres gens sont tant travaillés et grevés, usez-en en votre conscience et ôtez les le plus tôt que vous pourrez, car ce sont choses, quoique je les aie soutenues, qui me chagrinent et me pèsent au cœur; mais les grandes guerres et les grandes affaires que nous avons eues de tous les côtés m'y ont fait entendre. »

« De tous les adieux de rois mourants à leur famille et à leurs conseillers, ceux que je viens de reproduire sont les plus sérieux, les plus précis et les plus simples. Chargé à dix-neuf ans, d'abord comme lieutenant du roi et dauphin, puis comme régent, du gouvernement de la France, Charles V employa toute son âme et toute sa vie à réparer les désastres de la guerre sous ses prédécesseurs et à en prévenir le retour; nul souverain n'a été plus résolument pacifique... Mais sans guerroyer, sans courir aucune aventure hasardeuse, il savait se faire respecter et craindre de ses ennemis : « Il n'y eut oncques roi — disait Edouard III, — » qui moins s'armât, ni oncques roi qui me donnât tant à » faire. » Quand le meilleur état du royaume et les circonstances plus favorables firent croire à Charles V que le jour était venu d'affranchir la France des cruelles conditions que lui avait imposées le traité de Brétigny, il entreprit sans hésiter cette guerre de réparation patriotique; et après la mort de ses deux puissants adversaires, Edouard III et le prince Noir, il la poursuivait, non sans chance de succès, quand il mourut lui-même... Sous quelque rapport qu'on le considère, après Louis-le-Gros, Philippe-Auguste, saint-Louis et Philippe-le-Bel, Charles-le-Sage est le cinquième des rois qui ont puissamment concouru à fonder la France en Europe et la royauté en France (1). »

« Les mandements et actes divers de Charles V, de 1364 à 1380, » dont M. Guizot avait vu une partie de la publication, due au savant M. L. Delisle, ont paru en 1874, en un fort volume de plus de mille pages (2) ; dans sa préface, l'éditeur dit avec raison :

« L'histoire d'un règne est en grande partie dans la correspondance du souverain. C'est donc un travail éminemment utile que de recueillir les lettres écrites par un roi, ou au nom d'un roi, surtout quand il s'agit d'un prince qui a marqué son passage sur le trône par une politique ferme et sage, par une administration juste et éclairée...

C'est ainsi que j'ai réuni 2,105 pièces... Ces 2,105 lettres et mandements ne doivent former qu'une très-minime partie des actes qui ont été expédiés à la chancellerie de Charles V pendant les années 1364-1380. J'espère cependant qu'ils suffiront pour bien faire connaître plusieurs des institutions administratives et financières de ce règne réparateur. On y pourra étudier les mesures qui furent prises pour effacer les désastres du règne précédent. On verra comment le roi sut diriger vers le noble but qu'il avait en vue le courage, l'habileté et le dévouement des

---

(1) Ibid., p. 205-207.
(2) Collection de documents inédits sur l'*Histoire de France*... 1re série, *Histoire politique* (Paris, imprimerie nationale).

capitaines, des conseillers, des négociateurs, des secrétaires et des agents de tout ordre qu'il prit à son service. Un grand nombre des mandements que j'ai publiés ou analysés se rapportent aux dépenses de la maison du roi, de la reine et de leurs enfants : ils abondent en renseignements sur l'état de l'industrie, du commerce, du costume, de l'ameublement, des arts et des lettres dans la seconde moitié du xive siècle. Enfin les historiens, qui savent combien il est dangereux de s'en rapporter exclusivement au récit des chroniqueurs, même contemporains, trouveront dans le recueil qui parait aujourd'hui le moyen de fixer la date de beaucoup d'événements importants et d'indiquer exactement le nom des personnages qui ont aidé Charles V à replacer la France, pour un temps malheureusement trop court, au rang qu'elle devait occuper dans le monde (1). »

Enfin, — pour clore nos citations des historiens modernes les plus répandus, voire les plus autorisés, — M. Michelet, dont la partie de son ouvrage relative au moyen-âge est souvent si remarquable, M. Michelet a consacré à Charles V quelques pages dignes d'être analysées.

D'abord, au récit de la désastreuse bataille de Poitiers, il ajoute : « Trois fils du roi se retirèrent du champ de bataille, par l'ordre de leur père. (Je suis ici le continuateur de Guillaume de Nangis de préférence à Froissart. Voyez l'importante lettre du comte d'Armagnac, publiée par M. Lacabane.) (2). »

Puis, voici le portrait de Charles V, au moral :

(1) Préface, p, i, ii, xi et xii.
(2) *Histoire de France* (1845), tome III (2e édit.) p. 362 et note 1.

« Le jeune roi était né vieux. Il avait de bonne heure beaucoup vu, beaucoup souffert. De sa personne, il était faible et malade. Tel royaume, tel roi. On disait que Charles-le-Mauvais l'avait empoisonné ; il en était resté pâle et avait une main enflée, ce qui l'empêchait de tenir sa lance. Il ne chevauchait guère... Il lisait, il voyait les habiles, il avisait froidement... Voilà le premier roi moderne, un roi assis, comme l'effigie royale est sur les sceaux. Jusque là on se figurait qu'un roi devait monter à cheval...

Charles V combattit mieux de sa chaise. Conquérant dans sa chambre... il défit les fameux chevaliers, et les Compagnies encore plus redoutables...

« Ce médecin malade du royaume avait à le guérir de trois maux dont le moindre semblait mortel : l'Anglais, le Navarrais, les Compagnies. Il se débarrassa du premier, en le soulant d'or, en patientant jusqu'à ce qu'il fût assez fort. Le Navarrais fut battu, puis payé, éloigné. Les Compagnies s'écoulèrent vers l'Espagne (1).

« L'habileté de Charles V et l'affaiblissement des autres Etats avait relevé la France, au moins dans l'opinion. Toute la chrétienté regardait de nouveau vers elle. Le pape, la Castille, l'Ecosse regardaient le roi comme un protecteur. Frère du futur comte de Flandre, allié des Visconti, il voyait les rois d'Aragon, de Hongrie ambitionner son alliance. Il recevait les ambassades lointaines du roi de Chypre, du Soudan de Bagdad, qui s'adressaient à lui, comme au premier prince des Francs. L'Empereur même lui rendit une sorte d'hommage, en le visitant à Paris. Après avoir aliéné les droits de l'Empire en Allemagne et

---

(1) Ibid., p. 433 et 434.

en Italie il venait donner au dauphin le titre du royaume d'Arles.

« La subite restauration du royaume de France était un miracle que chacun voulait voir. De toutes parts on venait admirer ce prince qui avait tant enduré, qui avait vaincu à force de ne pas combattre, cette patience de Job, cette sagesse de Salomon. Le quatorzième siècle se désabusait de la chevalerie, des folies héroïques, pour révérer en Charles V le héros de la patience...(1).

« Si Charles V ne put faire beaucoup lui-même, il laissa du moins à la France le type du roi moderne, qu'elle ne connaissait pas. Il enseigna aux étourdis de Crécy et de Poitiers ce que c'était que réflexion, patience, persévérance. L'éducation devait être longue ; il y fallut bien des leçons. Mais au moins le but était marqué. La France devait s'y acheminer, lentement, il est vrai, par Louis XI et par Henri IV, par Richelieu et par Colbert (2).

« Un livre bien moins connu que Froissart, et sur lequel je m'arrêterais d'autant plus volontiers, c'est un traité composé pour l'usage du peuple de la campagne par ordre du roi : *Le vrai régime et gouvernement des bergers et bergères, composé pas le rustique Jehan de Brie, le bon berger* (1376) (3). Dans ce petit livre, écrit avec grâce et beaucoup de douceur, on essaie de relever la vie des champs, d'y intéresser le paysan, découragé du travail après tant de calamités. Cela est fort touchant. C'est évidemment le roi qui se fait berger, et qui, sous cet habit, vient trouver

(1) Ibid., p. 474 et 475.
(2) Ibid., p. 501 et 502.
(3) « Ce charmant petit livre n'a pas été réimprimé, que je sache, depuis le xvie siècle. » — Note de M. Michelet.

le peuple, le sermonne doucement, l'encourage et essaie de l'instruire.

« A propos de l'éducation des troupeaux, et parmi les recettes du berger et du vétérinaire, Jehan trouve moyen de dire quelques mots des grandes questions qui s'agitaient alors. Les noms de pasteur et d'ouailles prêtent à mille allusions (1). »

Et M. Lacabane, en son excellent article sur Charles V, dans le *Dictionnaire de la Conversation* (2), s'exprime ainsi :

« Son extrême prudence et son habileté dans l'art de gouverner lui méritèrent, de son vivant, le beau surnom de *sage*, que la postérité lui a conservé. A son avénement, la France démembrée par le funeste traité de Brétigny, accablée d'une dette énorme, que le même traité lui avait imposée, déchirée au dedans par l'ambition remuante de Charles II, roi de Navarre, et par des bandes de brigands aguerris, connus sous le nom de *Compagnies*, semblait pour longtemps condamnée à ne jouer qu'un rôle secondaire et presque dépendant. Charles V monte sur le trône, et sa première pensée est de lui rendre une supériorité et une influence qu'elle n'eût jamais perdues sans les fautes et les imprudences accumulées des deux règnes précédents. Pendant quatre années qu'avait duré la captivité de son père, il avait gouverné le royaume, d'abord en qualité de lieutenant-général et, ensuite comme régent, et cette courte apparition au pouvoir lui avait suffi, non-seulement pour triompher des mouvements populaires qui menaçaient d'anéantir l'autorité royale, mais encore pour étudier les besoins et les ressources du pays sur lequel il

(1) Ibid., p. 503-505 et note 1, au bas de la p. 504.
(2) Tome V de la nouvelle édition, p. 234-237.

devait régner un jour, pour deviner et s'attacher déjà les hommes de mérite qu'il jugeait devoir le seconder efficacement dans l'exécution de ses projets futurs. Il n'était encore en effet que lieutenant-général du royaume lorsqu'il prit à son service celui qui devint par la suite le principal instrument de ses triomphes et de sa gloire, le héros de la France au moyen âge, Bertrand du Guesclin... »

Venons maintenant à l'examen des reproches d'injustice et de mauvaise foi que non-seulement quelques historiens anglais, mais encore des historiens Français de nos temps modernes — Monsieur Sismondi en tête, — font à la mémoire de Charles V qui, pour eux, n'est ni sage, ni savant, mais astucieux et rusé, tandis que les Anglais sont des modèles de candeur, de droiture et de naïf honneur...

Au siècle dernier, alors que l'anglomanie avait tourné à peu près toutes les cervelles en France, et que l'on mettait en doute le dévouement des bourgeois de Calais pour célébrer la clémence d'Edouard d'Angleterre, il se trouva des savants patriotes qui entreprirent de venger la mémoire de Charles V et y réussirent de la façon la plus complète. Monsieur Sismondi et les écrivains à sa suite ont-ils lu ces travaux qui remettent les événements à leur véritable point de vue ? Nous l'ignorons, car nulle part ils ne font la moindre allusion — de près ni de loin, — aux travaux de Secousse, de Sallier et de Bonamy ; c'est donc ici le lieu de faire connaître par l'analyse et les citations les plus essentielles ces excellentes et d'ailleurs très-intéressantes études.

« De toutes les guerres entreprises par la France, depuis l'établissement de la monarchie, il n'y en a peut-être pas une qui lui ait été plus avantageuse que celle que Charles V déclara aux Anglais en 1369 (1). Ils possédaient alors une partie des plus belles provinces du royaume, le Ponthieu, le Poitou, la Saintonge, l'Angoumois, le Limousin, le Périgord, l'Agénois, le Quercy, le Rouergue et tous les autres pays compris sous le nom de Guyenne. Cette guerre quelquefois, à la vérité, suspendue par des trèves, dura près de cent ans ; l'événement en fut longtemps douteux ; la victoire changea souvent de parti et la France y éprouva des revers funestes. Ce ne furent, ni Charles V qui l'avait commencée, ni Charles VI, son fils, qui la terminèrent : l'honneur en était réservé à Charles VII, qui força les Anglais à évacuer la France, où il ne leur resta plus que Calais. François de Lorraine, duc de Guise, leur enleva cette place en 1557 ; et nos anciens ennemis furent alors entièrement chassés d'un royaume dont ils avaient déchiré le sein pendant quatre cents ans et où ils ne devaient jamais revenir.

« Mais — dit Secousse (2), — ces succès, tout glorieux, tout avantageux qu'ils ont été pour la nation, n'auraient pas fait honneur à Charles V, qui en fut le premier auteur, si la guerre qu'il entreprit n'avait pas été fondée sur la justice. Elle doit être la règle de toutes les actions des hommes : les souverains n'ont pas le droit de s'en écarter ; et l'intérêt même de leur Etat n'est pas une raison assez forte pour les dispenser de la suivre. Charles V, pénétré

---

(1) Secousse, *Mémoire dans lequel on prouve que Charles V était souverain de la Guyenne, lorsqu'en 1369 la cour des Pairs de France décerna contre Edouard, prince de Galles et duc de Guyenne, un ajournement qui fut suivi d'une déclaration de guerre.* — (Mém. de l'Acad. des Inscript., édit. in-12, tome XXVII, p. 73-112.), p. 73.

(2) Ibid., p. 74 et 75.

de la vérité de cette maxime, en fit le fondement et la base de son gouvernement. A toutes les vertus qui font l'honnête homme, il joignait des principes de religion, des sentiments de piété, une conscience tendre et timorée. Avant que de s'engager dans une guerre contre les Anglais, il examina ses droits avec scrupule : il assembla plusieurs fois son Conseil : il demanda l'avis des Universités de son royaume et de celles des pays étrangers : il voulut même consulter la nation entière représentée par les députés des trois Ordres de l'Etat ; et à peine une année consommée en délibérations put elle suffire pour le déterminer. »

Le point de droit public sur lequel elles roulèrent n'était pas cependant fort difficile à décider. Il s'agissait de savoir si, en conséquence d'un traité conclu à Calais, le 24 d'octobre 1360, entre le roi Jean et Edouard III, roi d'Angleterre, par lequel on avait annulé un article de celui de Bretigny, conclu entre ces deux rois, six mois auparavant, Charles V était, en 1369, seigneur suzerain et souverain du duché de Guyenne; si, en vertu du droit de ressort, qui est une suite de la souveraineté, la cour des pairs de France avait pu recevoir l'appel interjeté par les seigneurs et les peuples de la Guyenne des injustices et des vexations d'Edouard, prince de Galles, leur duc, et si ce prince, en refusant de comparaître devant cette cour qui avait décerné un ajournement contre lui, n'avait pas commis le crime de félonie envers son seigneur suzerain et de rébellion envers son souverain et n'avait pas encouru la peine de la *commise* féodale et de la confiscation.

Froissart n'a point parlé de ce traité de Calais; et la copie qu'il a donnée de celui de Bretigny est défectueuse (1),

---

(1) Secousse donne la preuve de ces défectuosités (*Ibid,*) dans la note *a*, p. 87 et 88.

tronquée, fautive même dans la date et par tous ces défauts inintelligibles dans quelques endroits ; elle renferme même des contradictions. Cet historien peu exact a été cependant l'unique guide qu'ont suivi presque tous ceux qui, après lui, ont entrepris d'écrire les événements qu'il a rapportés. Ils n'ont donc point connu le traité de Calais, sur lequel était appuyée la justice des armes de Charles V, et il faut convenir que ce n'est pas sans quelque fondement que Rapin Thoyras (1) a dit qu'ils se sont trouvés dans un *embarras tout manifeste* (ce sont ses termes), lorsqu'ils ont voulu justifier la guerre qu'il déclara aux Anglais. Bodin (2), jurisconsulte français fort habile dans notre droit public, a décidé nettement que Charles V, en recevant les appels des seigneurs de la Guyenne, avait contrevenu au traité de Bretigny ; et on ne peut pas lui en faire un reproche, s'il n'a connu que ce traité.

Si cependant ces auteurs, au lieu de s'en rapporter uniquement à Froissart, avaient consulté d'autres chroniques composées sous le règne de Charles V, ils y auraient trouvé assez de lumières pour se donner une idée plus exacte de toutes les conventions qui avaient été faites entre le roi Jean et Edouard III et du droit incontestable qu'elles avaient conservé au roi de France sur la souveraineté de la Guyenne.

Le traité de Calais est en forme dans les Chroniques de St Denys (3). On y trouve de plus un mémoire dressé par le conseil de Charles V pour être présenté au roi

---

(1) *Histoire générale d'Angleterre*, etc. (La Haye, 1727), tome III, p. 235.
(2) *De la République*, livre III, chap. i.
(3) Tome III, fol. 5, v°, col. 1.

d'Angleterre. C'est une espèce de manifeste où sont discutées, avec beaucoup d'étendue, toutes les raisons sur lesquelles Charles V fondait la justice de la guerre qu'il était sur le point de déclarer aux Anglais. Nous avons, d'ailleurs, l'apologie de ce prince, faite par lui-même. Théodore Godefroy a fait imprimer, en 1612, la relation (1), écrite par un témoin oculaire du voyage que l'empereur Charles IV fit en France, en 1378. Cet auteur rapporte que l'empereur, étant à Paris, témoigna à Charles V qu'il n'était pas suffisamment instruit des raisons qui avaient allumé la guerre entre la France et l'Angleterre. Charles V, sûr de son bon droit, fut charmé qu'on lui fournît une occasion de le faire connaître dans les pays étrangers : il assembla au Louvre le conseil de Charles IV et le sien, et en présence de l'empereur et du roi des Romains, son fils, et devant cet auguste sénat il voulut bien, pour ainsi dire, plaider lui-même sa cause et rendre compte de sa conduite, dans un discours qui dura plus de deux heures et dont l'auteur rapporte le précis. Toute l'assemblée fut pleinement convaincue qu'elle avait été conforme à la justice ; et l'empereur le déclara hautement.

Enfin, cette affaire est amplement discutée dans le *Songe du Vergier* (2), composé en français, vers la fin du règne de Charles V.

C'est, sans doute, dans ces sources que Mézerai (3) a puisé la connaissance qu'il a eue du traité de Calais,

---

(1) Elle est intitulée : *Entrevues de Charles IV, empereur, et de Charles V ;* cette pièce historique a été publiée en 1613, in-4°, par Th. Godefroy.

(2) Livre I, chap. CXLV et CXLVI.

(3) Tome II, édit. de 1685, in-fol., p. 455.

dont il parle dès l'année 1360. Le père Daniel a bien su le faire valoir. Il a eu en ce point un grand avantage sur tous ceux qui, avant lui, ont écrit l'histoire de France ; car il a été à portée de consulter le vaste recueil d'Actes, publié en Angleterre par Rymer, dans lequel sont imprimés non-seulement les traités de Bretigny et de Calais, mais encore un très-grand nombre d'autres actes qui y sont relatifs et qui nous ont enfin donné des idées justes, exactes et complètes sur tout ce qui se passa dans cette fameuse négociation.

Ce n'est donc qu'après un espace de près de quatre cents ans que nous avons pu avoir une connaissance parfaite d'un des points les plus importants de notre histoire; et cette connaissance nous la devons à nos adversaires. Le père Daniel a profité du recueil de Rymer pour éclaircir ce point d'histoire : mais il n'a fait que l'effleurer ; et dans une histoire générale, il ne lui était pas possible de la discuter avec toute l'étendue que la matière le demandait.

Secousse a développé les conventions qui furent faites entre la France et l'Angleterre, à Bretigny et à Calais, la manière dont elles furent exécutées et le droit incontestable que ces traités ont conservé à nos rois sur la souveraineté du duché de Guyenne. Les suites avantageuses qu'eut pour la France l'exercice que Charles V fit de ce droit de souveraineté contre un vassal et un sujet rebelle demandent qu'on en démontre la justice par des preuves si claires et si solides qu'il ne reste plus aucun doute.

Un second motif a engagé Secousse à traiter ce point d'histoire. « Un français, dit-il, (1) ne peut lire sans indi-

(1) Ibid. ut sup., p. 81.

gnation les réflexions odieuses que Rapin Thoyras a faites, dans son *Histoire d'Angleterre*, au sujet de la guerre que Charles V déclara aux Anglais ; et je me suis fait un devoir de venger l'honneur d'un de nos plus grands rois des traits envenimés de cet écrivain partial, en dévoilant aux yeux du public sa prévarication honteuse contre la loi fondamentale de l'histoire. »

Secousse rapporte dans son Mémoire des faits tirés d'un manuscrit de la Bibliothèque du roi et qui a pour titre : *Traicté faict par Iehan Juvénal des Ursins, évesque, duc de Laon, pair de France, au roi Charles VII, touchant les différans entre les rois de France et d'Angleterre*. Juvénal des Ursins fut d'abord avocat général au parlement de Paris, puis évêque de Beauvais, ensuite évêque de Laon en 1444. Ce fut pendant qu'il occupait le siége de Laon qu'il composa ce traité. Il fut fait archevêque de Reims en 1449 et mourut en 1473.

C'est lui qui a écrit l'histoire de Charles VI, publiée par Denys Godefroy (1).

On trouve dans le même manuscrit de la Bibliothèque du roi un autre ouvrage dont Secousse s'est aussi servi. Il est intitulé : *Traitté concernant les différents entre les rois de France et d'Angleterre, dédié au roi Louis XI°*. L'auteur n'en est pas connu.

Pour bien entendre les traités qui, en 1360, terminèrent la guerre qui était alors entre la France et l'Angleterre, il faut remonter jusqu'à son origine.

Le roi Charles-le-Bel étant mort sans enfants mâles, deux concurrents, Philippe, comte de Valois, et Édouard III, roi d'Angleterre, se disputèrent la couronne de

---

(1) Paris, 1653, in-fol.

France. La nation, fidèle à ses usages et à la loi fondamentale de l'Etat, se déclara pour le premier. Edouard souscrivit à son jugement : il prêta même, en personne, au nouveau roi Philippe de Valois l'hommage pour les terres qu'il tenait en fief de la couronne; étant retourné en Angleterre, il ratifia cet hommage qu'il avait fait à Amiens ; mais, dans la suite, Robert d'Artois, prince du sang de France, qui avait été banni par un arrêt de la cour des pairs, et qui s'était réfugié en Angleterre, sut tellement animer l'esprit d'Edouard contre la France et contre son roi, qu'il le détermina à déclarer la guerre à Philippe de Valois, en 1339 (1).

Pour justifier cette rupture, Edouard n'allégua point d'abord ses anciennes prétentions sur la couronne de France ; mais ayant fait proposer aux Flamands, qui étaient alors révoltés contre leur comte, de se liguer avec lui, ils lui répondirent que leur inclination et leur intérêt les y auraient déterminés sur le champ, s'ils n'avaient été retenus par le serment qu'ils avaient fait de ne jamais porter les armes contre la France ; qu'il lui était cependant bien facile de lever cet obstacle, et que s'il voulait prendre le titre de roi de France, le traité serait bientôt conclu. Edouard, pour se prêter au scrupule vain et ridicule de ce peuple superstitieux, prit ce titre ; et dès lors les Flamands ne doutèrent plus qu'ils ne pussent combattre sous ses étendards, en sûreté de conscience.

(1) Lancelot, *Justification de la conduite de Philippe de Valois, dans le procès de Robert d'Artois*, (tome VIII des Mém. de l'Acad. des Inscript., édit. in-4°), Cf. Lancelot, *Mémoires pour servir à l'histoire de Robert d'Artois* (tome X des Mém. de l'Acad. des Inscrip., édit. in-4°.)

La guerre injuste que faisait Edouard fut cependant heureuse. Nous n'en rappellerons point les tristes événements ; et nous passerons rapidement sur ces deux funestes journées, où un faux point d'honneur, un courage aveugle et une fougueuse impétuosité firent échouer nos nombreuses armées contre une poignée d'Anglais. Philippe-de-Valois fut vaincu à Crécy : le roi Jean son fils, vaincu de même à Poitiers, y fut pris et conduit en Angleterre. Charles, son fils aîné, prit le gouvernement, avec le titre de régent. Il n'avait que dix-neuf ans ; il fut presque accablé d'un poids que sa jeunesse et son peu d'expérience le mettaient hors d'état de soutenir. Aux malheurs d'une guerre étrangère se joignirent des dissensions domestiques, encore plus funestes. Elles furent suscitées par Charles II, comte d'Evreux et roi de Navarre, dit *le Mauvais* « l'âme la plus noire et la plus scélérate qui fût jamais (1). » Le royaume était épuisé d'hommes et d'argent ; presque tous les chefs militaires ou avaient été tués ou étaient prisonniers de guerre ; les esprits étaient divisés ; l'autorité du jeune régent n'était pas respectée : le désordre et la confusion régnaient dans toute la France. Edouard profita de la malheureuse situation du royaume. En 1360 il entre par Calais, à la tête d'une nombreuse armée ; il porte partout le fer et le feu ; tout fuit devant lui, et, sans rencontrer un seul ennemi, il ravage la Picardie, la Champagne, la Bourgogne, l'Ile de France et s'arrête enfin dans la Beauce, auprès de Chartres.

(1) Secousse, *ibid. ut sup.*, p. 85. — Secousse avait étudié à fond Charles-le-Mauvais (Cs. ses *Mémoires pour servir à l'histoire de Charles-le-Mauvais*, etc. (Paris, 1755-58, 2 vol. in-4°.)

Là, il consentit à entendre aux propositions de paix qu'on lui fit. Ses députés et ceux du régent Charles se rendirent à Bretigny près de Chartres, et le 8 mai 1360 ils y conclurent un traité. Par ce traité, (1) la France cède au roi d'Angleterre l'entière souveraineté du Ponthieu, du Poitou, de la Guyenne et de toutes les autres provinces ci-dessus énumérées. Il est stipulé, dans l'article 12, que le roi Jean renoncera au droit de souveraineté sur tous ces pays, et qu'Edouard, de son côté, renoncera au titre de roi de France et à toutes les prétentions qu'il a sur cette couronne.

Si dans le traité de Bretigny il n'y avait pas, par rapport aux renonciations réciproques que devaient faire les deux rois, d'autres articles que ceux dont nous venons de rendre compte, et s'il n'y avait point eu d'autres traités conclus entre eux, il est certain que nos rois auraient été privés à perpétuité de tout droit de souveraineté sur la Guyenne. Les termes des articles qui renferment la renonciation de ce droit sont clairs, positifs, formels et ne peuvent faire naître aucune ombre de doute ni de difficulté. Mais, l'article 12 du traité de Bretigny finit par ces mots : *et du temps et lieu où et quand les dittes renunciations se feront, parleront et ordonneront les deux roys à Calais ensamble.*

En effet, les deux rois ayant passé d'Angleterre à Calais y signèrent, le 24 d'octobre 1360, un si grand nombre de traités et d'actes, qu'à peine peut-on concevoir qu'une

---

(1) Th. Rymer, *Fœdera, conventiones, litteræ et cujuscumque generis acta publica inter reges Angliæ et alios quosvis imperatores, reges,* etc., tome VI, p. 178.

seule journée ait pu suffire pour en entendre la lecture(1). D'abord ils ratifièrent l'instrument de paix conclue à Bretigny, dans la même forme dans laquelle il avait été rédigé, sans y faire d'autre changement que la suppression entière du douzième article, qui contenait la renonciation formelle du roi de France à la souveraineté de la Guyenne. Ensuite, les deux rois signèrent, chacun de leur côté, des lettres entièrement semblables, par rapport aux dispositions qu'elles contenaient, par lesquelles ils confirmèrent le traité de Bretigny, à l'exception du changement qu'ils firent dans un seul article qu'ils *corrigèrent*, pour me servir d'une expression répétée plus d'une fois, dans différents actes passés en conséquence de ces deux traités. L'article qui renferme cette *correction* est trop essentiel pour ne pas transcrire une partie des termes dans lesquels les deux rois s'expliquèrent.

Nous rapporterons ceux des lettres du roi Jean, auxquelles celles d'Edouard sont entièrement conformes.

Il avait été *pourparlé* dans le traité de Bretigny, disent-ils chacun dans leurs lettres (2), que le roi Jean renoncerait à la souveraineté de la Guyenne et qu'Edouard renoncerait au titre de roi de France : *sur lesquelles choses, après plusieurs altercations eues sur ce, et par espécial, pour ce que les dites renonciations ne se feront pas de présent*, il a été convenu que ces renonciations réciproques ne se feront qu'après que le roi Jean aura mis Edouard en possession de toutes les provinces qu'il lui cède et qu'après que délivrance lui en aura été faite, le

---

(1) Cs. Secousse, *Ibid.*, *ut sup.*, p. 87 et 88, note *a*.
(2) Les lettres du roi Jean sont à la page 237 du tome VI de Rymer, et celles d'Edouard, à la page 243 du même recueil.

roi Jean fera expédier des lettres de renonciation à la souveraineté de la Guyenne, qu'il enverra à la Saint-André 1361, dans l'église des Augustins de Bruges, pour y être délivrées aux députés d'Edouard, qui, de son côté, après cette délivrance, fera expédier des lettres de renonciation au titre de roi de France, qu'il enverra à Bruges, au même terme, pour y être délivrées aux députés du roi Jean ; que cependant jusqu'à ce terme le roi Jean surseoira de faire aucun exercice, tel qu'il soit, de souveraineté sur la Guyenne et qu'Edouard surseoira de prendre le titre de roi de France. Ils ajoutent ensuite ces termes importants : « Et combien que ès articles dudit accord » et traitié de la pais (*de Bretigny*) en ces presentes » lettres, ou autres dépendant desdiz articles, ou de ces » présentes autres quelconques, quelles que elles soient » ou fussent, aucunes paroles ou fait aucun que nous » ou lui (*Edouard*) feissiens ou deissiens, qui sentissent » translation ou renonciation, taisibles ou expresses, de » ressors ou souvereinnetez, c'est l'entention de nous et » de nostredit frère que les avant dit souvereinnetez et » ressors que nous avons esdites terres, qui seront bail- » liez à nostredit frère, comme dit est, demourront en » l'estat en quel elles sont à present. »

Le traité de Bretigny contenait deux conventions principales : 1° Le roi Jean cède à Edouard le Ponthieu, le Poitou et la Guyenne. 2° Le roi Jean renonce à la souveraineté de cette province, et Edouard au titre de roi de France. Par les lettres données à Calais, la première convention est formellement confirmée, mais la seconde est totalement anéantie ; par rapport au point qui en faisait l'objet, les deux rois sont maintenus dans l'état où ils étaient alors et dans tous les droits qu'ils avaient.

Le roi Jean reste donc souverain de la Guyenne, et les renonciations réciproques deviennent dépendantes d'un événement futur et incertain, de la signature de deux nouveaux actes et de l'exécution de l'engagement contracté par les deux rois, d'envoyer dans un certain temps leurs députés à Bruges pour faire l'échange de ces actes. Dès que le roi Jean fut de retour dans son royaume, son premier soin fut d'exécuter le traité de Brétigny. Il fit, aux termes stipulés, les payements de sa rançon : il envoya en Angleterre les otages qu'il était obligé de donner, et il fit mettre les commissaires d'Edouard en possession des provinces qui lui avaient été cédées.

L'auteur du *Songe du Vergier* rapporte sur ce dernier point un fait bien important. Il dit que dans les lettres et dans les actes par lesquels les commissaires du roi Jean mirent ceux d'Edouard en possession des villes de la Guyenne, ils réservaient *la souveraineté, le ressort et les subjectz*, et que les habitants de ces villes protestaient qu'ils ne renonçaient point à la souveraineté et ressort du roi de France, *et si se repentirent* (se rapportèrent) *au dit traitié de Calais : comme tout ce appert par instrumens publiques, lesquelz doivent être au trésor du roi* et que les commissaires d'Edouard ne s'opposèrent et ne contredirent ni aux réserves contenues dans les actes de délivrance faits par ceux du roi Jean ni aux protestations des peuples.

Par le traité de Calais, Edouard, par une espèce de prévision et *précairement*, comme parlent les jurisconsultes, avait la jouissance du ressort et de la souveraineté des pays qui lui avaient été cédés ; mais quand ses officiers voulurent exercer ces droits, ils trouvèrent de l'opposition de la part des peuples, qui ne purent se résoudre à reconnaître cette nouvelle souveraineté du roi d'Angleterre, que d'ailleurs ils ne regardaient point comme incommutable. C'est dans les chroniques de Saint-Denys que l'on trouve la preuve de cette réclamation des peuples.

Avant le traité de Bretigny, le comté de Ponthieu ressortissait au bailliage d'Amiens et de là au parlement. Depuis le traité de Calais, les officiers du roi d'Angleterre voulurent établir dans ce comté une cour de justice pour juger en dernier ressort. Pour y parvenir, ils dressèrent une requête, au nom des habitants, dans laquelle il était dit qu'ils le demandaient ; et ayant fait assembler le clergé, la noblesse et le tiers-état, ils leur proposèrent de souscrire cette requête, qui était prête à signer : mais les trois ordres, d'un consentement unanime, refusèrent de le faire et déclarèrent qu'ils ne croyaient point que le roi Jean eût renoncé à la souveraineté des provinces qu'il avait cédées au roi d'Angleterre.

Pendant que, d'un côté, le roi Jean exécutait de bonne foi le traité de Bretigny, et que, de l'autre, Edouard mettait tous ses soins à rendre perpétuelle une souveraineté qui n'était que provisionnelle, arriva le terme auquel les deux rois devaient envoyer à Bruges des députés pour consommer l'affaire des renonciations réciproques.

Juvénal des Ursins nous a conservé, dans le traité manuscrit dont nous avons rapporté le titre, la mémoire d'un fait qui va décider la question de la souveraineté de la Guyenne. Il dit que le roi Jean fut fort exact à envoyer à Bruges, à la Saint-André 1361, des députés chargés de l'acte par lequel il renonçait à la souveraineté de la Guyenne ; qu'après l'expiration de ce terme ils attendirent pendant longtemps ceux d'Edouard qui n'en envoya point. Il ajoute que dans la suite le roi Jean fit offrir plusieurs fois à Edouard de délivrer ses lettres de renonciation, si ce prince voulait donner les lettres de celle qu'il devait faire, quoique le terme dont ils étaient convenus entre eux pour faire cet échange fût passé il y avait déjà longtemps.

L'auteur anonyme, dont l'ouvrage est dans le même manuscrit, rapporte à peu près les mêmes faits et semble même dire que les députés du roi Jean firent des sommations à Edouard d'envoyer les siens à Bruges ; *jaçoist* (ce sont ses termes,) *ce que duement le dict roi d'Angleterre et les siens feussent appellez et attendus, comme par les actes autantenticques se peuvent ces choses clairement monstrer.*

Du temps de Louis XI, sous le règne de qui cet auteur vivait, on avait donc des actes, des sommations, des procédures qui attestaient que le roi Jean avait envoyé ses députés à Bruges et qu'il n'y en était point venu de la part d'Edouard? Au défaut de ces titres, Edouard nous fournira lui-même la preuve qu'il n'envoya pas ses députés à Bruges, ou que du moins les renonciations ne s'y firent point.

En exécution du traité de Calais, Edouard cessa par provision de porter le nom de roi de France ; mais lorsque Charles V lui eût déclaré la guerre, il le reprit et l'annonça à tous ses sujets, par deux lettres (1) données en 1369. Il déclare dans la dernière qu'il a repris le nom et titre de roi de France, auquel il n'avait jamais renoncé ni tacitement ni expressément. Par conséquent, le roi Jean ni Charles V n'ont jamais renoncé à la souveraineté de la Guyenne ; car, ces deux renonciations étaient dépendantes

---

(1) Apud Rymer, tome VI, p. 624 et 643.

l'une de l'autre ; elles devaient être réciproques et se faire dans le même temps.

Il n'est pas difficile de pénétrer quelles furent les vues politiques qui empêchèrent Edouard d'envoyer des députés à Bruges. Les deux renonciations balancées l'une avec l'autre ne lui parurent pas d'un poids égal. En effet, pour l'instant présent, il y avait tout à perdre pour lui et rien à gagner ; sa renonciation lui aurait fait perdre des prétentions qui flattaient son ambition ; et celle du roi Jean n'aurait rien ajouté à la jouissance entière dans laquelle il était de la souveraineté de la Guyenne. Il se flatta sans doute que, quoiqu'il n'exécutât point le traité de Calais, la France, dans l'abattement où elle était, n'oserait réclamer cette souveraineté ou qu'elle la réclamerait en vain ; que les peuples oublieraient insensiblement leur légitime souverain et s'accoutumeraient à ne reconnaître que lui seul ; qu'une longue possession lui tiendrait enfin lieu de titre, et qu'il serait toujours assez puissant pour se maintenir dans cette souveraineté, sans être obligé de l'acheter par une renonciation au plus beau trône de l'univers.

La convention de Calais n'ayant point été exécutée par le fait d'Edouard, elle a été résolue et doit être regardée comme non avenue. C'est la disposition formelle des lois romaines. Elles décident, (1) que l'inexécution des conventions, de la part d'un des contractants, donne lieu à leur résolution, soit qu'il ne puisse ou ne veuille pas exécuter son engagement. Ce principe de droit civil, Puffendorff l'a appliqué au droit public des nations. « Les

---

(1) Domat, *Lois civiles*, livre I, titre I, sect. IV, art. 4 et sect. VI, art. 2.

» conventions,— dit-il dans la traduction de Barbeyrac (1),
» — n'obligent point un contractant lorsque l'autre n'a
» pas effectué tous les articles dont ils étaient convenus...
» Dès qu'il manque à sa parole, on n'est point tenu de
» rien exécuter en sa faveur. »

La convention de Calais ayant été résolue parce qu'Edouard ne voulut pas l'exécuter, les parties contractantes ont conservé leurs anciens droits. Le roi Jean a donc conservé celui qu'il avait sur la souveraineté de la Guyenne et il a pu reprendre l'exercice de cette souveraineté qui n'avait été suspendu que par un traité qui doit être regardé comme non avenu. A la vérité, Edouard, de son côté, conserva aussi ses prétentions chimériques sur la couronne de France; et depuis ce temps-là on vit, sans inquiétude, ses successeurs ajouter à leurs titres celui de roi de France.

Le roi Jean mourut le 8 avril 1364, et Charles V, son fils aîné, lui succéda. Dès qu'il fut monté sur le trône, il mit tous ses soins à réparer les désordres qui sont les suites inévitables de la guerre, à faire refleurir les lois et la justice et à soulager son peuple par la diminution des levées dont il était surchargé.

Pendant que ses heureux sujets bénissaient son gouvernement, Edouard prince de Galles, à qui Edouard III, roi d'Angleterre, son père, avait donné le duché de Guyenne, vexait les siens, violait leurs priviléges et les accablait d'impôts exorbitants. Après une longue patience, rebutés enfin de l'inutilité des plaintes et des remontrances qu'ils lui adressaient, ils se tournèrent vers leur légitime

---

(1) Droit de la nature et des gens, tome I, livre III, chap. VIII, § 8.

souverain. Les comtes d'Armagnac, de Périgord, de Comminges et de Carmain et le sire d'Albret se rendirent à la cour de Charles V. Ils lui présentèrent les griefs de toute la Guyenne et lui demandèrent la permission d'interjeter appel à sa cour des pairs des injustices, des extorsions et des violences du prince de Galles et de ses officiers. Charles V sentit toutes les suites que cet acte judiciaire entraînerait après lui ; il prévit que cette grande affaire n'était pas de nature à être jugée contradictoirement par une cour de justice et qu'elle ne pouvait être décidée que par le sort des armes.

Il fut un an sans faire une réponse positive à ces seigneurs : ce long espace de temps, il l'employa d'abord à faire toutes les démarches nécessaires pour prévenir une rupture entre les deux couronnes ; et les avances qu'il fit auprès d'Édouard n'ayant pas eu l'effet qu'il en attendait, il examina si la guerre dans laquelle on voulait l'engager était juste et si la France était en état de la soutenir. Le dernier point fut sans doute bientôt décidé, et pendant le cours de la guerre l'expérience fit connaître que Charles V, par la sagesse de son gouvernement, avait rendu la France plus puissante et plus florissante qu'elle ne l'avait été depuis longtemps.

L'autre objet des délibérations de Charles V n'était pas plus difficile à décider ; mais comme il intéressait la probité et la conscience, qu'il roulait sur un point de droit public qui demandait de la discussion et qui dépendait du sens de deux traités de paix et de plusieurs autres actes, Charles V fut très-longtemps sans pouvoir se déterminer (1). Il assembla plusieurs fois son conseil : il

(1) Entrevue de l'empereur Charles et de Charles V, p. 96.

voulut avoir les avis des Universités de Bologne, de Montpellier, de Toulouse et d'Orléans et de plusieurs savants personnages qui étaient à la cour de Rome ; et leurs réponses ne lui laissant plus aucun doute sur son bon droit, les lettres de l'ajournement du prince de Galles furent expédiées. Elles sont du 25 janvier 1368. Froissard (1) les a rapportées en forme.

Bernard Pallot, docteur en droit, et Jean Chapponal, chevalier, furent chargés de les signifier au prince de Galles. Ce prince, qui était haut et fier, en fut très-irrité et répondit avec emportement et avec bravade qu'il irait à Paris, qu'il comparaîtrait à l'ajournement mais que ce serait à la tête de soixante mille hommes, qu'il était souverain de la Guyenne et qu'avant qu'on donnât atteinte à son droit il en coûterait plus de cent mille têtes. Froissard (2) dit qu'il fit arrêter Pallot et Chapponal qui s'en retournaient ; mais l'auteur du *Songe du Vergier* (3), Juvénal des Ursins (4), et quelques autres, disent qu'il les fit mourir.

La réponse audacieuse du prince de Galles et la violence exercée contre deux personnes revêtues d'un caractère public ne purent encore déterminer Charles V à rompre avec l'Angleterre. Il voulut faire une dernière tentative auprès d'Edouard (5) : il lui envoya les comtes de Tancarville et de Sarrebruch, Guillaume de Dormans et le doyen de l'église de Paris. Ils eurent plusieurs conférences avec le

(1) Livre I.
(2) Livre I.
(3) Page 177.
(4) Fol. 139, recto, Entrevues, etc. p. 97.
(5) Chroniques de St-Denys, tome III, fol. 8 et suiv.

conseil d'Édouard, et enfin on leur remit un mémoire qui contenait plusieurs plaintes que ce prince faisait contre Charles V.

Ces ambassadeurs étant de retour en France, le roi tint son lit de justice au parlement (1), le 8 juin 1369 et y fit appeler les députés des trois ordres de l'État. Dans cette assemblée, Jean de Dormans, cardinal, évêque de Beauvais et chancelier de France, fit d'abord un discours dans lequel il exposa tout ce qui s'était fait depuis que les seigneurs de Guyenne avaient présenté leur appel. Guillaume de Dormans, frère du chancelier, rendit compte ensuite de tout ce qui concernait la négociation que lui et ses collègues avaient faite en Angleterre. Le roi prit enfin la parole et dit que l'affaire sur laquelle il s'agissait de délibérer était de la plus grande importance et demandait de sérieuses réflexions et que, pour donner le temps de les faire et se mettre en état de lui en dire son avis, il indiquait une seconde assemblée pour le 10 de ce mois. Il finit par ces paroles qui peignent bien naïvement son amour pour la justice, la crainte scrupuleuse qu'il avait de s'en être écarté, la droiture de son âme et la délicatesse de sa conscience : voici les termes de la Chronique de saint Denys : « Et » dist le roy, que s'ilz veoient choses qu'il eust fait qu'il » ne deust, qu'il le dissent, et il le corrigerait : car il » n'avait fait chose qui bien ne se deust adresser, se » aucun deffault ou trop avait fait. »

L'assemblée du 10 fut continuée au 11, et, ce jour-là, Charles V répéta encore que *s'il avait failli ou erré*, on le lui dît sincèrement. Mais toute l'assemblée, d'une voix

(1) Secousse, *Ibid. ut sup.*, p. 102 et 103, note *a*.

unanime, déclara que le roi avait eu droit de recevoir l'appel des seigneurs de Guyenne, et que, dans toute la conduite qu'il avait tenue, il s'était conformé aux règles de la justice. En conséquence, on dressa un ample mémoire pour servir de réponse à celui du roi d'Angleterre. On y insiste principalement sur les conventions stipulées dans le traité de Calais ; mais on y prouve encore qu'Edouard avait contrevenu à plusieurs articles de celui de Bretigny et, par là, avait donné à Charles V un juste sujet de lui déclarer la guerre.

On ne trouve point si la négociation entamée en Angleterre eut des suites : mais il est certain qu'elle n'eut point l'heureux succès dont Charles V s'était flatté et qu'elle ne put prévenir une rupture. Les mémoires de Charles V et d'Edouard sont transcrits en entier dans les chroniques de Saint-Denys. Il résulte de ces mémoires que les renonciations n'avaient point été faites : car Edouard dans le sien s'engage à renoncer au titre de roi de France, lorsque Charles V aura renoncé à la souveraineté de la Guyenne ; et Charles V répond qu'il n'est pas obligé à faire la première démarche et que les actes des deux renonciations doivent être faits dans le même temps.

En conséquence de ce qui avait été décidé dans le lit de justice du mois de juin 1369, la cour des pairs rendit un arrêt (1), le mois de novembre suivant, par lequel la Guyenne et toutes les autres terres que le roi d'Angleterre possédait en France furent confisquées au profit du roi et réunies à son domaine, et, le 14 mai 1370, Charles V donna des lettres patentes qui confirment cet arrêt.

(1) Cf. Secousse, *Ibid. ut sup.*, p. 105 et 106, note *a*.

Les preuves que nous avons données du droit de souveraineté de Charles V sur la Guyenne démontrent la justice de cet arrêt et de ces lettres patentes et celle de la guerre que, peu de temps après, Charles déclara aux Anglais pour en assurer l'exécution (1). Ce ne fut cependant pas lui qui la commença, et les premières hostilités se firent par le prince de Galles, qui attaqua les seigneurs de la Guyenne qui avaient porté leur appel devant la cour des pairs.

« Rapin Thoyras — dit Secousse, — (2) a écrit que quelques-uns de nos écrivains, en voulant faire l'apologie de la conduite de Charles V, s'étaient mis dans un *embarras tout manifeste*. Ne devait-il pas craindre qu'on dît de lui, à son tour, et avec plus de raison, qu'en entreprenant de prouver qu'elle a été contraire à la bonne foi et à la probité il s'est jeté dans un grand *embarras* ! Le reste de ce mémoire sera employé à faire connaître de quelle manière il s'y est pris pour s'en tirer.

» Je souscris à l'estime que le public témoigne avoir pour son *Histoire d'Angleterre :* elle la mérite à certains égards. Le style en est clair, naturel et coulant ; les faits y sont présentés avec ordre et avec netteté ; on y trouve des réflexions sensées et judicieuses ; en général, elle paraît assez exacte : mais il y règne partout une partialité marquée pour la nation dont il a entrepris d'écrire l'histoire et un fond de chagrin et d'aigreur contre celle avec qui les Anglais ont eu de longs et de fréquents démêlés.

» Rapin Thoyras était né en France ; la religion qu'il

(1) Entrevues, etc., p. 97.
(2) Pages 107-112.

professait l'obligea de s'en exiler. Il haïssait sa patrie, peut-être uniquement parce qu'il la regrettait, mais son animosité contre elle n'a jamais éclaté avec plus de noirceur que dans les endroits où il a parlé des traités qui, en 1360, terminèrent la guerre entre les deux couronnes, et de celle que Charles V déclara aux Anglais, en 1365.

» Rapin Thoyras a écrit son histoire après l'impression du recueil de Rymer. Il dit même dans sa préface que c'est la publication de ce grand ouvrage qui l'a engagé à l'entreprendre, et en effet ce sont les secours qu'il en a tirés qui rendent son *Histoire d'Angleterre* supérieure à celles qui l'avaient précédée. On ne peut douter qu'il n'ait consulté Rymer, que même il ne l'ait lu en entier ; car, il a fait des extraits de presque toutes les pièces qu'il renferme ; et ces extraits, après avoir paru successivement dans plusieurs tomes de *la Bibliothèque choisie* et de *la Bibliothèque ancienne et moderne* de M. le Clerc, ont été réunis dans un seul volume. Il est donc impossible que Rapin Thoyras n'ait pas connu le traité de Calais ; cependant il a eu l'impudence (je ne crains point qu'on me reproche de me servir de termes trop durs), il a eu l'impudence de n'en pas dire un mot, ni dans ses extraits, ni dans son histoire. Ce n'est point une négligence, ce n'est point un oubli, c'est une omission volontaire ; c'est une suppression réfléchie. Il avait dès lors ses vues et préparait de loin le venin qu'il voulait dans la suite répandre sur la conduite de Charles V.

» L'affectation est encore plus marquée dans les extraits que dans l'histoire. Rapin Thoyras a quelquefois donné le précis de pièces d'une médiocre utilité ; et lorsqu'il se présente à lui plus de cent traités ou actes faits pour terminer une guerre longue et sanglante, pour donner la paix à une partie de l'Europe, pour régler les droits de deux grands monarques et pour faire changer de maître à de vastes provinces, il n'en détaille pas une; il se contente, après avoir donné un extrait du traité de Bretigny, d'ajouter qu'on signa à Calais un grand nombre d'*actes, qui étaient des confirmations, des ratifications, des renonciations et des mandements,* en confondant dans cette foule d'actes, qu'il n'annonce qu'en gros, le traité de Calais, qui, sans doute, l'*embarrassait* beaucoup, dans le projet qu'il avait déjà formé de répandre le fiel d'une critique également outrageante et injuste sur la résolution que prit Charles V de déclarer la guerre aux Anglais.

» En effet, lorsque, sous l'année 1369, il examine les motifs qui l'y déterminèrent, il recueille le fruit des avantages qu'il s'était ménagés de loin : il ne se trouve point dans la nécessité de répondre aux arguments victorieux qui se tirent du traité de Calais, et il se fait un bouclier de la renonciation formelle à la souveraineté de la Guyenne, stipulée dans celui de Bretigny. S'est-il donc flatté d'avoir entièrement aboli la mémoire du traité de Calais, parce qu'il n'en avait pas parlé dans son histoire? S'est-il imaginé qu'il n'y aurait jamais un Français qui pût déterrer dans Rymer la preuve de sa prévarication? Et n'a-t-il point craint qu'elle ne décriât à jamais son histoire et qu'elle ne le déshonorât aux yeux de son siècle et de la postérité ?

» Cependant, fier, en apparence, de la victoire qu'il croit avoir remportée sur le nom français, il se fait à lui-même un vain triomphe ; il insulte à nos écrivains, il attaque l'honneur de Charles V et lance sur lui les traits les plus injurieux et les plus atroces : « Charles V — dit-il (1), —

(1) Tome III, p. 232 et suiv.

» n'avait conclu le traité de Bretigny qu'en intention
» de le rompre quand il en trouverait une occasion favo-
» rable..... Le roi Jean était le seul qui agît de bonne
» foi..... Charles V, à qui les Français ont donné le nom
» de Sage, ne se trouva pas d'un caractère si scrupu-
» leux..... prétendant, malgré ses serments et toutes les
» démissions et renonciations que le feu roi son père et
» lui-même avaient faites, être encore souverain de la
» Guyenne..... Cependant Charles amusait Edouard, en lui
» faisant faire des plaintes. Il est vrai que cette conduite
» fut prudente, si l'on ne compte pour rien la bonne
» foi..... C'était renoncer ouvertement à la bonne foi.....
» La sagesse de Charles n'était pas une vertu fort scrupu-
» leuse..... Cette sagesse est une véritable perfidie. »

» Conçoit-on que cette espèce de blasphême ait pu échapper à un écrivain né en France ? Il en serait devenu la honte et l'opprobre, si lui-même ne s'en était banni. De quel front a-t-il osé, contre sa propre conscience, outrager la mémoire d'un roi plus respectable encore par sa probité que par sa couronne ; d'un roi, le père de ses sujets, l'amour de son peuple, l'honneur du trône français et le modèle des souverains. Mais le titre de Sage, que son siècle lui a donné et que les siècles suivants lui ont confirmé, ne recevra point d'atteinte de la malignité d'un écrivain passionné et se transmettra glorieusement jusqu'à la postérité la plus reculée. »

Il semble qu'il n'y ait rien à ajouter au mémoire de Secousse dont on vient de lire l'analyse détaillée ; cependant comme les ennemis de la France n'ont cessé d'insister sur la prétendue injustice et mauvaise foi de Charles V dans ses rapports avec l'Angleterre, il est aussi de notre devoir d'épuiser, en quelque sorte, en faveur de ce roi si éminent, les témoignages à décharge et de venger sa mémoire de stupides et odieuses accusations.

Donc, la même année que Secousse (1743), et à quelques mois d'intervalle, un autre membre de l'Académie des inscriptions, le savant Sallier (1), venait corroborer les preuves déjà si concluantes fournies par son devancier.

« Je n'aurais pas — dit-il (2), — entrepris de traiter cette question,... si je n'avais trouvé à la Bibliothèque du Roi une pièce jusqu'ici inconnue et qui me paraît importante pour appuyer la décision du procès en faveur de Charles V. »

C'est un traité manuscrit, où l'auteur justifie pleinement la mémoire de ce prince. L'auteur du traité et Secousse ont employé, pour défendre une cause commune, les mêmes raisons, à trois siècles d'intervalle l'un de l'autre ; et avec les mêmes armes ils ont combattu les ennemis de la gloire « d'un de nos plus grands rois (3). » « C'est que l'équité de la conduite de Charles V n'est point problématique, lorsqu'on veut en approfondir l'histoire ; et que cette vérité, lorsqu'on la cherche dans les monuments mêmes du temps, se montre avec évidence à ceux qui désirent de bonne foi de la trouver (4). »

Le traité manuscrit dont il s'agit ici est sans nom d'auteur ; et l'on ne connaîtrait point cet auteur si Etienne

---

(1) Examen des reproches d'injustice et de mauvaise foi que quelques historiens anglais font à la mémoire de Charles V (Mém. de l'Acad. des Inscrip., tome XXVII de l'édit. in-12, p. 112-136.)

(2) Ibid., p. 112.

(3) Ibid., p. 113.

(4) Ibid., p. 113.

Pasquier ne nous le faisait connaître. C'est au second livre de ses *Recherches* (1) qu'après avoir fait valoir la loi salique contre les prétentions d'Edouard III il s'exprime ainsi : « Entre tous (les traités faits pour la défense des Français), » j'ai lu un discours écrit à la main intitulé : « Traité au- » quel est contenue l'occasion ou couleur pour laquelle » le feu roi Edouard d'Angleterre se disait avoir droit à la » couronne de France, qui fut composé par un nommé » Jean de Monstreuil, prévôt de l'Isle, auquel livre sont » discourues amplement les raisons qui sont à l'avantage, » tant de l'un que de l'autre parti. » (2)

Cet écrivain composa son ouvrage, en 1420 sous le règne de Charles VI, ou plutôt il fit en latin l'extrait d'un ouvrage plus étendu, qu'il avait écrit en français sur le même sujet.

Sallier n'a pu découvrir ce traité français, et il ne présente que l'abrégé latin ; en voici le début qu'il traduit :

« L'ignorance du droit et celle des faits embrouillent » souvent les matières, au point que la plupart des » hommes prennent pour vrai ce qui est faux et pour faux » ce qui est vrai. De là vient que je me suis cru obligé » de publier en latin une partie du discours plus étendu » que j'avais fait en langue vulgaire (3) sur les causes

---

(1) Chap. xviii.

(2) Le titre du manuscrit dont il s'agit est conçu en ces termes : *In hoc parvo tractatu continentur occasiones seu colores quibus rex quondam Eduardus Angliæ pretendebat habere jus ad coronam Franciæ ac responsiones super illis, cum ostensione injustitiæ Anglicorum tam super principali quam super accessorio guerræ ac bellorum exinde obortorum.*

(3) *Ex quodam ampliori tractatu in vulgari.*

» de la guerre qui s'est allumée entre les rois de France
» et d'Angleterre ; afin que les étrangers qui ne savent
» pas le français puissent s'instruire de ce qui concerne
» cette matière. »

Tout porte à croire que cet auteur avait eu part aux négociations que les grands intérêts des deux rois occasionnèrent et qu'il avait assisté aux conférences qui furent établies entre les Français et les Anglais pour discuter les droits des deux couronnes.

L'ouvrage est distribué en treize chapitres. Le premier tend à montrer que ni Edouard ni ses successeurs n'ont jamais eu de légitimes prétentions sur la couronne de France. Le second est la copie fidèle de l'acte par lequel Edouard, comme vassal, fit en 1331 hommage-lige au roi de France pour le duché d'Aquitaine, le comté de Ponthieu et celui de Montreuil (1). Le troisième chapitre est employé à prouver que le roi Edouard devait, pour forfaiture, perdre par confiscation le duché d'Aquitaine, le comté de Ponthieu et celui de Montreuil. Le quatrième fait voir que les Anglais n'ont point observé et n'ont pas voulu remplir les engagements pris dans le traité de Calais (2). Dans le cinquième et le sixième, l'auteur rapporte les violences que les Anglais avaient exercées pour se rendre maîtres du duché d'Aquitaine, du comté de Ponthieu et de Montreuil, sans reconnaître la souveraineté du roi, et il y établit que les Anglais sont dans l'obligation de rendre les sommes d'argent qu'ils avaient reçues en conséquence du traité de Calais.

---

(1) Le même acte est rapporté par Froissart.
(2) Non observaverunt nec voluerunt implere tractatum Calesii.

« J'omettrai ici — dit Sallier (1), — quelques-uns des chapitres suivants de l'ouvrage, pour ne m'arrêter qu'à ceux qui ont plus immédiatement rapport à la question que j'ai proposée. Ainsi, en passant tout d'un coup au chapitre neuvième, on y trouve les preuves que jamais Charles V n'avait renoncé à la souveraineté du duché d'Aquitaine, et on apprend, dans le chapitre dixième, par la séduction de qui le roi Edouard a commencé à usurper le titre du roi de France et à mettre ses prétentions au jour. » Le chapitre treizième contient les demandes que firent les Français et les réponses des Anglais sur quatre points principaux que l'on entreprit d'examiner dans une conférence.

Revenons aux qualifications injurieuses que les historiens anglais ne craignent pas de donner à Charles V, et, sur les principes de Jean de Montreuil, examinons si en effet il y a quelque fondement à de semblables imputations.

Les raisons des historiens anglais se réduisent à ces chefs-ci : l'inexécution du traité de Bretigny ; la citation injuste du prince de Galles pour comparaître devant la cour des pairs de France, en conséquence de l'appel non recevable des seigneurs du duché d'Aquitaine ; enfin la confiscation de ce duché et la déclaration de guerre que fit Charles V à Edouard III.

Si Jean de Montreuil avait pu prévoir les conséquences que Rapin Thoyras devait tirer un jour des traités de 1360 contre la bonne foi de Charles V, il n'aurait pu choisir une meilleure voie pour les prévenir et pour décharger la mémoire du roi de France et de son fils du reproche de

(1) Ibid. *ut sup.*, p. 116.

n'avoir pas rempli les engagements portés par les traités, que de prouver, comme il fait, que les Anglais sont les premiers qui soient tombés en contravention formelle contre ceux de Bretigny et de Calais. Il se rend accusateur et il met les Anglais dans la nécessité de répondre pour Edouard III sur l'inexécution dont il fut le seul et le premier auteur (1).

Le traité de Calais renfermait deux points principaux et positivement exprimés; l'un, que les Anglais videraient les villes, châteaux et forteresses qu'ils occupaient dans le temps que le traité de Calais se faisait; l'autre, que, dans le cours de l'année qui suivrait le traité de Calais, le roi Edouard enverrait à Bruges une renonciation à toutes ses prétentions sur la couronne de France aux nom, titres et armes de roi de France. Edouard et le prince de Galles, son fils aîné, avaient promis et juré sur les saints Evangiles et sur le corps sacré de Jésus-Christ (2) de satisfaire à ces deux conditions : elles avaient été avouées et confirmées par le serment des seigneurs et des grands du royaume d'Angleterre.

Le roi Jean et Charles V, de leur côté, s'étaient engagés à faire partir, dans le cours de la même année, des personnes choisies, chargées de la renonciation du roi et de son fils à la souveraineté de la Guyenne (3). Les Anglais ne remplirent ni l'une ni l'autre de ces conditions. Le roi de France exécuta son engagement ; il envoya ses gens à

---

(1) Non observaverunt nec voluerunt implere tractatum Calesii. — Cap. IV.

(2) Supra sancta Dei evangelia et corpus sacrum Jesu Christi

(3) Ad renunciandum superioritati terrarum quæ per dictum tractatum Calesii Anglicis tradebantur.

Bruges... Les Anglais ne parurent point. Tout le monde était instruit de ce manque de parole, soit en France, soit en Angleterre (1).

Quand à l'autre condition, qui était l'évacuation des villes, forteresses et châteaux, il est de notoriété publique (2), que, pour le recouvrement de toutes les places dont les Anglais étaient maîtres, les Français furent contraints d'employer la force des armes et qu'ils les emportèrent tantôt d'assaut, tantôt par des siéges en forme.

Que l'on juge maintenant auquel des deux rois on doit attribuer l'infraction des traités...

Nous avons fait connaître, d'après le manuscrit de Jean de Monstreuil, le refus que fit Edouard d'envoyer à Bruges sa renonciation. Il revint contre son serment : c'était délier le roi de France de celui qu'il avait fait aussi ; c'était le dispenser d'abdiquer la souveraineté de la Guyenne. Jean de Monstreuil, par conséquent, a raison de conclure que le roi de France n'était, en vertu d'aucun droit, obligé à observer les traités de Bretigny et de Calais (3).

Le témoignage et les raisonnements de l'auteur du manuscrit ne peuvent être attaqués ni affaiblis. Les historiens anglais mêmes et surtout le recueil des Actes publiés en Angleterre fournissent abondamment les preuves

---

(1) Veluti hæc sciuntur ab antiquis viris insignibus Franciæ et Angliæ et istud a duce Eboracensi, principe maximo in Anglia, testari faterique audivimus et ab eo, alto animo, tanquam malè factum reprobari.

(2) Scitum est à pluribus nobilibus et aliis fide dignis.

(3) Regem Franciæ jure deinceps ad hujusmodi tractatum nequaquam astrictum esse aut teneri.

de la vérité de ce que dit Jean de Monstreuil sur les engagements réciproques des deux rois de France et d'Angleterre, et quant aux faits, qui ont été de part et d'autre l'accomplissement ou le violement des conventions, outre que l'on ne peut s'empêcher de déférer à l'autorité d'un écrivain instruit des affaires et qui a rapporté ce qu'il avait vu, c'est que l'on peut appuyer son récit par le témoignage d'un autre auteur, qui vivait sous Charles VI, comme Jean de Monstreuil (1).

La partie de l'ouvrage qui regarde notre sujet commence ainsi : « Mémoire abrégé grossement de la matière
» des guerres d'entre le roy de France et le roy d'An-
» gleterre, extrait des lettres et instructions sur ce faites
» au temps passé, lesquelles faudrait veoir qui voudrait
» veoir et bien clerement entendre tout le fait. »

Après la narration de plusieurs événements, l'auteur rend compte des traités de Bretigny et de Calais ; ensuite il ajoute : « *Item*, que par les convenances dessus dites
» et une grosse somme d'or... le roy d'Angleterre deust
» renuntier à tous les droits que povoit demander ou recla-
» mer à la couronne de France, au nom et aux armes
» et à toutes les autres, ès pays particuliers du royaume,
» ès quieulx il povoit prétendre aucuns drois, excepté
» ceux qui lui demoureroient et furent baillés par ladite
» paix. »

« *Item*, par especial promist le roy d'Angleterre faire
» vuider et délivrer, à ses cousts et frais, toutes les for-
» teresses prises et occupées par lui, ses sujets, adhérens

---

(1) Sallier l'avait trouvé dans un manuscrit de la Bibliothèque du roi, où étaient contenus plusieurs traités entre les rois de France et d'Angleterre.

» et alliés ès pays de France, de Touraine, d'Anjou, du
» Maine, du Berry, d'Auvergne, de Picardie, de Nor-
» mandie. »

 Voilà une nouvelle preuve du double engagement dont le roi d'Angleterre était chargé dans les traités. L'auteur atteste aussi nettement l'obligation que le roi de France et son fils ainé avaient contractée de renoncer *aux ressors, souverainetés, hommages et obéissance qu'ils avoient ès terres qui furent baillées au roy d'Angleterre.* Il nous apprend encore que par des lettres patentes on régla la manière dont se devaient faire ces renonciations, le temps et le lieu où elles se feraient : Bruges était le lieu ; la fête de Saint-André de l'année 1361 était le temps. Ces renonciations ne devaient avoir et sortir un plein et entier effet qu'après que les lettres patentes, scellées des sceaux des deux rois et de leurs fils ainés, contenant les dites renonciations, auraient été livrées de part et d'autre, *en la forme sur ce ordonnée.* Le roi de France était obligé de *surceoir de user de ressort, de demander subjection ès terres baillées au roi d'Angleterre jusques au terme de la Saint-André de* 1361.

 Telles étaient les conditions qu'il fallait remplir, suivant les traités de Calais. Voyons maintenant, dans le même historien, si elles ont été remplies, et lequel des deux rois a été le plus fidèle à cette exécution.

 Le roi de France envoya ses gens à Bruges, avec ses lettres patentes, contenant les renonciations qui avaient été stipulées, *et furent ses gens tous prests d'accomplir ce qui avoit été accordé.* Ils attendirent à Bruges jusqu'à la Saint-André. Le roi d'Angleterre n'envoya ni ses lettres patentes ni ses renonciations ni personne pour excuser cette contravention ; *et ne trouvèrent les gens du roy à qui parler.* Le même auteur écrit que plusieurs fois, depuis la Saint-André de 1361, le roi de France avait fait offrir au roi d'Angleterre de remettre entre ses mains la renonciation à la souveraineté de la Guyenne, s'il voulait, de son côté, envoyer celle qu'il avait promise. Le roi d'Angleterre rejeta constamment cette proposition, et en effet il était fort éloigné de s'en tenir à ce qu'il avait réglé à Calais, conjointement avec le roi de France et son fils.

On doit juger des dispositions d'Edouard par son infidélité à une autre condition du traité ; c'était l'évacuation des places. Il semble qu'il affecta de donner, comme le signal d'une seconde guerre, la nouvelle prise de plusieurs places, entr'autres de la Roche-Posay, de Château-Gontier et de la Charité. Tandis que la France s'efforçait d'établir une paix qui avait été jurée par les deux rois et par leurs fils aînés ; tandis que par ses représentations elle invitait le roi d'Angleterre à donner pouvoir à messire Jean Chandos, capitaine d'une grande autorité, de passer en France et d'ordonner que les châteaux et forteresses fussent délivrés de troupes, le roi d'Angleterre recommençait les hostilités par d'autres capitaines qui étaient en France, et plusieurs grands seigneurs du royaume, prisonniers dans les rencontres qu'ils eurent avec les Anglais, entre autres Jacques de Bourbon et le comte de Tancarville, à peine sortis de l'Angleterre, furent encore obligés, contre la foi des traités, de se racheter par de très-grosses rançons. Le roi de France fit sommer en vain Edouard et le prince de Galles : ils ne voulurent rien écouter et *ils furent du tout refusants*, dit l'historien.

L'inexécution du traité de Calais se doit donc attribuer à Edouard et au prince de Galles. Le roi de France et son fils satisfirent à tous leurs engagements : ils mirent le roi Edouard en possession et *saisine des cités, villes, chas-*

teaux, terres et pays qu'ils devaient lui délivrer : ils sursirent jusqu'à la St. André *d'user de ressort et souveraineté*; ils envoyèrent leurs députés à Bruges porter les renonciations qu'ils avaient promises. Ces députés devaient, suivant l'accord, rapporter en France celles d'Edouard et du prince de Galles : l'affaire ne fut point consommée ; le roi d'Angleterre ne voulut pas s'en tenir aux traités.

De là nous concluons avec Jean de Monstreuil que le roi Jean ni Charles V ne renoncèrent jamais aux droits de souveraineté sur la Guyenne..... (1)

« Sans vouloir pénétrer les secrets motifs de la conduite que tint le roi Edouard après les traités de Calais, on peut dire que les désirs de son ambition n'étaient pas satisfaits des avantages qu'il s'était assurés par ces traités ; ils lui parurent médiocres, parce que ses espérances devinrent aussi vastes que ses désirs : et les malheurs de la France ne laissaient que trop entrevoir la possibilité du succès de quelque entreprise que l'on pût former contre le royaume. Edouard s'était repenti d'avoir consenti si tôt et de n'avoir pas exigé de la France plus que ce qu'elle lui avait accordé : il se persuada que l'inexécution des traités ramènerait la guerre ou les négociations et que l'un ou l'autre lui procurerait infailliblement de plus grands états (2). »

Quoiqu'il en soit, nous voyons qn'en 1368 ou 1369 les Anglais ne regardaient pas comme faite et existante la renonciation de Charles V à la souveraineté de la Guyenne. Jean de Monstreuil le prouve par une réponse du roi Edouard rapportée à Charles V par Guillaume de

(1) G. Sallier, p. 125-129 et note *a*.
(2) Ibid., p. 128 et 129.

Dormans, par le doyen de l'Eglise de Paris et d'autres personnages illustres envoyés en Angleterre.

L'auteur du second manuscrit que nous avons cité plus haut dit positivement que « la souveraineté de la Guyenne » demoura au roy, qui oncques n'y renonça ; que le roy » n'avait promis de surceoir de user de ressort et de la » souveraineté que jusques à la fête de saint Andrieu qui » fut l'an 1361. »

Or, si le roi de France avait, comme souverain de la Guyenne, reçu en 1331 l'hommage lige d'Edouard pour cette province, ainsi qu'il est constant par l'acte qui nous en reste ; si dans aucun temps ni le roi Jean ni Charles V n'avaient renoncé à cette souveraineté ; que les historiens anglais nous disent comment Charles V commettait une injustice, en recevant l'appel des seigneurs de Guyenne, lorsqu'ils crurent devoir arrêter par là le cours des violences et des vexations d'Edouard et du prince de Galles.

Nous disons plus et nous ajoutons que le roi de France ne pouvait refuser sa protection à des sujets contre un oppresseur qui usait mal d'une possession où il avait été mis par le traité de Calais. Le roi Edouard et le prince son fils étaient vassaux et hommes liges du roi de France ; on en a vu les preuves.

« La loi veut — dit Jean de Monstreuil, — que, dans le cas de rébellion et de félonie de la part du vassal immédiat, le seigneur souverain puisse s'emparer des terres de son vassal. » Tel était le droit de Charles V. Cependant les exactions tyranniques et les cruautés des officiers du prince de Galles, exercées sur les sujets du roi, ne purent encore déterminer Charles à rompre avec l'Angleterre : il proposa de s'en rapporter de tous leurs différends à l'arbitrage de la cour de Rome. Cette voie de pacification avait été ouverte par les traités de Brétigny et de Calais, dont elle est un article. Le roi de France, quant à cet égard, eut encore sur le roi d'Angleterre l'avantage d'être fidèle aux traités et aux serments qui les avaient confirmés (1). Les Anglais ne voulurent point entendre à cette proposition ; ils étaient partie, et ils se rendaient juges dans leur propre cause. Leur droit leur semblait si bon et si évident, que s'en remettre à la décision d'aucune autre puissance leur semblait une lésion (2).

Il ne restait plus à Charles V que d'employer les voies de la justice avant que de recourir aux voies de fait. C'est le parti qu'il embrassa : il fit ajourner le prince de Galles à comparaître au parlement devant la cour des pairs de France ; il lui fit déclarer qu'il était résolu, comme souverain seigneur de la Guyenne et des comtés de Ponthieu et de Montreuil, de prononcer sur les appels de plusieurs grands seigneurs et autres personnes *qui se sont traits par devers nous, pour avoir droit d'aucuns griefs et molestes indues* ; ce sont les termes de l'ajournement. Cet acte fut porté par un chevalier nommé Jean Capponeau (3) et par un docteur en droit, juge criminel de Toulouse. Le prince de Galles viola le droit des gens, en la personne des deux envoyés ; il les fit arrêter « et ce qui est pire, » continue l'auteur (4), il les fit mourir en prison.

---

(1) Sese submittere arbitrio Papæ et curiæ romanæ promiserant juraverantque.

(2) Pars esse volebant et judices, contra jus omne et omnem rationem.

(3) C'est le même qui est nommé Jean Chapponal dans le mémoire (précité) de Secousse, p. 101.

(4) Et quod deterius est.

Ce ne fut pas là le seul exemple de violence dont usèrent les officiers du prince de Galles envers les sujets du roi. Un habitant d'Abbeville, nommé Ringoys, avait appelé du sénéchal de Ponthieu au parlement de Paris : les Anglais le saisirent, le conduisirent à Douvres et le précipitèrent du haut d'un rocher dans la mer. Mille autres preuves de tyrannies publiques dans ce temps-là excitaient l'indignation et réclamaient la puissance de celui qui devait délivrer ses sujets de l'oppression.

La modération de Charles V, la régularité de ses procédés, son amour pour le maintien de la paix, ses représentations, rien ne put faire rentrer le prince de Galles dans le devoir. Le roi de France, après une mûre délibération, déclara le roi d'Angleterre et son fils ennemis de la France, le duché de Guyenne confisqué et réuni à la couronne : les hostilités commencèrent en différents endroits du royaume, et la justice de la cause du roi de France triompha des efforts de l'Angleterre.

Après de telles preuves, si nombreuses et surtout si concluantes, il nous semble inutile d'analyser le *Discours sur le traité de Bretigny*, de Bonamy (1), qui corrobore — en les résumant, — les mémoires précités de Secousse et de Sallier; on peut donc dire que la politique de Charles V a été aussi équitable que franche et qu'il a été fidèle à la noble devise de son père, le loyal chevalier Jean : « Si la bonne foi était bannie du reste du monde, il faudrait qu'on la retrouvât dans le cœur des rois. » L'habileté de Charles V fut tout entière dans sa droiture : l'étude de l'homme privé, après celle du roi, ne dément pas cette opinion ;

---

(1) Mém. de l'Acad. des Inscript., tome XXVII de l'édit. in-12, p. 136-199.

elle lui apporte une force de plus. Demandons à Christine de Pisan, historien contemporain, les traits de ce caractère plein de sagesse, de prudence et à la fois de franchise qui, dans Charles V, nous montre un digne continuateur du grand saint Louis, ce modèle de tous les rois comme de tous les vrais politiques.

Mais, d'abord, un mot sur cette Christine de Pisan, si malmenée par M. Sismondi qui la traitait de *pédante*, en 1828, alors que, dès 1824, M. Petitot avait, dans une excellente notice (1), montré l'importance et les qualités de ce biographe intime de Charles V.

Christine n'avait que cinq ans lorsqu'elle fut amenée en France. Son père, qui s'appelait Thomas de Pisan, était né à Bologne. Thomas s'était livré à l'étude des sciences ; il passait pour un des plus habiles astrologues du temps : sa réputation s'étendit bientôt jusque dans les cours étrangères ; les rois de France et de Hongrie cherchèrent à l'attirer par les offres les plus séduisantes. Il donna la préférence à Charles V, « dont la renommée célébrait » déjà la sagesse, et qui montrait un goût très-vif pour les » sciences et pour les lettres (2). »

La jeune Christine et sa mère furent présentées à Charles V, qui les reçut *très-gracieusement* dans son château

---

(1) Collection complète des Mémoires relatifs à l'histoire de France, etc., 1re série, tome V (1824), p. 203-245. Ce fut l'abbé Le Beuf qui, en 1743, publia, pour la première fois, en le faisant suivre de savantes notes, l'ouvrage de Christine de Pisan (tome III, p. 83-485 de ses *Dissertations sur l'histoire..... de Paris*), dans ses parties essentielles en élaguant toutes les digressions et hors d'œuvre de l'auteur.

(2) Petitot, *l. c. sup.*, p. 205.

du Louvre, au mois de décembre 1368. Christine fut élevée à la cour comme une demoiselle de qualité ; on remarquait en elle les plus heureuses dispositions, que son père cultiva avec soin ; on lui fit apprendre le français et le latin ; elle étudia les sciences et les belles-lettres ; et les connaisances qu'elle acquérait, réunies à beaucoup d'esprit naturel, préparèrent dès lors les succès qu'elle devait obtenir plus tard. A l'âge de quinze ans, elle épousa un jeune homme de Picardie, nommé Etienne du Castel qui avait de la naissance, de la probité, du savoir, mais peu de fortune et qui devînt notaire et secrétaire du roi. Après la mort de Charles V, Thomas de Pisan perdit son crédit et sa position ; on ignore l'époque de sa mort. Devenue veuve de bonne heure, Christine dût chercher à tirer parti de son érudition et surtout de ses talents poétiques; le 1er janvier 1403, elle présenta au duc de Bourgogne, pour étrennes, son livre de la *Mutation de Fortune*. Le duc, frappé du talent et du savoir que Christine avait déployés dans un ouvrage qui offre le tableau des différentes révolutions, en remontant aux siècles les plus reculés, fit appeler cette femme célèbre et la chargea lui-même d'écrire la vie de Charles V. Elle se mit sur-le-champ au travail ; la protection du prince lui fit procurer tous les matériaux qui pouvaient lui être utiles : le dépôt des chartes et des chroniques lui fut ouvert ; les personnages qui avaient vécu dans l'intimité du roi, ou qui avaient pris part aux événements de son règne, eurent ordre de lui fournir tous les renseignements qu'elle demanderait. « Ainsi son histoire est d'autant plus » précieuse qu'elle est authentique (1); » elle se divise en

(1) Petitot, *ibid. ut. sup.*, p. 217 et 218.

trois livres (1). Dans le premier, qui est intitulé *Noblesse de courage*, elle rapporte l'éducation de Charles, sa manière de vivre et de voyager lorsqu'il fut roi, l'ordre établi dans son palais ; elle peint sa justice, sa douceur, son humilité, sa chasteté, sa sobriété et ses autres vertus ; elle dit quels étaient ses dépenses, l'ordre de sa maison et de celle de la reine, etc. Le deuxième livre est intitulé *Noblesse de chevalerie* ; on y voit les principales guerres que Charles eut à soutenir et les événements militaires les plus considérables de son règne. Dans le troisième livre, qui a pour titre *Noblesse de sagesse,* après avoir décrit les sciences et les arts à l'étude desquels Charles s'était principalement adonné, elle fait remarquer la prudence de ce prince dans toutes ses actions ; elle rapporte plusieurs de ses paroles les plus mémorables ; puis elle raconte le voyage de l'empereur Charles IV à Paris, l'élection du pape Clément, la mort de la reine, celle du roi, etc.

Il est à regretter — dit Petitot (2), — qu'au lieu d'avoir adopté un ordre chonologique dans cette histoire, elle l'ait divisée par ordre de matières et qu'elle lui ait donné la forme d'un panégyrique. Mais ce double inconvénient ne nuit pas essentiellement à l'intérêt de l'ouvrage. Le lecteur qui a une connaissance même très-superficielle de l'histoire de France sous Charles V peut facilement reconnaître les époques auxquelles se rattachent les événements rapportés dans les trois livres des mémoires de Christine ; *et quoique ces trois livres soient écrits sur le ton du panégyrique, la vérité n'y est jamais blessée : tout ce qui y est dit se*

---

(1) Voici le titre de l'ouvrage de Christine de Pisan : *Le livre des faits et bonnes mœurs du sage roy Charles V.*

(2) P. 217 et 218.

trouve parfaitement d'accord avec les récits des divers historiens.»

M. Sismondi ne semble pas avoir lu ce jugement, ou bien, — s'il l'a lu, — il ne l'a guère médité. Mais, depuis quand la passion raisonne-t-elle? La passion n'est-elle pas la négation, plus ou moins complète et absolue, de la raison ?.... Mais il est temps de laisser la parole à Christine de Pisan (dont nous moderniserons seulement l'orthographe) ; son témoignage est aussi impartial que parfois même minutieux.

« Le sage roi Charles naquit au bois de Vincennes, le jour de Sainte Agnès (1), 21º de janvier, en l'an de grâce 1336... Je passerai assez légèrement sur son enfance et je n'en dirai autre chose, sinon que la sage administration de son père le fit introduire en lettres moult suffisamment et tant que complétemment il entendait son latin et suffisamment savait les règles de grammaire (2), laquelle chose

---

(1) Le nom de cette illustre vierge martyre, si honorée au moyen-âge, en France particulièrement, nous remet en mémoire un épisode touchant de la vie du sire de Joinville, le biographe de Saint Louis. Les Sarrasins avaient fait prisonnier le bon chevalier et ils venaient sur lui l'épée haute, Joinville s'agenouille, incline sa tête et se rappelant alors le souvenir de la vierge martyre : « Ainsi, (dit-il), mourut sainte Agnès. »

(2) Ce mot avait alors un sens bien plus étendu que de nos jours ; la grammaire comprenait l'étude et l'enseignement des lettres en général, l'érudition, la philologie, l'archéologie, la critique, etc. C'était le premier des sept arts libéraux que — à la fin du XIVº siècle, — Eustache Deschamps énumère, dans l'ordre suivant : la Grammaire, la Logique, l'Astrologie, l'Arithmétique, la Géométrie, la Rhétorique et la Musique.

plût à Dieu qu'ainsi fut accoutumé entre les princes (1). »

Charles V n'apprit pas superficiellement la langue latine ; il l'entendait parfaitement (2). Christine de Pisan déclare (3) que s'il fit faire des traductions de plusieurs auteurs, ce n'était pas tant pour lui que pour ses successeurs. Une autre marque que Charles V entendait parfaitement le latin est le dessein qu'il eut de se faire prêtre, si son fils avait été assez avancé en âge pour lui succéder (4).

« Et aussi pareillement (poursuit Christine) (5), n'est à mon propos et ne requiert faire grande narration sur les faits de l'adolescence dudit roi ; et pour toucher la vérité, j'entends que jeunesse, par propre volonté menée plus perverse qu'à tel prince n'appartient, dominait en lui en ce temps, mais je suppose que ce put être par mauvais administrateurs. »

On le voit, l'historien ne cache rien et ne dissimule pas que le jeune prince était né avec de mauvais instincts dont la religion et l'éducation eurent bientôt raison ; on ne peut mieux dire la vérité que Christine ne le fait ici, dans cet aveu dépouillé d'artifice.

« Selon l'ancien et légitime usage, le jour de la Trinité, en l'an de grâce 1364, de sa nativité le 27e, ce sage Charles, roi 5e du nom, fut couronné, lequel tôt après,

(1) Christine de Pisan, livre I, chap. vi.
(2) Voyez Le Beuf, p. 390-392, tome III de ses *Dissertations sur l'histoire de Paris*, note sur le degré de connaissance que Charles V eut de la langue latine.
(3) Livre III, chap. xii.
(4) Livre I, chap. xxxiv et Le Beuf, *ibid.*, p. 427 et 428.
(5) Livre I, chap. vii.

nonobstant l'effervescence de si jeune âge, fut éclairé de claire connaissance qui vraiment lui discerna le clair du trouble, le beau du laid, le bien du mal, par laquelle il fut inspiré à droite voie (1)....

» Le sage roi, anobli de nature par longue généalogie, avec ce de Dieu par grâce doué de noblesse de courage, laquelle lui fit délaisser ignorance en jeune âge, par vertu née d'admonestement de grande discrétion, jugeant et connaissant les fols délits être préjudiciables, damnables et hors ordre de réputation due à la dignité et au trône royal, désirant de laisser les choses basses et tendre aux hautes béatitudes, pourpensa comment et par quelle manière pourrait acquérir et obtenir mœurs vertueuses par continuation de vie salutaire, par quoi l'odeur de renommée devant Dieu et au monde lui fut durable, délaissant en jeunes jours les habits jolis, vains et curieux, lesquels jeunesse lui avait autrefois inspirés, prit habit royal et pontifical (2), sage et impérial, comme il appartient à telle dignité et avec ce par l'exemple de l'Ecriture qui dit : « Si ton œil te scandalise, ôte le de toi, » pour ôter toute folle mémoire chassa d'environ soi tous les fols procureurs, administrateurs et annonceurs des folles jeunesses passées où iceux flatteurs le soulaient instruire et conduire au gré de ses jeunes inclinations (3). »

Ainsi, dès l'âge de vingt-sept ans, ce jeune roi que M. Perrens nous représente comme si froid, sut maîtriser ses passions violentes et, avec l'aide du ciel, renoncer aux bruyants plaisirs des princes de son âge pour ne penser

(1) Livre I, chap. VIII.
(2) C'est-à-dire de gravité et de majesté.
(3) Livre I, chap. XIV.

qu'à la gravité de ses devoirs et au salut de son peuple dans les circonstances éminemment critiques où la Providence l'appelait au pouvoir.

» Mon Dieu ! nous régnons trop jeunes, » s'écriait un des plus dignes descendants de Charles V, Louis XVI, au moment où l'on vint le saluer roi ....

» Et comme il est de bonne coutume ancienne et comme due que les rois soient conseillés par les prélats du royaume, le sage roi attira à son conseil tous les sages - prélats et de plus sain jugement, avec la prudhommie de bien et saintement vivre. Il fit élire en sa cour de Parlement les plus notables juristes en quantité suffisante et iceux institua et établit le collége de son noble Conseil. Autres aussi notables prudhommes fit maîtres des requêtes de son hôtel, et à tous autres offices et conseils il pourvut de gens propres et convenables.

» Pour l'ornement de sa conscience, maître en théologie et divinité (1) de tous ordres d'Eglise lui plut souvent ouïr, en ses conférences leurs sermons écouter.

» Il fit en tous pays quérir et chercher et appeler à soi clercs illustres, philosophes fondés en sciences mathématiques et spéculatives (2).

» L'heure de son lever le matin était ordinairement de six à sept heures. Après le signe de croix et, comme très-dévot, rendant ses premières paroles à Dieu en quelques oraisons, avec ses dits serviteurs par bonne familiarité se divertissait de paroles joyeuses et honnêtes, de sorte que sa douceur et clémence donnait hardiesse et audace, même aux moindres, de hardiment deviser à lui de leurs

---

(1) Sainte-Ecriture.
(2) Livre I, chap. xv.

jeux et ébattements, quelque simples qu'ils fussent, se jouait de leurs dits et raison leur tenait.

» Après qu'il avait été peigné, vêtu et ordonné, selon les jours on lui apportait son bréviaire, et le chapelain lui aidait, à lire ses heures canonniales selon l'ordinaire du temps (1). Environ huit heures, il allait à la messe qui était célébrée à chant mélodieux et solennel. Retrait en son oratoire, en cette espace étaient continuellement basses messes devant lui chantées.

» A l'issue de sa chapelle toute manière de gens, riches ou pauvres, dames ou demoiselles (2), femmes veuves ou autres pouvaient lui bailler leurs requêtes, et lui très-débonnairement s'arrêtait à voir leurs supplications. Après ce, aux jours députés à cela, allait au Conseil(3). »

Voilà bien le roi qui, dès sa jeunesse avait pris Saint-Louis pour modèle. On n'est pas plus populaire. Oui, sans doute; mais il déplait si fort à M. Sismondi de voir ce prince dire son bréviaire et entendre tant de messes chaque jour qu'il a préféré passer sous silence cette bonté royale que lui gâtait la dévotion du souverain. « Ah ! (disait déjà, de son temps, Saint-Louis,) si — au lieu de passer une heure ou deux par jour à l'Eglise, — j'employais des journées entières à la chasse, on ne trouverait pas tant à

---

(1) Sur le bréviaire que Charles V récitait, voyez Le Beuf, *ibid.*, p. 400 et 401.

(2) Le nom de *damoiselles* ou *demoiselles*, en latin *domicellæ*, s'appliquait, dans l'origine, aux filles des dames nobles, des châtelaines. On donnait aussi ce titre à des femmes mariées qui n'appartenaient qu'à la noblesse inférieure, et enfin il servit à désigner toutes les femmes qui n'étaient pas nobles.

(3) Livre I, chap. xvi.

redire à mes goûts et à l'emploi de mon temps.» Les Sismondi sont de tous les siècles, à ce qu'il paraît....

« Si aucun cas particulier (continue Christine (1)), ne l'empêchait et ne le retenait plus longtemps que d'habitude, vers 10 heures il se mettait à table. Son repas n'était pas long et il ne se chargeait pas beaucoup de diverses viandes, car il disait que les qualités de viandes diverses troublent l'estomac et empêchent la mémoire. Vin clair et sain sans grande fumée il buvait bien trempé et non beaucoup ni de divers, et à l'exemple de David, il oyait volontiers, à la fin de ses repas, instruments bas pour réjouir les esprits si doucement joués, comme l'art de musique peut mesurer le son. Lui levé de table à la conversation, vers lui pouvait aller toute manière d'étrangers ou autres venus à lui pour affaires. On y voyait des princes et des ambassadeurs et des chevaliers étrangers, des chevaliers de son royaume ; et quelquefois à peine pouvait-on se tourner dans les salles grandes et magnifiques.

» Là lui étaient apportées nouvelles de toutes manières de pays de ses armées et différentes autres affaires. Il ordonnait ce qu'il était à faire selon les cas ou commettait à en déterminer au Conseil, passait grâce, signait lettres de sa main, donnait dons raisonnables, octroyait offices vacants ou licites requêtes. A ces occupations se donnait près de deux heures, après lesquelles il se retirait et s'allait reposer pendant une heure environ (2). Après son

(1) Ibid.
(2) « Cet usage de dormir après le dîner était apparemment pour sa santé qui était faible ; c'était au reste un usage de l'ancien temps. Il est marqué dans Sidoine, lib. I, ép. II ; lib. II, ép. IX, dans Grégoire de Tours, lib. X, cap II. » — Note de Le Beuf, p. 116 et 117, note *a*.

dormir, il était un espace à s'entretenir avec ses plus intimes en ébattement de choses agréables, visitant joyaux ou autres richesses. Et il prenait cette récréation afin que le soin de trop grande occupation ne pût empêcher le sens de sa santé, étant la plupart du temps occupé d'affaires laborieuses, vu sa délicate complexion.

» Puis il allait à vêpres, après lesquelles, si c'était en été, il entrait quelquefois dans ses jardins, es quels, si en son hôtel de Saint-Paul était, quelquefois venait la reine ou on lui apportait ses enfants. Là parlait aux femmes et demandait de l'état de ses enfants.

» Quelquefois on lui présentait là des marchandises ou des raretés de pays étrangers, des artilleries, des harnois de guerre, des velours et des draps d'or, des joyaux qu'il faisait visiter aux connaisseurs dont il y avait là de sa famille.

» En hiver il s'occupait souvent à ouïr lire des diverses belles histoires de la sainte Écriture ou des faits des Romains ou moralités de philosophes ou d'autres sciences, jusqu'à l'heure du souper auquel il s'asseyait d'assez bonne heure et était peu de temps. Après lequel il s'ébattait avec ses barons et chevaliers ; puis il se **retirait et s'allait reposer** (1). »

Maintenant que nous connaissons les habitudes de l'homme, voyons le caractère du roi dans cet homme, et d'abord sa justice.

« Il aimait si fort la justice, que si hardi ne fut ni tant grand prince en son royaume qui extorsions osât faire à homme si petit qu'il fût. Un chevalier de sa cour ayant donné un soufflet à un sergent faisant son office, on eut

(1) Livre I, chap. XVI.

grand peine à obtenir du roi que ce chevalier n'encourût la loi selon la rigueur de la justice, qui est en tel cas d'avoir le poing coupé, et jamais depuis ne fut en grâce devant lui.

» Item à un juif semblablement fit droit d'un tort et extorsion qu'un chrétien lui avait faite, en lui donnant un faux gage pour bon. Et le roi voulut que la simplicité du juif fut victorieuse de la malice du chrétien.

» Etant au château de Saint-Germain-en-Laye, une veuve vint se plaindre d'un des officiers de sa cour lequel par commandement avait logé dans sa maison et avait violé sa fille. Le roi le fit arrêter et, le cas confessé, le fit pendre sans nul répit à un arbre de la forêt.

» Gardant à la lettre la loi de Dieu, comme le Décret défend, sous peine d'excommunication, les champs de batailles, de quoi on use communément ès cours des princes en l'ordre d'armes, en cas non connus et non prouvés, comme ce soit une manière de tenter Dieu, oncques ne voulut en son temps consentir à telles batailles (1). »

Après avoir loué la bonté, la chasteté et la sobriété de Charles V (2), Christine de Pisan préconise l'amour de ce prince pour la vérité.

« Mensonge aucunement ne fut ouï sortir de sa bouche ni fausse promesse : ce qu'il affirmait était la vérité, et ce qu'il promettait ne manquait jamais, en aucun cas, de se réaliser. (3) »

Sa charité n'était pas moins grande.

« Très-grand aumônier était le roi Charles, comme il

---

(1) Livre I, chap. XXIII.
(2) Livre I, chap. XXIV, XXIX et XXX.
(3) Livre I, chap. XXXI.

parut en plusieurs fondations d'églises et colléges qu'il fonda. Il soutenait les hôpitaux par larges aumônes : aux frères mendiants, aux pauvres écoliers aidait, ou quand lui venait à connaissance que quelque gentilhomme ou femme vieillis ou tombés malades ou pauvres, ou pour aider à marier pauvres filles dont il fut informé, il voulait que son bien y fut employé. Aux pauvres femmes veuves, aux orphelins, à tous ceux qui étaient dans la misère il donnait très-largement du sien et de bon cœur, et chaque jour continuellement de sa propre main humblement et dévotement donnait certain argent à une quantité de pauvres et à chacun baisait la main (1). »

A l'égard des aumônes de Charles V envers les nécessiteux de toute espèce, un auteur donnant un extrait du livre de Philippe de Maizières (2), remarque (3) que Philippe proposa à Charles VI d'imiter l'exemple de son père qui, avant les batailles d'importance, faisait des aumônes abondantes par les mains de son confesseur et de ses aumôniers ; Philippe était le messager que Charles V leur envoyait pour concerter avec eux ces sortes de bonnes œuvres (4).

Dans la seconde partie de son Histoire de Charles V, Christine de Pisan (5) prouve « comment le roi Charles peut être dit chevaleureux (6) ; » ceci ressemble, a

(1) Livre I, chap. xxxii.
(2) Le songe du vieux pèlerin.
(3) Sur le livre III, chap. lvii.
(4) Le Beuf, p. 420.
(5) Livre II, chap. v.
(6) Christine de Pisan énumère (livre II, chap. xxxix,) les quatre grâces nécessaires à la chevalerie, et qui sont, suivant elle, « sens, avec l'aide de Dieu qui donne bonne fortune, diligence et force de soutenir les diversités. »

premier abord, à un paradoxe, étant donné le préjugé de nos modernes écrivains sur le caractère éminemment pacifique et calme de ce prince maladif, mais ici comme ailleurs, comme partout, dans cette biographie, il faut faire justice du plus déplorable parti pris contre un tel homme si étrangement méconnu.

« Mais, — poursuit Christine, — parce que quelques gens pourraient contredire à mes preuves de la chevalerie de ce roi Charles, en disant que la timidité l'empêchait d'aller en propre personne, comme bon chevaleureux, aux armes et aux faits des batailles et assauts ainsi que firent son ayeul Philippe et son père le roi Jean et ses autres prédécesseurs, par quoi donc il ne pouvait y avoir en lui si grand titre de chevalerie comme je lui veux imposer et adjoindre. A ces gens il convient que je réponde ce qui est vérité manifeste et pure au su de toutes gens.

» Que par timidité n'allât en personne aux armes de ces guerres, cela n'est pas vrai ; car, au temps qu'il était duc de Normandie, avant son couronnement, avec son père le roi Jean maintes fois y alla et aussi lui seul, à la tête d'une foule de gens d'armes, en plusieurs affaires bonnes et honorables, à la confusion de ses ennemis.

» Mais, depuis le temps de son couronnement, lui étant en fleur de jeunesse, il eut une très-grave et longue maladie dont je ne sais la cause, mais il en fut tant affaibli et débilité que toute sa vie il demeura très-pâle et très-maigre et sa complexion moult dangereuse de fièvres et de froidure d'estomac, et avec ce lui demeura de la dit maladie la main droite si enflée que pesante chose lui eût été impossible à manier et il lui fallut, le reste de a vie, avoir sans cesse recours aux médecins.

» Mais que pourtant l'éloge de sa grande vertu qui sans cesse travaillait en toute peine pour la publique utilité doive être diminué, cela n'est pas raisonnable. Car Végèce dit que plus doit être louée chevalerie menée à cause de sens que celle qui est conduite par effet d'armes, de même que les Romains plus acquirent seigneuries et terres par leur sens que par force. Semblablement le fit notre roi, lequel plus conquit, enrichit, fit alliances, plus grandes armées, mieux gens-d'armes payés et toutes gens, plus fit bâtir édifices, donna grands dons, tint plus magnifique état, eut plus grande dépense, moins imposa de charges au peuple et plus sagement se gouverna en toute politique que n'avait fait roi de France (1). »

Après avoir longement parlé des princes de la famille royale, de du Guesclin, de l'enfance de Charles VI et des guerres du règne de Charles V, Christine clôt ce deuxième livre de son histoire en insistant et en concluant — d'après tous ces faits, — que le roi Charles était « vrai chevaleureux, ayant les conditions devant dites nécessaires au haut titre de chevalerie, c'est à savoir bonne fortune (2), sens, diligence et force (3). »

Enfin, le troisième livre, qui traite « de la sagesse et des sciences en la personne du roi Charles, » explique (4) ce qu'il faut entendre par ces qualités qui valurent à ce

---

(1) Livre II, chap. x.
(2) Le cardinal Mazarin, lorsqu'on lui recommandait quelqu'un pour un emploi, avait coutume de faire cette question: « Est-ce un homme heureux ? » ce qui veut dire *habile, adroit, industrieux*.
(3) Livre II, chap. xxxix.
(4) Livre III, chap. iii.

prince le surnom de *sage*, c'est-à-dire de savant et de prudent. « Que notre roi fut vrai philosophe, — dit Christine, — c'est à savoir amateur de sapience et même imbu en icelle, cela ressort de ce qu'il fut vrai inquisiteur de hautes choses principales, c'est à savoir de haute théologie qui est le comble de sapience, qui n'est autre chose que connaître Dieu et ses hautes vertus célestes par naturelle science. En ce, le démontra notre bon roi, car il voulut en icelle par sages maîtres être instruit et appris et il fit traduire, à cet effet, plusieurs livres de Saint-Augustin et autres docteurs par sages théologiens, et de théologie souvent voulait ouïr, entendait les points de la science, en savait parler, sentait par raison et étude ce que théologie démontre, laquelle chose est vraie sapience. »

Tous les grands hommes d'Etat ont été théologiens ; comme le disait très-judicieusement M. de Talleyrand : « Rien ne prépare mieux à la diploamtie que l'étude de la théologie. »

Non content de bien gouverner ses sujets, Charles V tenait à en être aimé, et « quand venait à conseiller sur l'état du royaume, il appelait à son conseil les bourgeois de ses bonnes villes et mêmement des moyennes gens et de ceux du commun, afin qu'il leur montrât la confiance qu'il avait en eux, quand par leur conseil il voulait ordonner (1).

« En un mot, si sagement se gouvernait envers toutes gens le roi Charles, fûssent-ils étrangers ou particuliers, ses sujets et autres de tous états, qu'il acquérait l'amour universel de toute personne, et c'était raison, car à

---

(1) Livre III, chap. VIII.

nul il ne faisait de mal, et à tous, à son pouvoir, il faisait du bien. Donc, il était obéi, honoré, craint et aimé comme il appartient à bon prince de l'être (1). »

Puis Christine montre comment — en raison de sa sagesse, — Charles V était « droit artiste et appris ès-sciences » et parle « des beaux maçonnages (*édifices*) qu'il fit faire (3); « de son amour éclairé pour les livres (2) et de son affection pour l'Université (4). » Et comme il advint une fois qu'il lui fut rapporté que quelques personnes avaient murmuré de ce qu'il honorait tant les clercs, il répondit : « L'on ne peut trop honorer les » clercs qui ont sapience ; et tant que sapience sera » honorée en ce royaume, il continuera en prospérité ; » mais quand elle y perdra son rang, il déchoira (5). »

Nombreuses sont les reparties pleines d'à-propos que Christine rapporte (6) de Charles V; on dirait un écho de la sagesse orientale, et le souvenir de Salomon se présente immédiatement à l'esprit. Parmi ces reparties ou dits, nous insistons seulement sur ceux qui ont trait à la façon dont ce roi comprenait et pratiquait la politique. Voici — entre autres, — ce qu'il pensait de la dissimulation :

« Comme souventefois il advenait que le roi Charles s'ébattait et s'égayait avec ses familiers, entre les autres propos on vint à parler de la dissimulation, et quelques

(1) Livre III, chap. IX.
(2) Livre III, chap. XI.
(3) Livre III, chap. XII.
(4) Livre III, chap. XIII.
(5) Livre III, chap. XIV.
(6) Livre III, chap. XV-XXII.

uns disaient que dissimuler était une sorte de trahison. « Certes — dit alors le roi, — ce sont les circontances qui » font les choses bonnes ou mauvaises, car on peut dissi- » muler de telle manière que ce soit vertu et de telle autre » manière que ce soit vice, savoir : dissimuler contre fu- » reur des gens pervers, quand il est besoin, c'est grand » sens, mais dissimuler et feindre en son cœur pour saisir » l'occasion favorable de frapper quelqu'un, cela se peut » appeler vice (1). »

« Une autre fois, comme on parlait de plusieurs choses devant le roi, il y eut une personne qui dit que c'était moult belle qualité de savoir bien parler. » Certes — dit le roi, — mais ce n'en est pas une « moindre de savoir bien se taire (2). »

Le duc de Lancastre ayant dit que Charles V *n'était qu'un avocat*, le roi répondit en riant à ceux qui lui rapportèrent ce propos du prince Anglais : « Si nous sommes avocat, nous leur susciterons tel procès dont la sentence ne sera pas de leur goût, » et il n'y manqua pas, car par force d'armes il leur suscita tel procès qui leur fit perdre plus qu'ils n'avaient conquis au royaume de France (3). »

Ce sont des traits d'esprit tout Français, mais voici le langage d'un grand cœur de bon monarque. « Une fois qu'on parlait devant lui du pouvoir, il y eut là un chevalier qui dit que c'était heureuse chose être prince. Le roi répondit : « C'est plutôt un fardeau qu'une gloire. » Et comme le chevalier insistait, disant : « Eh, sire, les princes sont si aises ! — Je ne sais (dit le roi) qu'une seule chose

(1) Livre III, chap. xxvi.
(2) Livre III, chap. xxvii.
(3) Livre III, chap. xxix.

qui soit un bonheur quand on est au pouvoir. — Qu'il vous plaise nous l'apprendre ; dirent les assistants. — « C'est (dit le roi) d'avoir la puissance de faire du bien à autrui (1). »

Christine s'étend ensuite sur l'estime et l'affection que Charles V avait inspirées à tous les souverains de l'Europe et de l'étranger (2) et la manière courtoise dont ce prince, sa femme et leurs serviteurs accueillaient les personnes de distinction qui venaient à la cour de France (3) ; dix-huit chapitres sont consacrés au voyage de l'Empereur à Paris, aux fêtes qu'on lui donna, etc. (4) et à la façon dont Charles V expliqua, en plein Conseil, sa conduite à l'égard du roi d'Angleterre, dans des circonstances très-délicates et par conséquent très-difficiles (5). Nous avons déjà analysé ce dernier et très-important chapitre ci-dessus, nous n'avons donc pas besoin d'y revenir.....

Dans les premiers mois de l'année 1377 (le 4 février) le roi de France perdit sa femme, Jeanne de Bourbon, « belle, bonne et gracieuse (6), » à la suite d'une couche très-laborieuse. « De la quelle chose le roi merveilleusement fut dolent et nonobstant que la vertu de constance en lui fut plus grande que communément dans les autres hommes, celte départie lui fut si grand douleur et si longuement

---

(1) Livre III, chap. xxx.
(2) Livre III, chap. xxxi.
(3) Livre III, chap. xxxii.
(4) Livre III, chap. xxxiii-xlviii.
(5) Livre III, chap. xliii. Comment le roy parla au Conseil, présent l'Empereur, du grand tort que le roi d'Angleterre avait vers lui.
(6) Livre III, chap. xxxii.

lui dura, que oncques devant ni après on ne lui vit faire pareil deuil pour chose qui advint : car, moult s'aimaient de grand amour (1). »

Nous voici arrivés au récit des derniers instants et de la mort du roi, que son fidèle et vaillant connétable, du Guesclin, venait de précéder dans la tombe. La fin de ce prince fut le digne couronnement d'une existence entièrement vouée à la religion, à sa famille, à la France.

Après avoir reçu le saint Viatique, il adressa à Dieu cette touchante prière : « O Dieu, mon rédempteur, à qui toutes » choses sont manifestes, je reconnais avoir offensé tant » de fois ta majesté et digne sainteté ; sois propice à moi » pécheur, et aussi comme tu as daigné t'approcher du lit » du pauvre languissant, qu'il te plaise par ta miséricorde » je puisse enfin arriver à toi. »

Il versait beaucoup de larmes, en faisant cette prière. Jusqu'au dernier moment, malgré ses souffrances d'abord, puis en dépit de sa faiblesse sans cesse croissante, afin de réconforter ses fidèles serviteurs qui s'affligeaient de son état, il voulut chaque jour être levé, habillé et mis à table ; il ne faisait entendre aucune plainte, se contentant d'invoquer pieusement le nom de Dieu, de Notre Dame et des saints. Deux jours avant sa mort, après une nuit pénible, il dit à ses serviteurs et à ses médecins, d'un visage gai : « Réjouissez-vous, mes bons loyaux amis et serviteurs, car, » bientôt je ne serai plus de ce monde. » Son agonie fut on ne peut plus douloureuse, mais la religion le soutenait et le fortifiait puissamment ; il voulut qu'on lui apportât la couronne d'épines et celle qu'il avait ceint le jour de son sacre. Il fit mettre devant ses yeux la première couronne

(1) Livre III, chap. 1.

et l'autre à ses pieds. Et il dit à la couronne d'épines : « O
» couronne précieuse, diadême de notre salut, tant est
» doux et enmiellé le rassasiement que tu donnes par le
» mystère qui en toi fut compris à notre redemption. Qu'il
» me soit vraiment propice le sang de Celui qui t'arrosa. »
Puis, il prolongea encore cette dévote prière.

Après, il parla en ces termes à la couronne du sacre :
« O couronne de France, que tu es précieuse et précieu-
» sement vile : précieuse, si l'on considère le mystère de
» justice que tu renfermes, mais vile et plus vile de toutes
» choses, si l'on considère le fardeau, le labeur, les an-
» goisses, les tourments et les peines de cœur, de corps,
» de conscience et de périls d'âme que tu donnes à ceux
» qui te portent sur leur tête. Et celui qui penserait bien
» à toutes ces choses te laisserait plutôt dans la boue
» que de te relever pour te mettre sur son chef. »

Ce discours excita vivement à la componction et aux
larmes tous ceux qui en furent les auditeurs. On avait
laissé pénétrer tout le monde dans la chambre où gisait
le roi ; après avoir reçu en pleine connaissance l'extrême-
onction, ce prince se tournant vers les assistants leur dit :
« Je sais bien que dans le gouvernement du royaume et
» en plusieurs choses, grands, moyens et petits j'ai offen-
» sés ainsi que mes serviteurs auxquels je devais être bé-
» nigne et non ingrat de leur loyal service, et pour
» cela, je vous prie, ayez merci de moi ; je vous en de-
» mande pardon. »

Il se fit alors lever les bras et leur serra les mains à tous,
au milieu de leurs larmes. Après avoir béni son fils à la
façon des anciens patriarches, — sur la prière du seigneur
de la Rivière, il bénit aussi tous les assistants, en ces termes : « Que la bénédiction de Dieu le Père, le Fils et l'Es-

» prit saint descende sur vous et demeure toujours avec vous. » Tout le monde s'était agenouillé et pleurait, en recevant cette suprême et paternelle bénédiction, et le roi leur dit enfin : » Mes amis, allez vous en et priez » pour moi afin que mon agonie s'achève en paix. »

« Pendant que — sur son désir, — on lui lisait la Passion, selon Saint-Jean, il rendit le dernier soupir entre les bras de son bien-aimé serviteur, le seigneur de la Rivière (1). »

Si la mort est le fidèle écho de la vie, que penser de celle d'un tel roi doublement digne du surnom de *sage* que lui donnaient ses contemporains. Il eut la vraie sagesse qui naît de la science éclairée par le flambeau de la religion et continua dignement les grandes traditions de piété de Saint Louis et de loyauté chevaleresque de son père, le roi Jean.

(1) Livre III, chap. LXXI.

FIN

TABLE DES MATIÈRES

Le roman de Christophe Colomb. 1
La mort du Corrège. 58
Dante fut-il un hérétique et un révolutionnaire ? . . . 77
La sainte Hermandad 116
Etienne Marcel. 124
Le caractère de Charles V, dit le Sage. 171

ANGERS, IMP. BURDIN ET Cie, RUE SAINT-LAUD, 62.

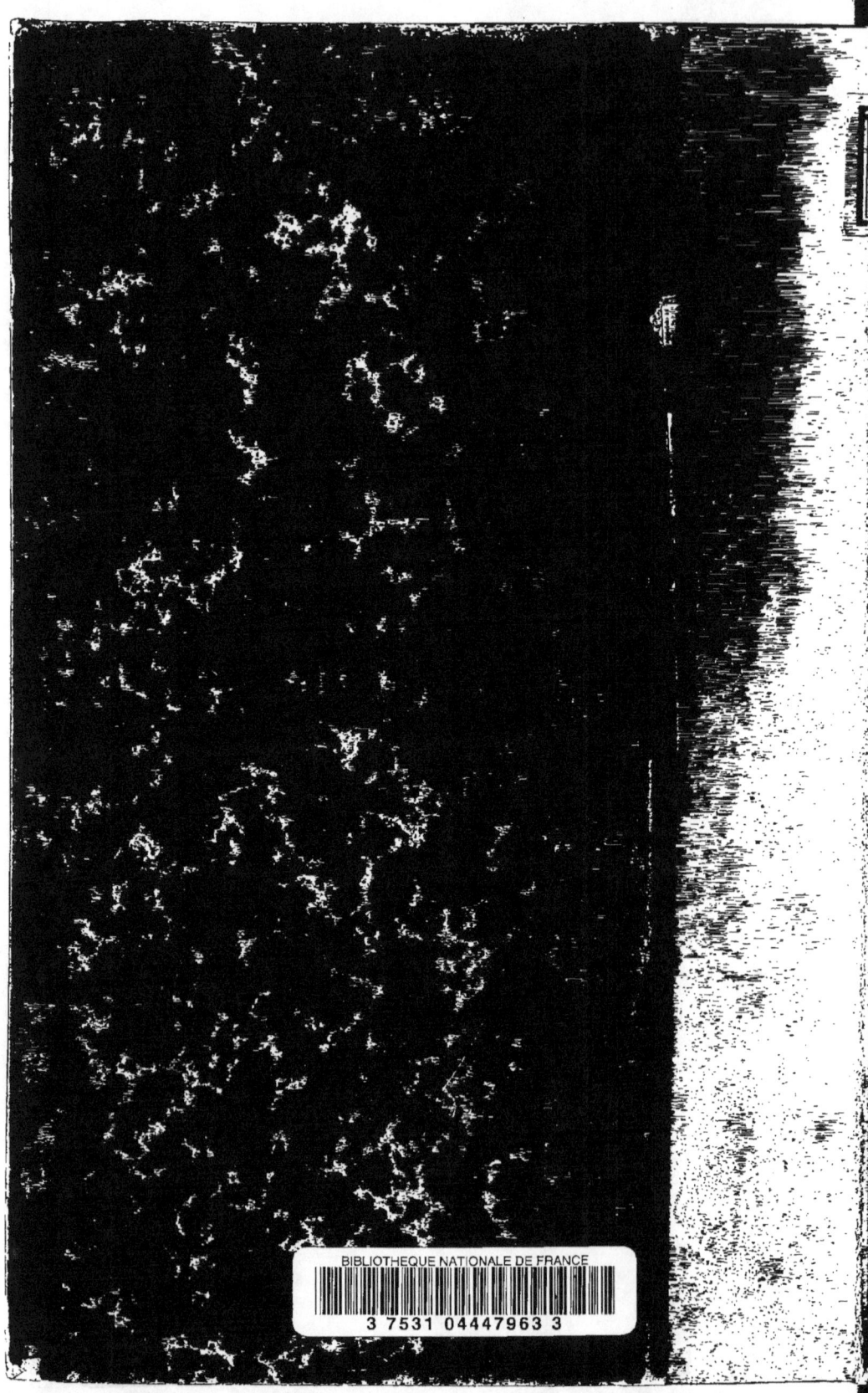

www.ingramcontent.com/pod-product-compliance
Lightning Source LLC
Chambersburg PA
CBHW050635170426
43200CB00008B/1029